살며 생각하며

살며 생각하며

석인수 수필집

수필과비평사

◇◇◇ 머리글 ◇◇◇

지나온 세월은 내가 살아온 흔적이다. 때로는 걸으면서, 때로는 뛰면서, 때로는 넘어지면서, 때로는 질펀하게 주저앉으면서 산 내 삶의 궤적이다. 생각해 보면, 쉼 없이 다가오는 인생길을 그냥 몸으로 부딪치고 부대끼면서 살았다. 나름대로 계획과 결심, 각오를 다지며 최선을 다해 살았지만, 질곡의 삶이었다. 내가 처한 형편과 여건, 지닌 성정과 역량이 그러했겠지만, 순탄한 행로는 아니었다. 뒤돌아보면 지우고 고쳐 다시 살고 싶은 대목도 있지만, 이제는 고스란히 내 삶의 자취가 되었다. 인생살이가 정답이 어디 있겠는가. 각기 걸음걸이와 방식이 다르고 생각의 차이가 있는데 인생길 가는 형식이 같을 수는 없다. 어떻게 살아도 회한과 아쉬움이 남고, 양이 안 찰 것이다. 누구나 그러리라고 생각한다. 하지만 조금만 물러나 생각해보면 욕심이고 과욕이다. 인간의 속성일 것이다.

미래는 기대와 희망이 부푼 신비다. 개봉하지 않은 인생길이다. 그 미래를 날마다 오늘이라는 이름으로 접하며 산다. 오늘이 지나면 과거가 되고 삶의 흔적이 된다. 우리에게 오늘은 한 번도 경험하지 않고 맛보지 않은 새로운 날이다. 그러므로 함부로 아무렇게나 허투루 살 수 없다. 지나가는 오늘을 어떻게 살아야 잘 사는 것일까?, 생각하면 심각해진다. 머리가 쭈뼛해진다.

나는 살면서 생각을 참 많이도 한다. 지금 이대로 괜찮은 건지, 이대로 좋은지, 이 것이 맞는 건지, 두드리고 짚으며 기웃거리면서 생각하고 살아간다. 하찮은 게 없고 아무렇게 하는 게 없다. 그렇지만 더디어도 가로질러 가는 길은 되도록 택하지 않는다. 과정과 절차를 무시하는 것은 옳지 않다고 생각하기 때문이다. 생각은 생명이 있어야 가능하다. 그래서 생각은 곧 존재다. 그러므로 생각의 산물이 삶이자 흔적이고 글이 된다.

허겁지겁 살아온 세월, 망팔望八이 엊그제 같은데 산수傘壽가 코앞이다. 잡을 수 없는 게 세월이다. 세월이 쏜 살인지 비호인지 알 수가 없다.

다섯 번째 수필집을 낸 지가 3년이 된다. 이제 또 여섯 번째로 어쭙잖은 글을 모아 책으로 세상에 얼굴을 내민다. 책을 낼 때마다 서툴고 쑥스러운 마음은 매한가지다. 조금은 면역이 생길 법도 한데 그러지 못하는 게 솔직한 심정이다. 처음 책을 내면서 나 자신에게 한 약속이 있다. 삼 년에 한 번은 책을 내겠다고. 그렇게라도 해야 글쓰기를 게을리하지 않을 것 같아서였다. 일종의 의무감 같은 굴레를 나에게 멍에처럼 씌워 놓은 셈이다. 작위적 족쇄다. 어쨌든 지금까지는 그 약속을 지키고 있다.

수필, 살면서 체험하며 느끼고 생각했던 글이다. 따라서 수필을 쓴다는 것은 자기를 발가벗기는 일이다. 이참에 모은 글 역시 나의 모든 것, 심지어 치부까지도 다 여과 없이 까발렸다. 그러므로 글 속에는 나라는 존재가 고스란히 녹아있기 마련이다.

수필은 진솔함이 생명이다. 표현이 서툴고 문학적 미학성이 떨어지더라도 진솔함이 배어나야 맛깔스럽다고 생각한다.

별것도 아닌 주제, 글답지 않은 글을 어설프고 너절하게 하여 행여 독자의 심기를 불편하게 하지나 않을는지 신경이 쓰인다. 그럼에도 속없이 일말의 기대도 있다. 독자 중 누군가가 어설픈 내 글을 읽고 공감하여 그의 생각과 생애에 긍정적 영향을 미쳤으면 좋겠다는 교만한 바람이 있다.

하지만, 이 또한 설익은 나의 만용이라 여기고 독자의 관용과 이해를 구한다.

2024년 4월
전주 완산 고을 천잠산 아래 소호빌에서
청아靑雅 **석인수**昔仁壽

CONTENTS

제2부
낙엽을 밟으며

제3부

살며 생각하며

제4부
별

제5부
인연과 관계

제1부

고향 유감

가족 음악회

2023년 1월 7일 토요일 오후 3시, 드디어 「가족 음악회」가 열렸다. 우리 내외와 세 딸 가족 13명 모두가 참여하는 그야말로 역사적인(?) 시간이었다. 나는 지난해 추석 때 가족이 모인 자리에서 정중하게 제안했다. 온 가족이 모여 함께 참여하는 음악회를 올해 초에 가져보자고. 깜짝 제안에 멈칫하고 의아해하는 눈치도 보였지만 부정적이진 않았다. 그냥 부담없이 온 가족이 참여해서 한바탕 노는 시간이라고 가볍게 생각하자고 했다. 초등학교 1학년인 큰 딸네의 민서와 둘째 딸네 유주까지 모두 참여해서 놀이마당처럼 해보자고 했다. 악기를 다루는 사람은 당연히 악기로 연주하고, 악기를 못 하면 노래로 자유롭게 하되 열외는 없기로 했다. 다루는 악기는 피아노는 물론이고 색소폰, 기타, 바이올린, 첼로, 하모니카, 리코더 등 상당했다. 이 정도면 어울리고 구색도 어느 정도 맞을 듯해서 좋았다.

우선 음악회 날짜를 먼저 정했다. 그래야 나름대로 준비할 것 같아서였다. 나는 「문화 예술 공간, 예인」이라는 공연장을 일찌감치 예약했다. 전주에서는 그만한 크기와 설비를 갖춘 소규모 공연장도 없을 것이다. 의사이면서 성악가인 모 항맥외과 원장 소유인 건물이다. 내가 가족 음악회를 계획한다고 하였더니 더없이 반기며 좋은 조건으로 대여해 주었다. 일시와 장소가 정해지니 가족은 나름대로 신경을 안 쓸 수가 없었다. 각자 일상생활을 하면서 틈틈이 무엇을 연주하고 어떤 노래를 부를 것인가 숙고했다. 독주는 물론이지만, 협주할 대상자를 서로 협의해서 정하고 곡을 선정하는 데도 소홀하지 않았다. 2중주와 3중주, 이종 악기와 협주 등 나름대로 범위와 정도가 넓어지기도 했다. 몇 달 동안 크게 신경을 쓰지 않다가 날짜가 점점 다가오니까 다들 쫓기듯 서로 연락하여 선곡하고 연습하는 모습이었다. 일상 속에서 여가와 자투리 시간을 할애하여 서울 전주 등 각자 자기 집에서 원격으로 맞춰가며 연습하는 게 쉽지 않은 일이었다. 마침내 시작 전날 밤에 모두 모여 합주자 끼리 겨우 입 맞추고 손 맞추는 시늉만 했다.

그래도 행사인데 준비해야 할 게 꽤 많았다. 의상은 윗옷은 흰색, 아래는 검은색으로 통일했고 플래카드와 진행 순서지, 간식거리인 떡과 다과, 음료 등도 미리 분담하여 준비했다. 무대 설비와 조명 및 마이크 시스템도 점검하고 미리 사용법을 익혔다.

우리 가족은 예정 시간 한 시간 전쯤에, 공연장으로 모였다. 본 음악회가 열리기 전에 현장을 보고 리허설은 아니지만 각자 머릿속 구상 정도는 하자는 심산이었다.

모두는 악기를 조율도 하면서 삼삼오오 담소를 나누며 나름대로 기대와 약간의 설렘도 있는 듯했다. 편하게 지내던 가족이 한데 모여 음악회라는 행사를 한다는 게 생소하고 어색했으리라 생각된다. 이런 행사를 하겠다는 발상이 결코 예사롭고 쉬운 일은 아니지 않은가.

이윽고 예정된 시간이 되었다. 기대 반, 우려 반인 음악회가 시작되었다. 정해진 진행 순서에 따라 셋째 사위가 사회를 맡아 마이크를 잡았다.

석인수, 송희남 일가一家의 가족 음악회를 시작한다고 개회를 알렸다. 나는 개회의 말을 통하여 가족의 화합과 친목을 끈끈히 다지고 즐거운 한때를 갖자고 했다. 또한, 모두가 한마음으로 이번 행사를 마련했으니 부담 없이 편하게 한바탕 놀아보는 재미있는 시간이 되었으면 좋겠다고 했다. 음정도 틀리고 박자도 안 맞고 엉뚱한 실수도 나와야 웃고 재미있을 테니까 조금도 어색하게 생각할 필요가 없다고 강조했다. 특히 나는 어린 민서와 유주에게 매우 기대가 크다고 했다.

1부 첫 번째는 아내인 송희남의 색소폰 연주로 시작하였다. '만남', '나그네 설움'을 연주했는데 부족한 연습량에 비하면 자연스럽게 연주한 것 같다. 아내와 내가 색소폰을 시작한 지가 벌써 7년째다. 그동안 열심히 연습하지 못하고 시간만 지났으나 그래도 초급 수준은 벗은 듯하다. 그런대로 취미 생활 정도로 즐기고 있다. 두 번째는 소진이와 그의 둘째 딸 유주가 '징글 벨 락' 합주가 있었는데 소진이는 워낙 음악성이 뛰어나 천재적인 소질이 있지만, 초등 1년생인 유주가 어찌나 야물게 잘하는지 놀라웠다. 세 번째로 큰 사위 방정환, 큰딸 석소연, 둘째 딸 석소진, 셋째 딸의 큰 딸 임태희, 둘째 딸의 큰 딸 홍나리가 첼로와 바이올린으로 '레미제라블'을 합주했다. 자가 연습으로 서로 맞춰볼 시간도 없었는데 잘 한 것 같다. 네 번째는 석소연, 석소진, 임태희, 홍나리가 '시월의 어느 멋진 날에'를 바이올린으로 연주했는데 수준 높은 합주였다. 다섯 번째는 셋째 딸의 둘째 딸인 임지수가 '황혼의 비'라는 곡을 피아노로 연주했는데 똑소리 나게 잘 마쳤다. 여섯 번째로 큰딸 가족인 방정환, 석소연, 방민서가 '고요한 밤 거룩한 밤'을 첼로, 피아노, 바이올린으로 합주하여 화음을 맞췄다. 일곱 번째는 내가 색소폰으로 '모란 동백', '울어라 열풍아'를 연주했다. 여덟 번째는 홍나리, 임지수가 '러브 다이브'라는 춤을 음악에 맞춰 열정적이고 신명나게 추면서 우레와 같은 박수와 함께 1부 순서를 마쳤다.

잠시 휴식하는 동안 간식, 다과 음료를 들면서 실수와 어색함 등을 지적하며 재미난 얘기로 담소를 나누었다.

2부 첫 번째 순서는 역시 송희남 여사의 색소폰 연주로 '봄날은 간다', '해변의 길손'을 들었다. 잘한다는 딸, 사위, 손주들의 환호 속에 무난히 연주했다. 두 번째는 임태희, 방민서, 홍유주가 '아기 돼지 삼 형제', '눈 꽃송이'라는 곡을 합주했다. 재롱만 떨 줄 알았던 민서, 유주가 어엿한 연주자로서 우뚝 섰다는 게 대견했다. 세 번째로 중견 이상의 실력을 갖춘 방정환, 석소연, 석소진, 임태희, 홍나리가 '캐논'이라는 곡을 첼로 바이올린으로 합주했다. 수준 높은 연주였을 거지만 내가 평가할 자격이 안 된다. 네 번째는 석소연, 임지수가 'G 선상의 아리아'를 바이올린으로 연주하여 이모와 조카 사이를 돈독하게 했다. 다섯 번째에는 나와 아내가 '나 하나의 사랑', '옛 생각'을 색소폰으로 합주했는데 닭살 돋는다는 말과 함께 박수 세례를 받았다. 여섯 번째는 석소희, 임태희, 임지

수 가족이 '언제나 몇 번이라도', '할아버지의 시계'를 피아노, 바이올린, 리코더로 합주하여 깜찍하다는 평을 받았다. 일곱 번째는 석소진, 홍나리 가족이 '몰다우'라는 곡을 피아노와 바이올린 합주로 연주하여 선곡도 좋고 수준 높은 연주라고 많은 박수를 받았다. 여덟 번째는 내가 '잊혀진 계절', '아내에게 바치는 노래'를 색소폰으로 연주했다. 아홉 번째는 행사의 끝 순서로 모두 '즐거운 나의 집'이란 노래를 가족이 율동과 함께 합창으로 불렀다.

둘째 사위 홍진태는 행사 내내 조명과 영상을 조율하고 송출하여 무대 효과를 높이는데 정성으로 수고했다. 셋째 사위 임태빈 역시 재치와 유머로 흥을 돋우는 명사회자 역할을 했다.

장장 3시간이 넘게 행사가 진행되었다. 처음으로 기획한 행사였지만 성공적이었다. 어설프고 서툴고 품새 또한 엉성한 행사였지만, 한바탕 웃음으로 재미있는 시간이었다. 모두가 흐뭇해하고 만족하는 모습에서 가족애를 느꼈고 행복을 보았다. 애당초 내가 의도한 결과였다. 실수하고 안 맞아 틀리고 모자라고 엉성해야지, 즐거움이 있고 편안한 놀이마당이 된다고 생각했다. 정형적이고 딱딱하면 안 된다고 생각했다. 그래야 보통 사람들이고 아마추어다. 아마추어가 프로를 흉내 내거나 맛을 풍기면 아마추어답지 않다.

저녁 식사를 하면서 모두 기분이 좋아 행복해하는 모습을 보면서, 이 행사를 제안하고 실행했다는 게 얼마나 잘한 일인가 생각했다. 참으로 뿌듯하고 흐뭇했다. 생애에 두고두고 잊지 못할 행복 스토리를 만든 기분이었다. (2023.1.10.)

고구마 단상斷想

김이 모락모락 나는 샛노란 색의 고구마를 먹는다. 달착지근하고 뜨끈뜨끈한 맛이 일품이다. 저녁 식사는 간단하게 때우자면서 아내가 조금 전 찐 고구마다. 김치와 함께 먹으면 더 없이 맛이 좋다. 한 끼 대용식으로 족하다. 세상이 많이 달라졌다. 옛날엔 쌀이 귀하여, 보리로만 밥을 지었다. 여름에 식어 빠진 순 꽁보리밥은 껄끄럽기도 하고 볼품도 없어 어설프고 맛이 없었다. 그런데 요즈음은 맛과 별미로 보리밥을 찾는다. 고구마도 마찬가지다. 요즈음은 고구마를 별미로 간식 또는 대용식으로 먹는다. 그뿐만 아니라 여러 방식으로 가공해서 과자류, 스낵용으로도 출시되고 있다. 고구마는 늦가을 추수하듯 밑이 잘든 고구마를 캐서 방 윗목에 몽땅 쌓아두고 겨우 내내 밥 대신 끼니를 때우던 주식이자 구황 식품이었다. 무엇이든 푸지게 공급이 넘치면 귀한 줄 모른다. 고구마는 옛적 쌀밥, 보리밥 먹기가 어려워 밥으로 삼고 먹었기 때문에 요즈음처럼 별미로 취급하는 식품이 아니었다. 고구마마저 넉넉지 않아 아껴서 먹어야 겨울을 버틸 수 있었다. 겨울 동안만 버티면 되는 게 아니었다. 낮의 해도 긴 봄에는 한동안 식사 대용이 고구마였다. 식구가 많았던 우리는 끼니마다 2개 정도만 먹어야 했다. 얹어 먹는 무 김치 가닥도 모자랐다. 맛 들어 새콤한 무 김치 한 가닥을 뜨끈한 고구마와 함께 먹는 맛이란 부러울 게 없었다. 배고픈 허기가 덜 가신 것이 서운했다. 이럴 때 만만한 게 샘물이었다. 고구마 한 입 먹고 김치 한 가닥에 물 한 대접 벌컥벌컥 마시면 배가 불쑥 올라온다. 당시에는 무엇이든 먹고 배 부르면 되었다. 영양이고 질을 따질 때가 아니었다. 그 시절 우리네 삶이 그랬다. 그 당시에는 가난한 집안은 여간해서 가난을 벗어나기가 쉽지 않았다. 한 번 빚에 짓눌려 지내면 해마다 빚이 늘어나기만 하지 빚 갚기란 어불성설이다. 한 해 농사와 품팔이로 호구지책도 모자라기 때문에 빚은 갚을 엄두도 못 낸다. 그러니 대대로 빚에 눌려 잘살 수가 없는 환경이고 구조였다. 한창 잘 먹어야 성장할 수 있는 나이에 배곯기가 일쑤였다. 지금 생각하면 왜 그렇게 가난하고 힘들고 어려웠는지 모른다. 배고픈 설움이 컸다. 한 끼 밥 얻어먹으려고 먼동 트면서 아침 식사 전까지 거의 한나절 일을 하기도 했다.

며칠 전, 인근에 사는 동생네가 고구마순 줄기를 껍질을 벗겨서 가져왔다. 해본 사람은 알지만, 고구마순 줄기 껍질 벗기기가 쉽지 않다. 줄기가 잘 끊어지고 껍질이 끄트머리까지 벗겨지지 않아 중간에 끊기기 때문에 시간도 많이 소요되고 어렵다. 부피가 얼마 되지 않지만 온종일 벗긴 거란다. 삶아서 된장에 멸치랑 넣어 무쳐 먹으면 맛이 일품이다. 옛날 자주 먹던 맛을 떠올리며 잘 먹었다. 또 어제는 껍질을 벗긴 상당량의 고구마순 줄기와 고구마순 김치를 가져왔다. 가족 모두 좋아하고 맛있어하는 반찬이다. 고구마는 잎에서부터 뿌리까지 다 먹는다. 심고 기를 때는 힘들고 버겁기도 하지만 수확해서 먹을 때는 이만큼 옹골진 작물도 없다.

우리 지방에서는 고구마를 해마다 5~6월경에 심는다. 크고 실한 씨 고구마를 띄엄띄엄 흙에 묻어 심으면 얼마 안 되어 싹이 나고 순이 자라게 된다. 띄엄띄엄 심는 것은 줄기가 길게 자라면 공간을 차지하기 때문에 미리 상당한 간격을 두는 것이다. 물 주며 정성 들이면 줄기가 길게 자라고 줄기에는 여러 개의 순이 나와 잘 자란다. 두어 개씩 순을 잘라 고랑을 파 만든 둔덕에 20~30㎝ 간격으로 옮겨 심는다. 고구마는 땅이 척박하고 가문 땅에서 오히려 잘 자란다. 모래 또는 마사토가 섞인 곳이 더 좋다. 그래서 고구마는 다른 작물을 심기 어려운 산간 돌밭에 심기도 한다. 다른 작물에 비해 관리를 덜 해줘도 잘 자라기 때문에 재배가 비교적 쉬운 편이다. 하지만 재배하는데 물 관리를 정성 들이지 않으면 실패하기도 한다.

우리집은 유일하게 한 다랑이 있는 밭이 마을 동산 등성이에 있었다. 역시 타 작물은 척박해서 잘 안되니까 해마다 단골 메뉴로 고구마를 심곤 했다. 1년 겨우살이 농사이기도 하고 토양에 알맞은 마땅한 작물도 없어 고구마가 필수 작목이었다. 매년 같은 방법으로 순을 잘라 옮겨 심었다. 옮겨 심는 시기는 심을 무렵 비 오는 날이나 비가 온 후다. 메마르고 척박한 땅이라서 이식 후 뿌리 내림을 위해서는 촉촉할 때가 적합하기 때문이다. 우리는 대개 해마다 비 오는 날을 택하여 고구마를 심었다. 아버지와 어머니, 나는 거적때기 같은 걸 뒤집어쓰고 황토에 빠지면서 비를 맞고 분주히 손을 놀렸다. 작업은 힘들지만, 비 올 때가 적기라고 생각해서다. 문제는 여기서 끝나지 않는다. 옮겨 심은 뒤부터 물관리가 최대 관건이다. 수확하기까지 5개월 전후 정도 되도록 충분한 물을 주기적으로 주어야 한다. 관수 시기를 놓치면 밑이 제대로 안 들고 줄기, 순과 잎도 잘 자라지 않고 심지어 말라 고사하기도 한다. 우리 밭은 동산 꼭대기라서 항상 땅이 건조상태가 된다. 웬만큼 비가 와도 금방 흙이 푸석푸석하다. 따라서 사흘 거리로 물을 주어야 했다. 밭 옆에 샘이 있는 것도 아니고 동산 아래 샘에서 물을 길어다 주어야 하는데, 여간 고역이 아니었다. 재배 기간이 여름철이라서 가끔 비도 내리지만, 덥고 강한 햇볕 내리쬐는 날이 많았다. 비지땀을 흘리며 물지게를 메고 산등성이까지 오르기란 참으로 힘겨웠다. 한 마지기 정도 되는 면적에 심은 고구마에 물을 다 주려면 몇 시간이 걸린다. 물 주는 작업은 주로 어머니와 내가 했다. 연신 번갈아 물 긷고 물 주고 했다. 하루 이틀 한두 번이 아니고 서너 달 동안은 이렇게 해야 한다. 고구마밭에 물줄 때면 숨이 막혀 아무 생각 없이, 그냥 해야 하니까 한다.

수확은 가능하면 살짝 서리가 한 번 내릴 때에 한다. 기대와 설렘으로 고구마를 캔다. 과연 얼마나 크고 튼실하게 밑들었는지 궁금하다. 쏟아부은 정성과 노력의 결실을 확인하는 순간이다. 보기 좋고 큼직한 고구마를 한가득 거두는 기쁨은 그간의 노고를 잊게 한다. 겨울에서 이른 봄까지 가족의 먹거리를 수확하는 일은 가늘게 흥분을 일게까지 한다. 우리집 고구마는 그렇게 만들어졌다. 그렇게 생겨났다. 이웃과 나누기도 하고 저장하여 놓으면 든든하고 배부른 느낌으로 꽉 찬다. 함박눈이 몽땅 내린 겨울 이슥한 밤에 김이 모락모락 나는 뜨끈한 군고구마는 천하 일미다. 솜이불 속에 두 다리 넣고 앉아 식구들 얼굴 번갈아 보며 허한 뱃속에 온기를 불어넣으면 부러울 게 없었다. 고구마가 가난하고 보잘것없는 식구를 가족으로 끈끈하게 달라붙게 하였다. 긴긴 봄날에 쌀 없고 보리 없어 밥을 못 지어도 믿는 고구마가 있기에 걱정이 없었다. (2023.8.5.)

고향 유감遺憾

지나간 세월을 더듬어 옛 모습을 생각하며 고향 마을을 찾았다. 설날이나 추석 명절에 두 번 정도는 성묘 차 빼놓지 않고 들르는 고향이지만, 동네 안쪽까지 훑어보기는 수십 년 만이다. 태어나서 고등학교에 진학할 때까지 살았던 정든 고향이다. 천연스럽고 순진했던 어린 시절의 정서가 깃든 그리운 고향이다. 온갖 추억이 몽땅 잠들어 있는 고향이다. 눈감아도 모든 것이 훤히 다 보이던 동네다. 안 보고도 그릴 수 있는 마을 조감도가 머릿속에 남아있는 동네다. 동네 입구 길가에는 우물이 있었고, 우물 옆 왼쪽으로는 누구네 집이고 몇 발짝 걸어가 오른쪽으로는 점방이 있고 우물 바로 뒤쪽에 삼촌네 집이 있었다. 초등학교 여자 동창 친구 집을 마주 보고는 동네 구장님이 사셨다. 대부분이 토담 초가집이었지만 이따금 잘 사는 부잣집은 양철 지붕과 기와 지붕도 있었다. 집의 구조나 환경 등 모두가 열악하기 짝이 없었지만 사람 사는 냄새는 더 없이 넘쳐났다. 가족 공동체의 끈끈한 정은 지금과는 비기지 못했다. 이웃과의 상조도 솔선하는 미덕이 전래대로였다. 겨울에 눈이 내려 소복이 쌓인 초가 지붕은 한 폭의 동양화였다. 초가 지붕에 박 넝쿨과 토담 용마름 위에 치렁치렁 호박 넝쿨이 그림 같았다. 마당 끝 토담 밑에는 맨드라미, 난초, 해바라기 등 각가지 꽃들이 자생하듯 피어났었다. 동네 입구에서 들여다보이는 양면이 논과 접한 나지막한 토담집이 내가 태어나 살던 집이었다. 내가 초등학교를 졸업하고 중학교에 가려던 겨울의 끝자락에 정지 칸 한쪽이 무너져서 반파된 적이 있었다. 그 때문에 그해 바로 중학교 진학을 못 했었다. 나는 그곳에 살면서 온갖 꿈을 다 키웠다. 하루에도 몇 번씩 장군이 되었다, 정치가가 되었다, 선생님이 되었다 했다. 찌들어 가난했지만, 어찌나 용기도 있고 희망이 많았던지 지금 생각하면 내가 기특하고 웃음이 난다. 뭐가 그렇게 신명났는지 맨날 신바람 나고 열심이었다. 어린 시절이었는데도 날마다 바빴다. 가만히 있지 않았다. 뭔가를 계획하고 실행하여 하루 해가 짧았다. 어린 나이에 하기엔 좀 그런 일도 했다. 황토에 짚을 썰어 넣어 섞어서 구들장을 만들었는가 하면 흙벽돌을 만들어 담장을 개량 축조하는 일도 했었다. 초가 지붕을 이기 위하여 이엉을 엮기도 했다. 마땅히 어른의 몫이었건만 누가 시키지도 않은 일을 그렇게 했었다. 천성인가 보다. 70 중반인 지금까지도 그 성격 그대로다. 일이 없는가 하면 만들어서 한다. 보통 사람이 하는 것이라면 나도 할 수 있다는 생각에 많은 것을 흉내내며 산다. 어떤 때는 나의 이런 성격이 싫기도 하다.

내가 살던 집에서 오른쪽으로 좁다란 길을 따라가면 외딴곳에 정자나무가 있었다. 백 년쯤이나 되었을까 아무튼 오래된 고목이었다. 사방으로 뻗은 나뭇가지가 큰 천막이나 친 것처럼 지붕 역할을 했다. 여름이면 으레 정자나무 그늘로 더위를 식히러 마을 사람들이 모였다. 마을 사람의 온갖 사연과 애환을 다 아는 정자나무였다. 그런 마을 지기 정자나무가 지금은 없다. 무슨 연유에서 베어나갔는지 너무 아쉬운 대목이다. 그 자리에 대신 면모를 갖춘 현대식 모정이 지어졌다. 이십 수년 전 나는 이 정자가 건립되어 낙성식落成式을 할 때 '산월정山月亭'이라는 정자 이름을 직접 붓으로 써서 조각한 현판을 기증하고 소연을 베풀기도 했다. 뒤늦게 귀띔해 주신 삼촌 때문에 그렇게라도 정자 건립에 참여할 수 있어서 좋았다.

원형이 그대로인 고샅이며 뒷동산은 말이 없지만, 지금 보면 모든 게 왜소하기 그지없다. '산은 옛 산이로되 물은 옛 물이 아니다.'는 대중가요 가사가 딱 맞는 말이다. 그곳에 살 때는 모든 게 크고 넓고 길게 보였던 고샅이다. 누구 집에 심부름 갈라치면 그리도 멀게 느꼈던 거리가 몇 발자국 떼면 닿을 수 있다. 몇 모퉁이를 돌아야 갈 수 있었던 정자나무 있던 곳도 가까운 거리다. 높고 가파르게만 여겼던 뒷동산은 야산도 그런 야산이 없다. 눈을 감아도 훤히 한눈에 들어오는 고향 동네, 그곳이 내 고향 마을이다. 내가 자라면서 보고 겪은 숱한 일들이 고스란히 머리에 남았지만, 고향은 말이 없고 옛 모습이 아니다. 집마다 누가 살고 식구가 몇인지 다 알고 지냈다. 집마다 있는 애경사는 물론 고민과 걱정거리도 다 알고 지냈다. 동네 전체가 한 울타리고 한 집안처럼 살았다. 그런 고향 마을이었다. 눈만 벌어지면 또래 친구들과 뭣이 그렇게 할 일이 많았고 할 얘기가 많았든지 그때는 심각하고 진지하기만 했다. 노는 것이 그렇게도 중요했고 큰일일 수가 없었다. 먹고 살고 미래를 준비해야 할 일을 그렇게 열심히 몰입했더라면 이루지 못할 게 없었을 것이다. 금방 희희 낄낄거리다가도 멱살 잡아 치고받고 텃논 고랑에 꼬라박히기가 일쑤였다. 그래도 이튿날 언제 그랬냐는 듯이 또 만나 킥킥 웃으며 노는데 정신이 없었다. 땅거미가 들어 이슥한데도 노는데 정신 팔려 집에 들어갈 줄도 몰랐다. 어머니가 밥 먹으라고 부르셔야 들어갔다. 패치기, 구슬치기, 못 치기 놀이가 그렇게도 중요했고, 자치기 새끼 자를 어떻게 하면 멀리 보낼 수 있을까 머릿속으로 고민이 많았었다. 자려고 눈을 감으면 온갖 놀이가 천장에 훤히 그려졌었다. 잘 씻지도 않아 손발은 부르터 새까만 거북등 되기 일쑤고 맨날 누렁 코가 들쑥날쑥했다. 부끄럽기는커녕 흉도 아니었다. 입성조차 허름하여 속살 훤히 드러나 있어 눈 오고 바람 부는 날에는 맨살로 맞서야 했다. 일상이 원초적이었고 서로 이해타산이 별로 없었다. 옛날 내 고향은 그랬다. 왜 그랬을까? 큰 욕심도 없고 인정이 넘쳐나서 별다른 이유도 없이 그때는 그냥 그랬다. 사심 없던 그 시절, 그때가 좋았다. 내 어릴 때 그렇게 진지하고 골똘히 뛰놀던 무대가 고샅이지만 지금 보면 작고 너무나 초라하다. 나를 더욱 안타깝게 하는 것은 늘 마주 보고 살았던 그 시절 고향 사람들이 아니라는 거다. 옛날 누구네가 살았던 그 집에 낯모르는 이가 불쑥 나타나고, 행여 친구가 있는가 기웃거려 보아도 텅 빈 집에 냉기만 돈다. 이집 저집에는 이따금 백발이 하얀 낯선 노인네들만 눈에 띄고 어린이는커녕 젊은 이조차 보기 드물다. 집은 그 자리 그대로이지만 사는 이는 옛사람이 아니다. 서너 군데에 있던 우물은 흔적도 없다. 우물가 샘터에서 빨래하는 아낙네들 모습은 전설 속 이야기로 사라졌다. 쑥덕공론의 장이 우물가였고 온 동네 입소문은 빨래터에서 나오는데 씁쓸하기 그지없다. 갈증

날 때 한 두레박 길어 올린 물을 벌컥벌컥 들이켜던 시원한 물맛은 어디에서 찾을 것인가. 옹기 동이, 양동이로 길어 나르던 샘물은 다 어디로 자취를 감추었는지 아쉽다.

고샅길 양옆이나 담벼락 밑으로 자생하던 맨드라미, 싸리나무 등 풀꽃들도 흔적이 없다. 겨우내 집마다 밤새워 깐 조개껍데기로 포장이 되다시피 한 길바닥도 육중한 콘크리트로 덮여있다. 마음이 짠하며 아쉽고 허허롭다. 하기야 지나간 세월도 그랬을 거다. 나를 키워낸 세월도 몰인정하게 지나가 버렸지 않은가. 모든 게 어릴 적 보았던 좁은 세상 속 시야가 착시처럼 느껴져서 그럴 것이다. 어릴 땐 맨날 보는 게 그거고 우물 안 개구리라서 접하는 것 이상의 것을 경험한 적이 없기 때문이리라. 그러나 분명 지금의 내 고향은 내가 어릴 때 보았던 세상의 모습이 아니다. 어린아이 울음소리 대신 이따금 개 짖는 소리만 들린다. 숨죽이듯 조용한 고요와 정적만이 흐른다. 시끌벅적 떠들어댈 애들이 있어야 말이지. 무엇이 잘못되어 이렇게 변했는지 모르겠다. 어디서 어릴 때 보았던 그 모습을 되찾을 수 있을까 먹먹할 따름이다. 인생무상이란 말이 실감 난다. (2022.4.15.)

단 한 번

청년 시절 한때 농사일을 한 적이 있다. 논의 모내기를 할 때마다 처음 심기 시작할 즈음에는 언제 사래 긴 논을 다 심을 수 있을까 하고 미리 힘들어하곤 했다. 그러나 시작이 반이고 천릿길도 한 걸음부터란 말처럼 한줄 한줄씩 심다 보면 어느새 등 뒤의 논두렁에 다다르게 된다. 결국, 한 포기씩 심은 것이 모여 넓은 들을 다 메꾸게 된다. 처음의 미약하고, 적고, 작은 것의 위대함을 웅변하는 실례라 생각된다.

'순간의 선택이 십 년을 좌우한다.' TV에서 전자 제품의 광고를 하면서 나온 말이다. 단 한 번, 한순간의 선택이 얼마나 중요한가를 강조하려는 의도가 깃들어 있다.

나는 '인생은 연습이 없다.' '인생은 정답이 없다.'라는 글을 쓴 적이 있다. 두 글 모두에서 사람 살아가는 데에 단 한 번, 한순간이 얼마나 중요한가를 피력했다. 아울러 선택 또한 지혜롭고 탁월해야 함을 담은 내용이다.

인생은 누구나 단 한 번, 한순간의 연속 선상에 있다. 사람이 이 세상에 태어나는 것도 단 한 번이다. 생의 처음 시작이 오직 한 번이다. 두 번, 세 번 태어난 사람은 없다. 인간 만사가 다 한 번으로 시작해서 한 번으로 끝난다. 죽음도 한 번이다. 한순간에서 시작되고 한순간으로 끝난다. 갓난아기에서 소년, 청년, 중년, 장년, 노년 시절이 누구에게나 단 한 번이고 한순간이다.

한 번 한순간의 내용에 따라 생은 달라지고 결과가 엄청나다. 어떻게 관리하고 선택하느냐에 따라 생의 본질이 뒤바뀌게 된다. 순간의 선택이 십 년을 좌우하는 게 아니라 평생을 좌우하게 된다. 성장기에 잘 못 먹고 자라면 성장해서 체력의 저력이 없음을 느끼고, 학창 시절 열심히 배우고 공부해야 할 때 허튼짓이나 했다면 그만큼 자아실현에 장애가 될 것이 뻔하다. 때와 시절을 분별 못 하고 엉뚱한 일을 앞질렀다가 인생을 망치는 일이 어디 한두 가지겠는가?

내가 아는 어떤 이는 조기 혼인을 했다가 평생을 가정적으로 불화를 겪으며 힘든 삶을 살고 있다. 주위의 만류에도 아랑곳하지 않고 막무가내로 결정한 단 한 번인 결혼을 소홀히 해서 겪은 일이다. 인간사 중에 결혼처럼 소중한 게 또 있을까 싶다. 한낱 젊은 한때 풋사랑쯤으로 생각했다가는 평생 골칫거리가 결혼이다. 결혼은 저절로 오는 행복 시작이 아님을 알아야 한다. 오죽하면 영국 속담에 이런 말이 있다. '일주일 동안 행복하려면 결혼을 해라.'며 오히려 평생을 행복하려면 정직해야 한다고 했다. 갖추고 챙기고 노력해야 할 게 너무나 많은 게 결혼이고 결혼 생활이다. 쉽고 간단한 문제가 아니고 어렵고 힘든 문제가 결혼이다.

단 한 번 있는 상급 학교로의 진학도 어떤 학교를 선택하느냐에 따라 미래가 엇갈린다. 실업 학교냐 인문 계열 학교냐는 향후 자기의 직업 선택에 직접적인 영향을 미친다. 무슨 일을 하면서 사느냐에 따라 삶의 내용과 질이 달라진다. 단 한 번의 선택이 평생 직업을 결정하는 일이 많다. 쉽게 고민 없이 단 한 번 선택을 잘하지 못하면 평생을 힘든 일, 하기 싫은 일을 하면서 살아야 한다.

부모를 모시는 일도 생애 단 한 번이다. 두 번 부모를 모실 일이 없다. 살아계셨을 때, 할 수 있는 최선을 다하는 게 도리이고 의무다. 나무가 고요하기를 바라지만 바람이 그쳐주질 않고, 부모를 모시려고 해도 이미 부모는 계시지 않더라는 말이 있지 않던가. 한 번, 한순간, 한때가 있고 저마다의 중요성을 보여주는 말이다.

자식의 훈육은 어떤가. 내 눈에 예쁜 자식 남의 눈에는 밉다는 말이 있다. 세상에 자기 자식 예쁘지 않은 부모가 있던가. 고슴도치도 자기 새끼는 예뻐한다는 말이 있다. 예쁘다고 해서 그릇되고 버릇없는 자식을 감싸기만 하면 그 자식이 사회에서 환대받겠는가 말이다. 환대는커녕 그 자식 때문에 많은 사람이 폐해를 입을 수 있음을 간과해서는 안 된다. 심지어 최근에는 패륜도 지나쳐 자기를 낳은 부모를 죽이는 일도 있지 않던가. 잘못 가르치고 틀렸다고 해서 다시 자식을 어린애로 되돌려 훈육할 수 없다. 훈육의 기회도 단 한 번이다.

살면서 사람을 만나고 헤어지는 것도 한 번이고 한순간이다. 만나지 않아야 할 사람을 만났다가 신세를 망치는 경우가 많지 않던가. 한 번쯤이라고 가볍게 오판해서 금지된 만남으로 인생의 오점을 남기는 경우가 얼마든지 있다. 조금만 양보하고 참았더라면 결별까지는 하지 않았을 후회하는 헤어짐도 많다. 이 또한 단 한 번의 한순간을 소홀히 한 데서 비롯된 결과다.

어떤 때는 단 한 번의 잘못과 실수로, 한순간의 선택을 잘못하여 인생의 방향이 달라지기도 한다. 그러나 대개는 이를 간과해버리는 수가 있다. 분석하여 원인을 찾고 다음에 같은 범실을 안 하는 게 중요하다.

한 잔만 더하자, 한 번만 더하자, 한 가지만 더하자, 한 번만 대충 넘어가자, 한 번은 괜찮겠지, 한 번쯤이야 라는 '한 번의 안일한 의식'이 사람의 미래를 망치고 인생을 불행하게 한다.

자기에게 주어진 인생은 단 한 번뿐이다. 매 순간 기회는 한 번뿐이다. 내 생애에 매 순간 한 번의 기회라고 생각하면 그 순간순간을 허투루 보낼 수는 없다.

오늘 꽃이 피었다고 해서 내일도 핀다는 보장은 없다. 오늘이 있다고 해서 내일이 나에게 보장되지는 않는다. 한 번 지나간 시간은 다시 오지 않는다. 그때그때를 충실히 최선을 다해야 한다. 삶은 순간순간의 연속이다. 모든 것이 생의 단 한 번이다.

사람은 오직 한 번만 산다. 따라서 인생도 한 번뿐이다.

지나온 삶을 되돌아보면 세월의 무상함을 느낀다. 정말 시위를 떠난 살처럼 빠르게 지나갔다. 그러나 흘러간 물을 다시 되돌릴 수 없는 것처럼 지난 세월을 거스를 수가 없다. 오직 다가오는 세월만 맞을 수밖에 없다. 밀려오는 그 세월은 항상 새로운 처음이다. 많은 한 번이 반복되고 수많은 순간이 다가온다. 지나가면 후회할 그 한 번인 세월을 정신 곧두세우고 맞아야 하지 않겠는가. (2019.4.5.)

맞두레질

'하나, 둘, 셋, 시작!' 어머니와 나는 마주 보며 끈을 양손에 쥐어 잡고 맞두레질(곳두레질이라고도 함)을 시작한다. 평상시처럼 박자가 잘 맞는다. 어머니는 큰소리로 두레질 횟수를 세신다. 스무 번쯤 되면 최고로 할 수 있는 한계다. 어머니는 그만! 하면서 잠시 쉬자고 하신다. 용하고 대견하다는 눈빛으로 나를 보시며 '힘들지?'라고 하신다. 힘들기도 하지만 스스로 할 수 있다는 생각과 자부심으로 자랑스럽고 뿌듯했다. 이번에는 내가 숫자를 세며 멈췄던 두레질을 계속했다. 몇 번 물을 순조롭게 퍼 올리는데 갑자기 어머니가 잡은 끈이 끊어지면서 어머니와 내가 뒤로 넘어지고 말았다. 깜짝 놀라 깨어보니 꿈이었다. 가끔 나는 오늘처럼 어머니와 맞두레질하는 꿈을 꾼다.

옛날 내가 어릴 때만 해도 미맥米麥 위주의 농경시대였다. 벼농사가 으뜸이고 다음은 보리농사다. 벼를 심기 위해서는 미리 모를 생산해야 했다. 가을 추수 시에 미리 품질 좋은 볍씨를 잘 선별하여 보관했다가 이듬해 4월 중하순에 볍씨를 물에 불려 묘판에 뿌려 모를 기른다. 지금이야 묘판에 못자리용 상토를 담아 못자리를 설치하므로 간단하고 수월해졌지만, 우리 어릴 때만 해도 재래적인 방법이 전부였다. 육묘를 위해서는 때때로 못자리의 논이 마르지 않게 적당히 물을 대주어야 하는데 환경이나 지형상 여의치가 않아 물 공급이 어려웠다. 그 당시는 수리시설이 안 된 천수답이 대부분이었다. 못자리 관수灌水는 물론이고 벼를 심을 논에도 물을 대기란 여간 어려운 일이었다. 자연적으로 형성된 수로나 개천의 물이 그나마 작물의 젖줄이었다. 우리 논에는 큰 수로나 도랑의 물을 대기 위해서 상위 몇 다랑이를 거쳐야 겨우 물맛을 볼 수 있었다. 그러니 밭농사는 물론 논농사도 하늘에 의존할 수밖에 없었다. 전형적인 전래 농업의 실태였다.

몇 마지기 안 되는 천수답이지만 모내기하기 위해서 못자리는 필수였다. 우리집 못자리는 해마다 집에서 그리 멀지 않은 다랑논에 만들었다. 그래도 못자리 논이 실개천에 경계를 이루어 딱 붙어 물을 바로 접할 수 있어서 다행이었다. 하지만 논바닥이 개천 바닥보다 3m 정도는 족히 높았다. 따라서 지형상 못자리에 물을 대기 위해서는 물을 퍼 올려야만 했다. 모가 자라는 동안 피 뽑고 물 대는 일이 가장 큰 일이었다. 자라고 있는 모 묘 속에서 피를 골라 뽑는 것 또한 어렵다. 눈높이를 묘 끝과 일치하게 맞추었을 때 모 묘보다 옅은 녹색으로 보이는 것이 피다. 이쪽저쪽으로 방향을 번갈아 가며 살펴야 피를 식별할 수 있다. 잘못하면 피

뽑는다고 모 묘를 뽑기가 일쑤다. 고개가 뻐근하고 허리가 아픈 일이다.

무엇보다도 못자리 관리에서 제일 중요한 것은 역시 때맞춰 물 대는 일이다. 어쩌다 조금 때를 놓치면 묘가 시름시름 하는 게 보인다. 그럴 때마다 냉큼 비가 안 오면 어머니와 나는 서둘러 맞두레질을 나간다.

그때 내 나이가 열예닐곱 살쯤이었다. 나는 이미 나이 열여섯 되던 해에 90㎏ 쌀 한 가마를 지게에 지고 다녔다. 제법 힘이 세고 건강한 편이어서 어른이 하는 일을 곧 잘했다. 그 무렵 아버지는 석공이셔서 상당 기간 객지에서 생활하셨다. 따라서 집안일은 어머니와 내가 거의 도맡아 할 때가 많았다.

두레는 낮은 곳의 물을 언덕진 논이나 밭에 퍼 올리는 데에 쓰는 일종의 농기구다. 사방 두어 자 정도 되는 판자로 만든 사다리꼴 오면체 두레박이다. 막히지 않은 윗면이 아랫면 바닥보다 거의 두 배 정도 넓게 만든 큰 두레다. 두레에 물을 넘실거리게 담으면 상당히 무겁다. 네 모서리에 구멍을 뚫고 굵은 끈을 달아 마주 잡도록 길이를 길게 매단다. 두 사람이 마주 서서 물을 푼다고 해서 '맞두레'라고 부른다. 맞두레질은 끈을 맞잡은 두 사람이 호흡을 잘 맞추지 않으면 절대로 물을 퍼 올릴 수 없다. 예사로 보면 누구나 곧잘 할 수 있으리라고 생각하기 쉬우나 숙련된 기술과 요령이 필요하다. 맞두레질할 때는 박자를 잘 맞춰야 물을 퍼 올릴 수 있다. 두 사람이 박자와 호흡이 안 맞으면 빈 두레질을 하거나 넘어지기 일쑤다. 상당 기간 연습을 해야 하고 신경 쓰지 않으면 마음대로 안 된다. 아무나 할 수 없는 것이 맞두레질이다. 맞두레는 개울물을 퍼 올릴 때 필수인 농가의 기구다. 참으로 요긴하게 쓰인 농기구인데 지금은 그 모습을 찾아보기 어렵다. 필요와 시대에 따라 사라지고 없어지는 게 당연한 일이 아닌가. 이 또한 격세지감이다.

그 무렵 어머니와 나는 맞두레질 하는 게 하나의 일상이 되었었다. 물을 품어 올린 지 3~4일 정도 지나고 비가 오지 않을 때는 으레 우리는 두레를 들고 못자리 논으로 향했다. 그때마다 몇 번씩 실수도 하지만 곧 익숙하게 두레질을 한다. 그동안 많은 시행착오를 겪은 덕분이다. 두레박에 담겨 올려진 물은 묘의 자양분이고 생명의 양식이다. 묘판 골골이 타고 흐르는 물은 영양제이고 약이다. 시들어 힘을 잃은 묘근苗根에 피가 되고 진통제가 된다. 물맛을 본 모 묘는 곧바로 생기를 찾아, 보란 듯이 묘 머리끝을 세우며 건강한 모습으로 변한다.

한 두레박씩 퍼 올리는 물속에는 가족의 얼굴이 어른거린다. 객지에서 고생하시는 아버지의 남루한 모습도 보인다. 배고파 허기진다고 칭얼대고 있을 철부지 어린 동생의 투정도 들린다. 탁한 실개천 물비린내가 구수한 밥 냄새가 되어 코를 찌르기도 한다. 힘에 부치고 어렵지만, 이 물이 아니면 우리는 어찌할 건가. 오직 이 물만이 우리 가족의 생명 샘물이 아니던가. 이 물이 근원이 되어 모가 자라고 벼가 익어 쌀이 되지 않던가. 자기가 있어야 우리 가족이 있음을 두레박에 담긴 물은 이미 알고 있었다. 한참을 품고 나면 몸이 뒤틀리고 허리가 아프지만 아른거리며 맴도는 식구들 모습에 참고 견딜 수 있다. 그래도 이 정도는 양반이다. 실개천에 물마저 말라 막막할 때는 동네 샘물을 날라야 했다. 그야

말로 마른 나무에서 물 짜기였다. 밤이 이슥하도록 물지게를 지고 날라 해갈이라도 해줘야 했다. 생명줄 같은 물을 나르는 사투를 벌여야 했다.

어머니와의 맞두레질은 어쩌면 한恨 섞인 놀이질이었는지도 모른다. 열여섯 어린 나이에 삶이 무엇인지도 모르고 낯설고 물선 곳으로 시집와서 가난에 찌든 삶을 사셨다. 지금 생각하면 그 당시 어머니는 대여섯 식구의 호구지책과 수발을 감당해야 했다. 모든 게 열악한 환경과 처지에서 날마다 하루가 무서우리만큼 버거우셨을 것 같다. 그런 상황에서 한 줄기 희망인 못자리마저 말라가면 얼마나 조급하고 당황스러웠을까. 못자리에 물을 품는 것은 단순히 부족한 물을 채우는 게 아니다. 고사할지도 모르는 묘를 살려야 한다는 절박하고도 간절한 염원이었을 것이다. 그 시절 어머니의 두레질은 고달프고 힘든 삶의 장타령이었는지도 모른다. 그렇게 우리는 한숨에 스무 번씩 수십 번을 두레질했다. 어머니는 숫자를 세면서도 속으로 절규나 하소연했는지 모른다. 어쩌면 삶의 애환을 퍼 올렸는지 모른다. 골골이 흘러든 물길이 넘쳐 묘판을 적시고 나면 두레박 끈을 잡은 손도 힘을 잃는다. 이윽고 묘판에 물이 넘실거리면 어머니와 나의 맞두레질도 끝이 난다.

어부가 만선의 꿈을 꾸듯 그때 서야 어머니와 나도 노랗게 익어갈 황금벌판의 추수를 생각한다. 끈을 추슬러 두레박을 들어 등허리에 맨다. 피곤해 지쳤지만, 집으로 돌아오는 길은 걸음걸이가 가벼웠다. 내가 가끔 맞두레질하는 꿈을 꾸는 것은 어릴 적 힘들었던 두레박질이 조금은 가슴에 응어리져 있는지도 모르겠다. (2023.4.16.)

동행

아내가 중앙시장, 로컬푸드 매장, 롯데마트를 순차대로 가잔다. 내가 같이 가야 하는 이유는 차 운전 때문이다. 아내가 처음 운전면허를 취득했을 때는 간헐적으로 운전을 하더니만 최근에는 아예 안 한다. 특히 내가 퇴직한 뒤로는 운전대를 놓아버렸다. 가정의 평화(있을 수도 있는 사고 예방)를 위해서라고 한다. 면허증을 갱신하여 발급받고도 지갑 속에 간직하고 신분증 대용으로만 쓴다. 강요하지 않고 운전은 내가 도맡아 하고 지낸다. 그 때문에 나는 물론 아내가 조금만 움직이려 해도 내가 함께 나선다. 일상에서 필요한 장보기나 각종 모임과 행사, 병 의원 내방 등 모두 함께 움직인다. 아내와 늘 같이 지내는 이유는 또 있다. 취미 생활을 공유하기 때문이다. 아내가 늘 빠져 지내는 골프는 나도 싫지 않아서 같이 하고, 우연히 예순이 훌쩍 넘어 시작한 색소폰 연주도 함께한다. 두 가지 다 경지가 끝이 없는지라 한없이 연습하며 즐기는 운동이고 취미 생활이다. 우리는 취미로 좋아서 하는 거니까 크게 스트레스 안 받고 적당히 즐기자는 주의다. 그래서 눈만 벌어지면 온종일 삶의 동선이 같다. 서로가 딸랑이가 된다. 날마다 거의 같은 내용의 생활을 함께하고 지낸다. 더러는 나 하는 일, 아내 하는 일이 따로 있어 하루 중 갈리는 경우가 있기는 하지만 대부분이 함께 지낸다.

40년 공직 생활에 내 청장년을 다 바쳤다. 공직 생활 내내 어떻게 세월이 흘렀는지도 모르게 정신없이 지냈다. 공직 생활이라 하면 내 머릿속에는 '바쁘게 산 삶'이라는 이미지가 먼저 떠오른다. 그런데 나도 몰랐다. 퇴직 후의 내 삶이 이렇게 바뀌고 달라질 줄을. 요즈음 나는 전혀 예상하지 않았던 삶을 산다. 내가 무슨 골프고, 색소폰 연주고, 서예에 빠져 지내는지 나도 놀란다. 내 뿌리가 보잘것없이 미약하여 일천하였고, 내 처지와 형편 또한 말할 수 없이 빈약하였다. 그런 내가 요즈음 한량이 된 느낌이다. 나와 동행해 주신 하나님께 감사와 찬송을 드릴 뿐이다. 또한, 우리가 여기까지 살아오는 동안 주위에서 다독이며 격려해 주시고 도와주신 여러분께 감사할 뿐이다.

사람은 원래 혼자는 살 수 없지 않던가. 같은 시대를 살면서 갖가지 연으로 만난 여러분과 동행의 삶이 얼마나 소중한지 모른다. 우리는 태어나면서부터 필연이나 우연으로 많은 사람과 만남이 있고, 만남이 연이 되어 동행하며 산다. 살면서 여러 가지 일시적인 동행도 있지만, 부부의 동행은 평생 동행이다. 생을 마감할 때까지 함께 걸어가야 한다. 마음에 들지 않고 싫다고 해서 동행을 포기하고 멈추거나 중단하면 안 된다. 억겁의 연으로 만난 게 부부라고 했다. 환경과 처지가 전혀 다른 사람과 만난 부부는 어쩌면 위험천만한 만남이다. 반대로 경우에 따라선 행운의 만남일 수도 있다. 그래서 부부의 만남은 그 어떤 만남보다도 소중한 만남이어야 한다. 왜냐면 평생을 함께 살아야 할 즉, 평생 동행해야 할 만남이기 때문이다. 참으로 신중에 신중을 기울여야 할 만남이다. 할 말이 궁색하니까 운명이라는 말로 부부의 만남을 치부해버리기도 한다. 한편, 어찌 보면 숙명적인 만남일지도 모른다. 그러나 어떤 경우도 절묘한 만남의 부부는 없다. 애당초 본질이 다르고, 또 한편으로는 달라야 한다. 남녀가 유별하고 다른 것이 만남의 이유이기도 하다.

소소한 일상이 쌓여 한 달 가고 일 년 가고 세월 간다. 그러니까 매일 삶의 내용이 중요하고 일상에서 부부의 동행이 원만해야 한다. 좋은 노래도 부르고 또 부르면 즐겁지 않다고 했다. 새것도 오래가면 낡기 마련이고 사람도 나이 들면 젊었을 때 같지 않기 마련이다. 인간에게 그런 속성이 있는 게 당연한데 부부가 원만하게 아름다운 동행을 하려면 어떻게 해야 할까를 늘 염두에 두어야 한다. 누구나 세상 살아 보지만 사는 게 녹록하지 않은 게 사실이다. 만만한 게 하나도 없다. 연습 없이 처음 살아 보고, 처음 겪어보는 인생살이라서 그렇다. 세상이 우리를 편하고 쉽게 살게 놔두지 않는다. 소용돌이치는 세파 속에서 박차고 헤쳐 나오려면 온갖 시련을 겪어야 하고 맞서 싸워야 하는 대적들이 수없이 많다. 그때마다 부부는 다투고 갈등하며 상대를 질시하기도 한다. 때로는 하루에도 열두 번씩 동행을 포기하고 헤어질 결심도 할 것이다. 하지만 세상에는 우리 부부만 사는 게 아니고 우리 부부만 겪는 게 아니라는 것을 깨닫고 다시 이를 악물고 산다. 서로 등 다독이고, 부둥켜안으며 재기를 다짐한다. 걸어온 길, 뒤돌아보면 할 말 많고 책을 써도 몇 권이라는 말을 다 한다. 그렇게 사는 게 부부다.

내가 아내와 함께 시장에 가고 일상을 같이 하는 것은 소소한 삶의 부부 동행이다. 하찮은 것 같지만 소중하고 행복한 동행이다. 과거에 내가 어떤 벼슬에 올라 무엇을 했고 어떻게 살았느냐는 그렇게 중하지 않다. 지금의 나, 현재의 내 생활이 더없이 소중하다. 지금까지의 삶이 어떠했는가 보다는, 지금부터의 삶이 더 중하다. 오늘 하루의 삶이 보람되고 행복해야 한다는 심정으로 사는 게 필요하다. 내일의 내 삶은 내일 되어 보아야 내 삶이 아니겠는가.

회자정리會者定離라고 만남은 언젠가 헤어진다는 거다. 인생살이도 시작이 있으면 끝이 있다. 언젠가는 죽음이란 운명적 한계 상황이 온다. 부부의 연을 맺고 풍상을 겪으며 살지만, 그 동행도 언젠가는 멈춘다. 일장춘몽이고 허망한 삶인 줄을 다 안다.

부부는 나이 들고 세월 갈수록 더 소중하고 애정이 있어야 한다. 서로 만나 한평생 살면서 부대끼고 티격태격 버성겨 지내지만, 허물을 덮고 감싸줄 사람은 부부밖에 없다. 인생 끝자락에 안타깝고 애처로운 눈빛으로 바라보고 수발하는 사람은 그래도 부부밖에 없지 않을까 싶다. 미우나 고우나 평생을 서로 기대고 살아온 삶이 아니던가.

돌이켜 보면 아내와 나, 어쩌면 극적이고 요행한 만남이다. 당시 나는 집도 절도 없었다. 식구가 몇인지도 모른 채 아내는 내게 몸을 던져 주었다. 어찌 보면 철없고 무모한 인생 투기였다. 눈감고 귀 막으며 오직 나 하나만을 보고 인생을 맡겼다. 고생 모르고 비교적 부유한 가정의 막내인 그녀가 미천한 나와 결혼이라는 굴레 속으로 스스로 뛰어든 것이다. 내게는 생각지도 않은 행운이 굴러들어 온 셈이다. 당시 나는 감히 그녀를 탐할 여건이 못 되었다. 그런 그녀와의 만남을 굳이 말한다면 '억겁의 인연'이라고 밖에 설명할 수 없다. 그렇게 시작한 부부 동행이 순탄했겠는가. 온갖 풍파와 파란만장한 나날이었다. 우리가 살아온 세월, 몇 번이고 동행이 깨질 뻔했다. 하지만, 그때마다 하나님께서 우리를 붙들어 안고 역경의 늪을 건너게 하셨다. 그래서 지금의 우리가 존재한다. 그동안 우리는 허겁지겁 숨 막히게 달려온 힘든 동행을 하였다. 하늘은 스스로 돕는 자를 돕는다고 했다. 진인사대천명盡人事待天命이라고도 했다. 후세가 평가할 일이고, 누군들 그런 삶을 살지 않았겠는가마는 우리는 그렇게 살았다고 자부하고 싶다.

남은 날 아내와 아름답고 행복한 동행을 한다 해도 지나온 날보다 많지 않다. 동행의 진정한 의미는 지향하는 일정한 곳을 향하여 동반자와 함께 길을 가는 것이다. 우리 부부, 살아온 지난날 생각하면 파노라마다. 이제 조금은 여유를 가지고 우리 나름대로 알맞은 걸음걸이로 천천히 발맞춰 동행하는 삶을 살고 싶다. 서로 끌어안고, 등 다독이고 어루만지며 살아야겠다. 항상 안쓰럽고 애틋한 마음 간직하며 아끼고 소중하게 생각하며 살아야겠다. 남아있는 우리 삶을 사는데 누구도 우리를 대신하여 그 삶을 살아주지 않는다. 우리의 주인되고 주관자되신 하나님과 동행하며 우리가 안전하게 운행하여 남은 삶의 여정을 함께하고 싶다. 이 세상 삶을 마감하는 순간 당신이 있어 행복했고 내가 여기까지 산 것도 당신 때문이었다고 말하며 부부 동행을 마치고 싶다.
(2023.7.19.)

부부 필수 준수 사항

주로 불교에서 회자하는 겁(劫)이란 말은 사전적 의미로 천지가 개벽한 때부터 다음 개벽할 때까지의 동안이란 뜻으로 매우 길고 오랜 시간을 이르는 말이다. 계수하지 못할 정도의 긴 시간을 나타낼 때 쓰는 말이다. 부부의 연(緣)은 수천 겁의 연이 있어야 한다고 한다. 그만큼 여간해서는 만날 수 없는 게 부부라는 것이다. 그런데 그 말을 대개는 믿지 않는다. 어쩌다 우연히 만났거나, 가까이 지내는 지인의 소개로 쉽게 만났는데 믿기 어려운 말로 과장해서 포장한다고 생각한다. 글쎄다. 어떤 말이 사실인지는 나도 모르겠다. 아무튼, 우리는 여러 인연으로 만나 부부가 되어 가정을 이루고 산다.

설레고 기쁜 마음으로 만나 해로를 약속하고 살지만, 부부 생활은 만만치 않은 게 사실이다. 부부가 중심이 되어 가정을 이루고 가족이 사회 구성원이 되어 사회생활을 한다. 인생이 순탄하면 왜 그리 말이 많겠는

가. 복잡하게 얽히고설켜 잡다한 일들이 우리 삶을 지배한다. 그 과정에서 성향과 개성이 달라 정반합이 되풀이다. 부부의 관계도 예외가 아니다. 같은 생활 공간에 같은 유형의 삶이 이어지다 보면 부딪히고 갈등이 오기 마련이다. 이와 같은 문제를 슬기롭게 잘 대처하지 않으면 부부 사이가 금이 가고 소리가 난다. 처음 만나 꿈꾸던 분홍빛은 검은 먹구름 빛으로 변해간다. 이쯤 되면 상황은 심각하고 자칫 큰 화를 초래할 수 있다.

누구나 결혼은 처음이고 부부 생활도 처음 시작한다. 그래서 연습 없이 출발하며 시행착오도 겪는다. 불행해지려고 결혼하는 사람이 있겠는가? 행복을 구가하려고 부부가 되려고 하지 않겠는가? 부부가 함께 지내다 보면 허물이 없어지고 긴장감도 줄어지기 마련이다. 그러다보면 느슨한 생각과 행동이 돌이킬 수 없는 지경까지 이르게 된다. 미리 알고 챙기고 유념하여 조심하였더라면 예방할 수 있었던 아쉬움과 후회가 남는 대목이다.

그래서 부부지도夫婦之道 상대여빈相對如賓이라 했다. 부부간의 도리는 서로 손님처럼 대하여야 한다는 뜻이다. 서로 인격을 존중하고 지켜야 할 덕목이 있다는 거다. 새겨들어야 할 말이다.

부부가 지켜야 할 도리를 교통 법규에 비유해 잘 묘사하고 있어 인터넷에 회자하는 글을 인용 소개한다. 교통사고 때문에 얼마나 많은 사람이 불행을 당하는지 모른다. 부부간에도 지켜야 할 교통 법규가 있다고 한다. 조심 운전 해야지, 대형 사고가 난 다음에 후회하면 무슨 소용이 있겠는가. 부부의 길도 운행을 어떻게 하느냐에 따라 행복과 불행이 갈린다. 거리에는 신호와 교통 경찰, 감시 카메라 등이 제어하고 단속하지만, 부부가 가는 길에는 제어 수단과 감시자가 없으므로 부부 스스로 교통 법규를 잘 지켜나가야 한다.

인터넷에 회자하는 부부가 지켜야 할 10가지 부부의 길 교통 법규는 다음과 같다.

첫째, 부부간에 일방통행은 없다. 언제나 쌍방통행이다. 너는 너, 나는 나 하는 식의 일방통행 자는 부부 교통 법규의 첫째 항목에서 딱지를 떼어야 한다. 모든 문제는 대화와 협조 속에 이루어져야 한다.

둘째, 차간 거리 유지다. 앞차와 뒤차가 너무 가까우면 충돌하기 쉽고, 너무 멀어지면 다른 차가 끼어든다. 부부간에 지나치게 가까우면 존경심이 없어져 충돌의 원인이 될 수 있다. 반대로, 상대에게 너무 무심하거나 냉정하게 대하면 부부 사이에 제3의 인물이나 장애물이 끼어들 수 있다. 따라서 부부 사이는 적당한 거리를 유지해야 한다.

셋째, 경적 금지다. 자동차의 경적으로 인한 피해가 큰 것처럼, 서로의 높은 목소리는 상대방에게 스트레스를 준다. 행복한 부부가 되려면 목소리부터 낮춰야 한다. 부부가 늘 도란도란 조용히 말하는 습관을 들이면 부부싸움도 도를 넘지 않는다.

넷째, 추월 금지다. 무리하게 경쟁적으로 추월하는 일 때문에 서로 부뒷혀서 대형 사고가 난다. 부부가 상대방을 경쟁 상대로 생각하거나 상대방을 무시하면 사고가 난다. '당신 같은 주제에' 하며 업신여기는 말은 금물이다. 부부는 경쟁 상대가 아니라 영원한 동반자이기 때문이다.

다섯째, 차선 위반이다. 차선은 보기 좋게 하려고 그려놓은 금이 아니다. 차선은 생명선이다. 부부는 하나라고 하지만, 서로의 개성을 존중해 주어야 한다.

각자의 차선을 가면서 서로 도와주는 것이 바람직하다.

여섯째, 신호 위반이다. 신호 위반을 자주 하는 운전자는 변을 당할 위험이 크다. 배우자의 얼굴이 빨간 신호인지 파란 신호인지 알고 행동해야 현명한 사람이다. 또한, 파란 신호가 들어오기를 기다리는 인내심도 필요하다.

일곱째, 차량 진입 금지 위반이다. 차가 들어가서는 안 될 길이 있다. 그런 길에 들어갔다가 뜻밖의 사고를 당할 수 있다. 부부간에 상대방의 자존심을 건드리거나 개인적인 것을 지나치게 들추어내서는 안 된다. 서로가 아끼며 존경하면서 해야 할 일과 해서는 안 되는 일을 분간할 줄 알아야 한다.

여덟째, 일단정지 지키기다. 일단정지를 무시하고 달리면 사고를 내는 수가 있다. 부부가 대화할 때도 일단정지를 무시하고 자신의 주장만 내세우면 곤란하다. 상대방의 말을 들으려 하지 않기 때문에 사고가 발생한다. 일단정지를 하여 상대의 말을 경청하는 자세가 중요하다. 들어보나 마나 뻔하지 하는 식으로 행동해서는 안 된다.

아홉째, 정면충돌을 피하는 것이다. 내 차선으로 상대방의 차가 달려오는 경우가 있다. 나는 내 차선으로 잘 가고 있다며 그대로 달린다면 정면충돌을 피할 수 없고, 너 죽고 나 죽는 사태가 빚어진다. 부부간에 내 주장만 옳다고 우긴다면 정면충돌을 피하기 어렵다. 부부간에 너 죽고 나 죽자는 식으로 간다면 얼마나 어리석은 일이겠는가. 상대가 차선을 위반하여 달려온다면 일단 피하는 것이 현명하다. 일단 피해서 정면충돌을 모면한 다음 문제를 차분히 풀어나가는 것이 좋다.

열 번째, 수시로 점검하는 것이다. 자동차는 정기적으로 검사를 받게 되어 있다. 점검하다 보면 전혀 생각지 못한 데서 문제가 나타나는 수가 있다. 아무리 행복한 부부라 하더라도 갑자기 문제가 생겨 불행해질 수 있다. 서로의 문제점을 평소에 점검한다면 적어도 호미로 막을 것을 가래로 막는 사태는 벌어지지 않을 것이다.

부부! 원대하고 푸른 꿈을 안고 행복하게 만난 인연 아니던가. 만남을 소중히 여기고 감사하며 살아야 할 부부가 서로 준수해야 할 불문율과 덕목을 경시하여 돌이킬 수 없는 지경으로 치닫는 경우가 얼마나 많은가. 나는 이미 부부의 길을 한참 지나왔다. 뒤돌아보면 뒤안길만 보이지만 앞서 제시한 부부의 교통 법규가 구구절절 들어맞음을 실감한다. 더 일찍 알고 깨달았으면 좋았을 거라는 미련과 아쉬움이 남는다.

이 글을 접하는 독자에게 일말의 보탬이 되었으면 하는 마음이 간절하다. (2022.10.12.)

사랑이란

"사랑은 오래 참고, 사랑은 온유하며, 시기하지 아니하며, 사랑은 자랑하지 아니하며, 교만하지 아니하며, 무례히 행치 아니하며, 자기의 유익을 구求치 아니하며, 성내지 아니하며, 악한 것을 생각하지 아니하며, 불의를 기뻐하지 아니하며, 진리와 함께 기뻐하고 모든 것을 참으며, 모든 것을 믿으며, 모든 것을 바라며, 모든 것을 견디느니라." 신약성경 고린도 전서 13장 4~7절 말씀이다.

사람이 살면서 이런 사랑을 하며 살기란 얼마나 어려운 일인가. 숨이 막혀온다. 별생각 없이 사랑이란 말을 하면서 살지만 따지고 보면 사랑만큼 어려운 것도 없는듯하다. 잘못한 사랑으로 서로의 골이 깊어지고 치유할 수 없는 앙금이 평생토록 남기도 한다. 그런가 하면 아름답고 멋진 사랑을 하여 삶이 윤택해지고 일생이 행복한 경우도 있다.

사람이 사랑 없이 살 수 있을까? 그럴 수는 없다. 원래 인간은 사랑의 속성을 안고 태어났기에 사랑해야 행복하게 살 수 있기 때문이다. 행복한 삶은 모든 사람이 다 추구하는 것이기 때문에 인간에게 사랑은 선택이 아니라 오직 필수다. 인간의 행복 조건에서 사랑이 필수인 것은 사랑의 위력 때문이다.

사랑은 행복을 만드는 발전소다. 하늘 높이 솟구치는 분수와도 같고 뜨겁게 분출하는 활화산 같다. 세상의 모든 일을 사랑의 눈으로 바라보면 아름답고 긍정적으로 보인다. 사랑은 하얀 눈과 같은 것이다. 진흙탕이나 삭막한 땅이라도, 불결하고 혐오스러운 환경이라도 사랑으로 덮어버리면 하얗게 사랑만 보인다. 사랑은 뜨거운 불과 같은 것이다. 성냄도, 슬픔도, 미움도 사랑하면 가라앉히고 가시게 할 수 있다. 사랑은 요람이고 어머니 품과 같은 것이다. 사랑이 있는 곳엔 언제나 훈풍이 일고 포근하고 잔잔한 평화가 머문다. 꿈결같이 보드랍고 황홀하다.

사랑을 가지고 산다는 것은 긍정적이고 열정적으로 산다는 의미다. 긍정의 힘이 세상을 바꾸고 열정의 힘이 날마다 새로운 삶을 창출한다. 사랑이 있으면 아무리 힘들고 어려운 일을 만나도 내 삶의 과정이려니 하고 삶의 무게를 느끼지 않게 되고, 무덤덤한 일상이 아니라 날마다 흥분과 기대에 우렁찬 심장 박동 소리를 듣는 일상이 된다.

긍정은 생각과 방향을 달리하는 것이다. 만약, 오늘이 내게 주어진 인생의 마지막이라고 생각하면 내 앞에 처한 모든 게 아쉬움 속에 긍정으로 바뀌지 않겠는가? 매사를 부정하고 증오해야 할 이유가 없어질 것이다. 더 사랑하지 못하고 더 잘해주지 못한 아쉬움과 안타까운 마음으로 가슴이 짠해질 것이다. 내일이면 모든 것을 다시 볼 수 없고 나 자신도 이 자리에 존재하지 않는다고 생각하면 감격과 기쁨으로 하루를 살 것이다. 이런 마음으로 세상을 사는 사람이 사랑이 충만한 사람이고, 사랑이 충만한 사람이 바라보는 세상의 모습이다.

사랑의 눈으로 세상을 보아야 아름다움도 보이고 행복도 보인다. 사랑의 눈으로는 사랑이 보이지만 증오의 눈으로는 미움만 보일 뿐이다. 사랑의 눈은 겉으로 보이는 것만 보는 게 아니라 마음으로 보이는 것까지 본다. 상대의 처지와 형편이 보이고 상대의 마음도 보인다. 멀리 있거나 가까이 있는 사람의 아픔도 보인다. 겉으로 보이는 것만 아름다운 게 아니고 마음속으로 보는 것이 진정한 아름다움일 수 있다.

우리의 눈을 사랑의 눈으로 바꾸자. 높은 도수로 사랑의 안경을 맞춰 끼자. 그래서 아직 보지 못했던 아름다움과 느끼지 못했던 충만한 사랑, 베풀지 못했던 사랑을 보자. 처음은 어색하고 서툴지 몰라도 사랑의 안경을 벗지 말자. 내 눈과 몸에 배고 적응이 될 때까지 계속 끼고 사랑을 연습해보자. 언젠가는 사랑의 안구가 자리매김하게 될 것이다.

사랑의 눈으로 세상을 보면 세상에는 두려운 것이 없으리라. 헐벗고 굶주린 사람도 없으리라. 삶에 지쳐서 나약하게 쓰러진 사람도 없으리라. 증오와 갈등도 없어지리라. 온갖 시기와 질투도 사라지리라. 서로를 용서하고 감싸주고 북돋워 주기만 하리라. 서로를 밀어주고 이끌어 주리라. 누구든지 마음놓고 세상을 자신 있고 당당하게 살게 하리라. 이것이 사랑의 힘이고 위력이리라.

사랑은 유한한 것도 아니고 시기가 있는 것도 아니다. 시작이 있을지 몰라도 끝은 없어야 한다. 내일부터, 다음 달부터, 내년부터가 아니고 지금 당장 여기여야 한다.

사랑은 이유가 없어야 한다. 사랑하여야 할 이유가 있어서가 아니고 반대급부가 있어서도 안 되고 오직 순수한 사랑 그 자체여야 한다. 사랑은 순결하여야 한다. 어떤 색으로 물들어서도 안 된다. 사랑 본래의 색깔인 순백이어야 한다.

사랑은 결코 거창한 것이 아니다. 비록 내가 가진 것 많지 않아도 내 주위에 힘들고 아픈 이들을 두루 살펴 작은 마음 하나라도 나눌 수 있는 가슴 따뜻한 사랑이면 좋을 것이다.

수많은 시련에 힘들고 서럽고 아팠던 삶이었을지라도 당신의 사랑이 있어 고달픈 줄 몰랐다는 그런 사랑이면 좋을 것이다. 삶에 지쳐 절망의 나락으로 떨어져 있을 때 따뜻한 손길 하나가 버팀목 되어 새로운 삶을 살 수 있게 하는 사랑이면 좋을 것이다. 삭풍이 불고 매서운 찬바람 이는 인생길 걷는 이에게 내 따뜻한 말 한마디가 희망의 등불이 되는 사랑이면 그것으로 좋을 것이다.

우리 가슴속에 사랑의 마음으로 꽉 차 있으면 좋겠다. 사람의 언어가 사랑의 언어로 가득 피어났으면 좋겠다. 온 땅에 진리가 살아 숨 쉬고 사랑으로 어우러졌으면 좋겠다. 물질적 풍요보다 사랑의 기쁨이 넘쳐났으면 좋겠다.

사랑은 희생과 헌신 없이는 못한다. 진정 마음을 다하여 간절하고 절실한 사랑을 하려거든 자기희생을 각오해야 한다. 두려움을 모르는 게 사랑이다. 심지어 죽음까지도 불사한다. 예수는 많은 사람을 사랑한 나머지 죽음을 감수하여 몸을 내놓기까지 했지 않았던가. 아가페 사랑을 실천한 것이다.

프랑스를 대표하는 샹송 가수 에디트 피아프(Edith Piaf)의 '사랑의 찬가(Hymne L'amour)'에 이런 내용이 있다. '하늘이 무너져 버리고 땅이 꺼진다 해도 사랑한다면 두려운 것 없으리.' 사랑이 있다면 생의 종말도 천지의 개벽도 더는 두려움이 아니리라. (2014.8.4.)

한마음회

한마음회는 우리 일곱 형제네의 모임이다. 내가 맏이고 아래로 여섯 형제가 있는데 모두 가정을 이루고 있어 각 가정 내외를 중심으로 단위가 되어 하나의 모임을 만든 것이다.

모임의 태동 동기는 아버님이 돌아가신 뒤 홀로 남겨진 어머님과 형제네가 정기적으로 만나 정분을 나누며 우애를 돈독히 할 취지로 시작하였다. 나의 제안에 형제네 모두가 공감하면서 모임의 이름도 정하고 기대와 다짐을 하며 산뜻하게 출발했다. 그때가 아버님이 돌아가신 1986년 11월 25일 이듬해인 1987년 1월이었다.

우리는 사조직이지만, 회칙도 만들고 매월 첫 번째 토요일을 모임 날로 정하는 등 격식을 갖추었다. 또한, 모임 날은 십시일반으로 형제네가 갹출하여 어머님의 생활비와 용돈을 드리기로 하고 어김없이 시행해왔다. 각 가정의 부담금은 하한은 있되 상한은 없기로 했다. 모임 방법은 형제가 건재 순으로 돌아가면서 자기 집에서 주관하고, 당일 주관 경비는 차례가 되는 형제가 부담하는 것으로 정했다. 1997년부터는 매년 4월 모임을 가족묘지 관리 차원에서 묘지가 소재한 전북 부안군 동진면 산월리에 있는 산소에서 갖기로 하고 식목일을 전후해서 현지 모임을 해왔다. 4월 모임 날에는 성묘와 함께 훼손된 잔디의 보식이나 제초, 전지, 보수 등의 작업을 한다. 이날은 작업 준비도 하고 먹거리도 풍성하게 준비해서 야유회에 버금가는 아주 성대한 행사 날이 된다.

그 후 2020년 1월까지, 꼭 33년간 끊임없이 모임이 잘 이어져 왔다. 그러던 중 2020년 2월경에 예기치 않은 '코로나19'라는 감염병이 전 세계를 휩쓰는 바람에 사회적 거리 두기 등 방역 수칙의 준수로 인하여 어쩔 수 없이 중단되고 말았다. 만연된 감염병의 장기화로 혹시나 하고 기다렸던 모임은 3년 가까이 멈춰진 상태다. 내가 태어나 살면서 이런 질병은 처음인데 진정될 기미가 보이질 않는다. 설사 진정된다고 하더라도 후속으로 나오는 코로나19의 변종 감염병이 끊이질 않고 있고, 이에 버금가는 신종 감염병도 속출하고 있어 모임의 재개는 기대하기 어려울 것 같다. 안타깝기 그지없다. 게다가 어머님도 결국 코로나19의 감염 후유증으로 2022년 4월 9일에 돌아가시고 말았다. 많은 미련이 남고 허망하기까지 하다.

그동안 나는 명실상부하고 내실 있는 모임을 만들기 위하여 나름대로 끊임없는 노력을 했다.

첫째, 일체감 형성을 위하여 모임의 노래를 만들 요량으로 오랫동안 생각해온 작사를 1994년 7월 9일에 완성했다. 하지만 마땅히 의뢰할 만한 작곡가를 만나지 못하다가 초등학교 동창생인 노규환이라는 친구가 음악을 전공한 그의 딸(노송)과 사위(사장군)에게 부탁하여, 작사 한 지 무려 16년만인 2010년 12월에 작곡했다. 그들이 작곡하고 직접 반주와 함께 노래도 불러 녹음하여 CD와 악보를 보내주었다. 참으로 반갑고 고마웠다.

둘째, 형제네 가정 대소 행사 시에 착용하는 유니폼을 만들었다. 남자 형제는 넥타이를 통일해서 한 가지로 준비해 매고, 여자 동서는 똑같은 한복으로 지어 입기로 하여 마련했다. 이에 따라 모르는 사람이 보아도 얼른 한 가족이라는 걸 알아차리기도 했다.

이뿐만 아니라 '한마음'이라는 상징 마크도 도안했다. 칠 형제가 하나라는 의미를 담은 이미지로 한마음회 마크를 제작하였다. 마크 인장도 고무인으로 새겨 보존하며 사용하였다.

역시 같은 맥락으로 모자도 주문 제작했다. 모자 앞에는 한마음회 상징 마크를 새겨 넣고 양옆으로는 결속을 다지는 문구도 새겨 넣었다. 새겨 넣은 문구는 한쪽 면에 'with family' 다른 한쪽 면에는 'together brother'이라 새겼다.

또한, 한마음회 상징 마크를 넣은 옹기로 만든 국그릇, 반찬 그릇 등도 주문 제작 했다.

이와 같은 일련의 노력은 한마음 회원인 형제와 동서 간의 화기애애한 결속력과 우애를 돈독하게 하려고 할 수 있는 여러 아이디어에서 출발한 외형적인 수단이고 방법이었다.

이와는 별도로 모임의 운영이 잘되는 게 매우 중요했다. 무엇보다도 참여가 저조하거나 미온적이면 모임은 활성화되기 어렵다. 아무리 모임의 명분이 좋아도 참여가 저조하면 안 된다는 생각에 적극적인 협조와 참여를 위한 묘책이 필요했다. 꼭 필요하여 좋은 취지에서 시작된 모임일지라도 참여할 의욕이 내키지 않으면 문제가 된다. 더군다나 우리는 모임 때마다 가족 예배를 드리고, 술은 절대로 안 마시기로 했다. 예배의 주관도 학수 형제가 장로 되기 전까지 내가 도맡아 했다. 성경 말씀의 주제는 거의 다 가정과 가족에 관한 또는 인륜에 관한 내용이었다. 십수 년을 한결같이 입이 아프도록 줄거리가 같은 내용으로 일관했다. 보통 사람의 모임과는 다르고 별 재미를 느끼지 못할 수도 있고 다소 딱딱한 분위기일 수 있는 모임이다. 그래서 나는 모임 판을 재미있게 할 묘책 강구에 신경을 많이 썼다.

예를 들면, 그달의 모임을 간략하게 치르고 부부간 편을 짜서 노래나 찬송가 자랑을 한다던가, 윷놀이를 하거나, 노래방을 가는 등의 2부 행사를 가끔 벌였다. 가끔은 경품을 건 이벤트도 좋은 당근책이었다. 이외에도 형제보다는 남남이 만나 인위적으로 가족이 된 동서 간의 우애가 더 절실하다고 생각해서 제수들만 따로 이벤트를 만들어 시행하기도 했다. 아무튼, 모임에 참여하지 않은 가정은 뭔가 아쉽고 서운해할 수 있도록 모임마다 색다른 덤이 필요했다. 아무래도 모임의 성격이 위아래가 있는 형제 모임이라 재미가 덜하고 부자유스러울 수 있기 때문이다.

모임의 부작용도 더러 있었다. 우선 구성원이 어머님을 포함해서 열다섯이나 되다 보니 여러 개성 있는 사람의 모임이었다. 같은 사안을 두고도 생각이 달라 이견이 있어 조율이 어렵기도 했다. 더러는 습관적으로 자유분방하여 주취에 불참하기도 했다. 소소한 이해를 따져 때때로 의도적으로 참여하지 않는 가정도 있었다. 그때마다 얼마나 섭섭하고 마음이 아팠는지 모른다. 하지만 나는 묵묵히 참고 견뎌왔다. 그렇게 30년 세월이 흘렀다. 어떤 때는 한 형제가 말하기를 장형으로서 따끔하게 혼쭐을 내주라는 주문도 있었다. 그러나 나는 침묵했다. 자칫하면 모임의 해체는 물론 큰 상처만 남게 될 게 뻔했기 때문이다.

지금 와서 솔직히 고백하면 모임 때마다 마음 편하지 않을 때가 상당히 많았다. 그 이유는 우리 모임의 회원은 다 안다. 그러나 소용돌이치는 와중에도 우리 형제네를 이렇게 이 정도로 발전하게 한 원동력은 한마음회라 믿는다. 만약, 한마음회가 없이 여느 형제네처럼 살았으면 우리 성향으로 미루어볼 때 상상하기도 꺼려진다.

처음 모임을 시작할 때의 내 마음은 우리 형제네가 모두 하나 되었으면 하는 간절한 바람에서 출발했다. 형제네가 영원히 하나 되고 싶었다. 한 형제의 슬픔과 기쁨은 곧 모든 형제의 슬픔과 기쁨이 되고 싶었다. 네 것과 내 것을 따지지 않고 양보하고 지원해주는 관계를 형성하는 형제가 되고 싶었다. 그러나 그러한 바람은 애초부터 과욕이었고 지극히 이상적이었을 수 있겠다 싶다. 하지만 지향하는 목표가 그만했기 때문에 그래도 오늘날 우리 형제네가 이만큼 되지 않았나 생각한다. 그런 의미에서 시작은 미약했고 다소 우여곡절이 있었지만 수십 년 살면서 큰 물의 없이 형제의 우의를 다진 것에 감사한다. 여기까지 인도하시고 살피신 하나님께 감사할 뿐이다.

한마음 회원 여러분!

세상 끝날까지 솔선하고 양보하고 지원하고 살피면서 형제네 모두가 한마음 되려고 노력하며 살아가길 바랍니다. (2022.10.8.)

행복이 숨어 있는 곳

행복이란 무엇일까? 인간의 욕구와 욕망이 충족되어 만족하거나 즐거움을 느끼는 상태라고 한다. 그 상태는 주관적일 수도 있고 객관적일 수도 있다. 모든 사람이 행복하기를 바란다. 사람이 살아가면서 행복보다 더 좋은 것은 없는 듯하다. 그런데 과거에 살았던 사람이나 오늘을 사는 사람을 막론하고 행복했거나 행복하다고 생각하는 사람은 흔치 않다. 왜 그럴까? 사람마다 그 기준과 느끼는 척도가 주관적이기 때문이다.

행복이란 물질적으로나 정신적으로 좋은 일이 있어서 항상 만족하거나 즐거움을 느끼는 기분이 아니다. 자발적으로 솟아나는 마음의 상태가 행복의 잣대가 될 것이다. 그래서 행복을 감지하고 느낄 줄 아는 게 필요하고 중요하다. 행복은 각 사람 마음속 깊은 데 숨어 있는 원래의 순수이며 진실이다.

마음속 깊은 데 숨어 있는 행복의 잣대를 끌어내어 우리 삶의 현장에다 접목함으로써 행복을 찾는 연습을 해야 한다. 사람마다 인간 본성에 기인한 순수와 진실을 삶 속에 투입해서 행복을 발견하고 느끼게 하는 연습이 필요하다. 자신의 마음에서 행복을 행복이라고 느낄 수 있도록 꾸준한 노력을 해야 한다. 지난날 자신이 살면서 가장 행복했다고 생각하는 일을 상기해서 그때 자신이 가졌던 마음과 좋은 기분을 떠올려 다시 한번 그 느낌에 젖어 보는 것이다. 비록 자신이 생각할 때 꼭 행복하다 생각되지 않는 일이라도 일상에서 의도적, 의식적으로 그 마음을 가지는 것이다. 고도의 정신 수양이라고 할지 모르지만, 누구나 시도해야 할 일이라고 생각한다. 일상의 삶이 늘 기분 좋고 즐거운 일만 있는 게 아니기 때문이다. 어렵고 힘든 상황, 좋지 않은 일이 있을 때일수록 행복 찾기와 행복 느끼기를 해야 행복한 삶을 살 수 있다.

자신의 행복은 자신에게 있지 남에게 있지 않다. 따라서 행복은 자신이 어떻게 생각하고 마음먹느냐에 달려 있다. 한마디로 자신의 행복은 자신만이 찾을 수 있고 느낄 수 있는, 온전한 자신의 책임이고 몫이다. 물론 행복은 남이 가져다주는 때도 있고 밖에서 찾아오는 것도 있지만, 그것은 그리 많지 않다. 행복은 자신의 마음속에서 피어나는 달콤한 꽃향기다. 또한, 행복은 크고 많은 것에 있는 것이 아니고 작고 적은 것에 있다. 사소한 일일지라도 그 속에서 우러나는 잔잔한 기쁨과 고동치는 흥분이 있을 때 그것이 곧 행복이 아니겠는가. 발달한 첨단 과학과 넘쳐나는 물질 문명의 풍요가 우리를 행복하게 할 수는 없다. 더러는 이런 것들이 우리의 정신을 어지럽히고 마음을 혼란하게 하고 고뇌 속으로 몰아넣는다. 어쩌다가 정전이 되었을 때, 캄캄한 밤에 촛불을 켜면 옛날의 정서가 살아나 그윽하고 포근했던 시절이 떠오르며 마음이 차분히 가라앉고 평온해지지 않던가. 그 순간 그 마음의 상태가 행복이다.

나는 새집을 사 이사해 오면서 수십 년을 보던 신문을 끊어버렸다. 의무적으로 일상 생활의 중심을 차지하고 있는 큰 물줄기를 고의로 차단해버린 것이다. 벌써 오래되었다. 처음에는 궁금해서 힘들었다. 그러나 지금은 괜찮고 마음의 무게가 줄어든 느낌이다. 때로는 살면서 TV도 끄고, 휴대 전화도 끄고, 전깃불도 끄고 칠흑같이 어두운 캄캄한 밤에 몸과 마음을 천연히 내려놓고 몇십 분이라도 명상을 해보는 것이 심신을 쉬게 하며 행복한 마음을 갖는 연습일지도 모른다.

행복은 특별한 이벤트 같은 삶 속에 있는 것이 아니고 우리의 일상 속에 있다. 우리의 일상 속에 행복은 언제나 살아 숨 쉬고 꿈틀거리고 있다. 그래서 행복은 자신이 일상 속에서 만들어 가는 것이다. 내가 살면서 만드는 행복을 발견하고 느끼지 못하면서 멀리 밖에서만 찾으려니 늘 행복하지 않다. 참된 행복은 자신이 스스로 만족하는 데에 있다. 사람들의 욕구는 끝이 없다. 아홉을 가진 사람은 하나를 가진 사람의 것을 탐한다. 무엇인가 바라는 바를 이루고 나면 또 다른 뭔가를 이루려고 한다. 이것이 인간의 속성이고 동시에 발전의 원동력이기도 하다. 그러나 중용과 절제가 없으면 결국 무한의 욕구가 사람을 불행하게 만든다.

프랑스의 알렉산더 황제가 어느 날 막사에서 한없이 울었다고 한다. 부하들이 그 이유를 물었더니 그는 "이제 더는 정복할 땅이 없어서 우는 것이다."라고 대답했다고 한다. 그동안의 정복으로 얻어진 것은 생각하지 않고 더 정복할 것만을 생각한 알렉산더가 결코 행복했다고 할 수 없지 않은가.

인간에게서 소유의 한계와 기준은 없다. 가져도 또 갖고 싶고 해도 또 하고 싶은 것이다. 채워도 채워지지 않는 게 인간의 욕구다. 얼마나 많이 가지고 있느냐가 중요한 게 아니라 어떻게 느끼고 생각하느냐가 중요한 것이다. 똑같은 상황을 어떻게 보고 느끼느냐에 따라 행복과 불행이 갈리는 것이다. 마르셀 프루스트는 '진정한 발견은 새로운 땅을 발견하는 것이 아니라 새로운 눈으로 바라보는 데에 있다.'라고 말했다.

우리가 세상을 살아가면서 이루지 못한 것에 대한 욕구를 불만으로만 여길 게 아니라, 지금까지 이룬 것에 대하여 내 안의 새로운 시각으로 조명하고 발견하는 지혜가 필요하다. 더 이루고 더 채우고 남보다 더 나은 것에다만 삶의 기준과 목표를 둔다면 그 사람은 영원히 행복할 수 없다. 자신의 욕심을 버리고 마음을 비울 때만이 내 안에 숨어 있는 행복이 슬며시 고개를 내민다.

진정한 행복은 항상 내 주변과 내 안에 있다. 다만 우리가 욕심 때문에 눈이 가려져 발견하지 못할 뿐이다. 아니 그러한 생각과 노력을 하지 않고 멀리 밖에 있는 남의 것만을 바라보고 비교하므로 불행하다고 한다. 어떤 상황에서도 감사와 긍정의 마음만 가진다면 행복할 수 있다.

내 안에는 언제나 행복이 살아 숨 쉬고 있다. 행복은 지금 바로 여기에 있다. (2020.11.12.)

제2부

낙엽을 밟으며

그리움만 번지고

–초등 동기동창 모임에 부처

아마 다른 사람도 거의 같은 생각일 것이라 믿지만, 나는 여러 동기동창 중에 유달리 초등학교 동기 동창이 좋다. 제일 많이 오랜 세월을 함께하며 온갖 것 다 드러내 보였기 때문이리라. 서로의 속내를 잘 알아서 허물이 없고 서먹하지 않아 언제 만나도 편하다. 빈부가 상관없고 지위의 높고 낮음이 쓸데없는 사이가 초등학교 동기 동창이다. 우리에겐 오직 친구 이상도 이하도 없다. 그것도 천진하고 순수한 벗의 관계만 존재한다. 다만, 변하는 게 있다면 세월이 우리를 나이 들게 하는 것일 뿐 끈끈한 잔정은 마음 밭에 깊이 뿌리 내리고 있으리라.

나는 전라북도 부안군 동진면에 있는 동진 초등학교를 다녔다. 유구한 역사와 전통을 자랑하는 규모가 큰 학교였는데 시대의 흐름에 따라 전교생이 수십 명밖에 안 된다고 한다. 격세지감이고 유감스럽다. 동기동창이 이백 명 가까이 되었다. 많은 세월이 흐른 뒤 어렵게 동창 모임이 결성되고 수년간 이어져 오곤 했다. 나는 2002년에서 2006년까지 회장을 맡았다. 졸업 후 꽤 오랜 세월이 지나 모두 장년의 나이가 되었을 때였다. 연락이 두절되고 잊혀 가던 친구들이 다시 모이게 된 것이다. 나는 모임 때마다 회동을 앞두고 애정이 어린 마음으로 호소하듯 벗들을 초대했다. 여기 그때마다 벗들을 초대한 글 몇 편을 소개함으로써 새삼 동경의 마음을 되뇌고 싶다.

벅찬 감동으로 다가올 재회의 순간을 기다리며

철부지 시절, 혼자서는 아무것도 할 수 없었던 시절, 누군가의 손을 잡고 끌리듯 따라가 입학했던 초등학교입니다. 그곳에서 코 흘리며 앞가림도 제대로 못 했던 또래 친구들을 만났습니다.

천진과 순수만 있는 머슴애, 가시내들이었습니다.

그렇게 만나 여섯 해를 함께 지내는 동안 숨기고 감출 것이 없었습니다. 그 시절 우리는 자치기, 패치기, 땅뺏기 놀이 등으로 하루해가 모자랐고 욕심 없이 질펀하게 천연스러웠습니다.

우리가 무엇을 알았겠습니까. 회자정리라고 무심코 흐르는 세월이 우리를 헤어지게 할 것이라고 짐작이나 했겠는지요. 6년의 함께한 세월을 뒤로하고 석별해야만 했었지요.

살다가 문득문득 밀려오는 친구들의 보고 싶은 마음은 참을 수 없는 차라리 속상함이었습니다.

떠오르는 얼굴들, 부질없는 오만가지 생각, 알 수 없는 궁금증은 어떤 때는 그리움을 넘어 살짝 고통이기도 하였습니다. 어디서 무엇을 하며 어떻게 지내는지 알 수가 없으니 가슴이 미어지고 터질 것 같기도 하였습니다.

마냥 덧없이 속절없이 흘러간 수십 년의 세월이 우리를 진한 향수와 애틋한 그리움으로 가늘게 떨게 합니다.

모처럼 어렵게 만든 우리 만남의 날이 기다려집니다. 그동안 피차 용하게도 잘 견디고 참아온 세월을 뒤로하고 역사적인(?) 감격의 재회를 생각할 때 그냥 가슴이 뿌듯합니다.

보고 싶은 얼굴들을 눈에 담아 고동치는 가슴, 설레는 마음으로 기다려집니다. 어떻게 변했을까? 무엇을 말할까? 벌써 뭉클함으로 뜨겁게 달아오릅니다.

무작정 그냥 편한 마음으로 만나자. 격식 없이 그냥 펑퍼짐하게 앉아서 얘기하자. 그동안 하고 싶었던 말 다 까발려가며 철부지 시절 가시내, 머슴애로 돌아가 보자. 너와 나, 앞뒤, 위아래랑 모두 한 덩어리가 되어 보자. 진하디진한 밀린 정담만을 실컷 질리게 얘기하자.

저만큼 먼 발치로 서성이면서

사람 사는 것이 다 매양 같겠지만, 우리가 보낸 세월만 그리도 아쉬운가 봅니다. 티격태격 버성겨 지낸 6년의 세월이 한평생 우리를 이렇게 묶이게 합니다. 옷깃을 스쳐도 인연이라는데 우리는 더없는 소중한 인연이겠지요. 철몰랐을 때 천진스럽게 만나 함께했던 시절, 온갖 추억이 떠오를 때마다 애틋한 마음에 혼자 눈시울 적실 때가 있습니다. 인간의 속성이 원래 그런가 봅니다. 왜 그렇게 그때 그 시절이 좋았는지 모릅니다.

어떤 때는 속절없다는 것을 알면서도 지긋이 눈감고 덧없는 상상을 해봅니다. 그러다 왈칵 밀리는 그리움에 모두를 한꺼번에 껴안고 싶었고, 사무치는 마음 감당할 수 없어 임들의 이름을 목청껏 속으로 불러보고 싶었습니다. 그때마다 임들은 저만큼 먼발치로 서성이면서 무던히도 내 가슴을 조이게 했습니다. 이것이 우리가 만나야 할 이유이고 임들이 우리 자리에 함께 있어야 할 조건이고 당위입니다. 우리가 만나는 그날, 임들이 없으면 정한 그날은 의미를 잃게 됩니다. 임의 존재는 당신 혼자로 그치지 않고 서로 사랑하는 상대편임을 알아야 합니다.

그리움은 전신에 경련으로 다가오고

삶이 우리를 힘들게 하지만, 때로는 지난날 그리움을 꽃피게 합니다.

금방 울어버릴 것 같은, 왈칵 밀리는 진한 그리움이 가슴속 깊이 저미어 옵니다. 솟구쳐오는 애틋한 그리움은 전신에 경련으로 다가오고, 도무지 근원을 알 수 없는 외롭고 쓸쓸한 그리움은 차라리 서러운 슬픔입니다. 초롱초롱하여 영롱하기 그지없었던 당신의 눈망울, 하얀 백지장같이 부풀어 오른, 솜털같이 청순하고 순결했던 당신의 속마음, 모두가 그리움의 대상이고 동경의 상징입니다.

조건과 무조건을 생각하지 않고 이해와 득실을 따지지 않았던 우리, 흐르는 세월에 민감하지 않고 평생을 살아도 질릴 것 같지 않았던 우리는 질기디질긴 숙명 같은 인연인가 봅니다. 그리움을 일게 하는, 샘 같은 원천인가 봅니다.

수많은 날 아른거리며 다가오곤 했던 보고 싶은 얼굴들이 좋아 나 지금 빨리듯 그곳으로 달려가렵니다. 하 많은 날 애태우며 가슴 조여 간직했던 진하디진한 그리움 속으로 나 지금 자는 듯 눈감고 빠져 들으

렵니다.

보고 싶은 마음, 그리운 마음을 볼 수는 없을까? 그 마음은 어떤 모양이고 어떤 색깔일까? 우주처럼 넓고 산처럼 크고 듬직할까? 진분홍 색깔이다 못해 빛바래고 희멀건 연분홍색은 아닐까? 무엇에도 비길 데가 없고 세상에 그렇게 예쁜 색은 없을 것 같습니다. 차라리 눈을 감고 안 보는 게 낫겠습니다. 그냥 어두운 꿈속에서 동경의 마음으로 간직하는 게 훨씬 낫겠습니다.

하늘이 맺어준 우리의 인연을 우리가 인위적으로 가를 수는 없습니다. 비록 각자 원근의 삶터에서 생을 꾸리더라도, 천연의 잔정은 바닥에 깔고 살아야겠습니다. 그러다 가끔 물밀듯 진한 그리움이 찾아오면 소리쳐 임의 이름을 부르고 손짓하며 다가가야겠습니다.

오늘 우리가 만났지만, 내일도 만난다는 보장은 못 합니다. 서로를 찾고 찾아가는 해후를 몇 번이나 하겠습니까? 이것이 우리가 이참에 만나야 하는 이유입니다. 서둘러 만남의 곳으로 나서야 하는 까닭입니다. 서성이지 말고 발걸음 재촉해야 합니다. 기린처럼 목을 늘여 기다리고 있을 사랑하는 임들을 위하여. (2022.10.25.)

나이의 별칭

사람이 정한 거지만 왜 365일을 1년이라 했는지 모르겠다. 어쨌든 1년이 지나면 나이가 한 살이 더 된다. 나이에 따라 이르는 말도 갖가지인데 나름대로 의미가 있다.

평소 알고 지내는 노부부를 가끔 뵙는다. 할아버지는 할머니를 '할망구'라 하신다. 그러자 할머니는 "진짜 망구는 당신이여!"라고 못마땅한 듯 대꾸를 하셨다. 나도 할망구라는 말이 좋은 의미의 호칭은 아니라고 평소에 생각해왔다. 그런데 할머니 하시는 말씀이 "망구가 뭔 뜻인지나 아요?" 하신다. "내일모레면 90살이 되니까 진짜 망구는 당신이지." 하셨다. 나는 할머니가 화가 나서 하신 말씀으로만 알았다가 '망구'란 말이 의미가 있음을 금방 알아차렸다. 불혹이니 미수니, 산수니 따위의 나이에 대한 별칭이었다. 망구望九, 90을 바라보는 나이라는 의미로 80을 넘은 사람의 나이를 이른다. 나이 많아 늙은 할머니를 이르는 할망구도 여기서 비롯되었다고 한다. 장수를 기원한다는 뜻으로 지칭한 말이 이상하게도 좋은 의미로 쓰이지 않는 것 같다.

옛날 서당 훈장님께서 하신 말씀이 있다. 사람의 출생에 아들을 낳으면 농장지경弄璋之慶, 딸을 낳으면 농와지경弄瓦之慶이라 하셨다. 남아에게는 구슬璋 장난감을 여아에겐 실패瓦 장난감을 주는 데서 유래했다고 하셨다. 갓 태어난 한 살의 나이를 은유로 표현한 말이기도 하다.

나이의 별칭을 인터넷에서 찾아보았다.

2~3세를 일컬어 제해提孩라 한다. 제提는 손으로 안음을, 해孩는 어린아이를 뜻한다. 해아孩兒도 같은 의미로 사용한다. 유아幼兒는 대개 생후 1살에서 6살 정도까지의 어린아이를 일컫는다.

15세를 지학志學이라 부르는데 공자孔子가 15세에 학문學問에 뜻을 두었다는 데서 유래했다고 한다. 삼척동자三尺童子라는 말도 키가 석 자밖에 안 되는 철모르는 어린아이를 나이 대신 부르는 말이다. 흔히 과년한 아녀자라고 말하는데 과년瓜年이란 여자 나이 16세를 나타내고 결혼 적령기를 의미한다. 20세를 전후한 남자는 약관弱冠이라 하고, 여자는 꽃다운 나이라 해서 방년(芳年)이라 한다. 또, 30세는 공자가 30세에 자립했다 하여 이립而立이라 부른다.

역시 공자孔子가 40세에 모든 것에 미혹迷惑되지 않았다는 데서 유래하여 40세를 불혹不惑이라 한다. 아마 우리가 가장 많이 쓰고 듣는 나이의 별칭 아닌가 싶다. 이때가 되면 어떤 것에도 흔들리지 않으며 좌고우면하지도 않고 주관이 뚜렷해야 한다는 것이다. 즉, 자기 책임으로 매사를 분별하고 판단하고 결정해야 한다는 것이다.

특별한 의미는 아니지만 48세를 상년桑年이라 한다. 상桑의 속자俗

字는 '十'자 세 개 밑에 나무 목木을 쓰는데 이를 파자破字하면 '十'자 4개와 '八'자가 되기 때문이라 한다.

공자孔子가 50세에 천명(天命:인생의 의미)을 알았다는 데서 유래했다고 해서 50세를 천명天命, 또는 지천명知天命이라 한다. 이 별칭도 우리에게 익숙한 말이다.

공자孔子가 60세가 되어 무슨 말이든 순화해서 받아들였다 하여 60세를 이순耳順이라 한다. 우리가 살면서 남의 말을 경청해야 한다는 의미도 있지만 잘 이해하고 새겨들어야 하는 나이라는 거다.

환력還曆으로 태어난 해의 간지干支로 되돌아왔다고 해서 만 60년이 되는 해를 환갑還甲 또는 회갑回甲이라 부른다. 사람의 수명이 단명하던 옛날에는 그때까지의 삶을 축복하는 잔치를 벌이기도 했다. 불과 1, 2십 년 전까지의 관행이었다. 장수 시대를 사는 지금은 환갑이란 말도 못 꺼낸다.

환갑 다음 해를 새로운 갑자甲子로 나아간다는 의미로 진갑進甲이라 해서 만 61세를 지칭한다.

70세를 마음먹은 대로 즉, 작심한 대로 실행해도 큰 무리가 없다는 데서 종심從心이라 하기도하고. 두보杜甫의 시 '곡강曲江'의 구절인 인생칠십고래희人生七十古來稀에서 연유한 고희古稀라고 부르기도 한다. 살 만큼 살았다는 뜻이기도 하다.

71세를 팔십 세를 바라본다는 의미로 망팔望八이라 하고, 77세는 희수喜壽라 하는데 희喜자를 초서草書로 쓸 때 '七十七'처럼 쓰는 데서 유래했다. 일종의 파자破字를 해석해서 한 말이다.

또, 80세를 산수傘壽라 부르는데 산傘자의 약자略字가 팔八을 위에 쓰고 십十을 밑에 쓰는 것에서 산傘자를 80으로 해석하여 지칭한 것이다.

81세는 반수半壽라 하는데 이 역시 반半자를 파자破字하면 '八十一'이 되는 데서 유래했다고 한다.

산수와 함께 자주 듣는 별칭이 미수米壽다. 88세를 이르는 말로 역시 미米 자를 파자破字하면 '八十八'이 되는 데서 유래했다고 한다. 쌀米은 농부가 모를 심어 추수할 때까지 88번의 손질이 필요하다고 해서 '八十八'이 모여 미米 자가 되었다고도 한다.

대략 같은 맥락으로 해서 이름하여진 90세를 졸수卒壽, 백 세를 바라본다 해서 91세를 망백望百, 99세를 백百에서 일一을 빼면 백白자가 되므로 백수白壽라 한다.

살펴보면 재미도 있고 의미도 있다. 사람은 누구나 장수를 꿈꾼다. 그러나 생로병사가 모두 하늘의 뜻이라 생각된다. 생로生老는 같을지 몰라도 병사病死는 각기 다르다. 양태도 다르지만, 선후도 다르다. 모두 희구하는 천수는 장수일 것이지만 사람마다 다르고 알 수도 없다. 세계 4대 성인이라는 예수는 33세, 공자는 73세, 석가는 80세, 소크라테스는 70세를 살았다. 따지고 보면 오래 살았느냐가 중요한 게 아니고 어떻게 살았느냐가 더 중요한 것 같다. 양심에 비추어 바르고 선하게 살았느냐가 생의 가치일 것 같다. 나이가 많아 오래도록 산 것도 의미 있지만 추하지 않고 격조 있는 삶을 살았느냐가 더 중할 것 같다. 어떤 철학자가 말했다. 후회할 일은 하지 말라고. 참으로 어려운 일이다. 나중에 후회할 일이 될 것인가의 판단은 그리 쉬운 게 아니기 때문이다. 다만, 무슨 일을 시작할 때 심사숙고하라는 의미로 받아들이고 싶다.

나이 많은 게 결코 자랑일 수는 없다. 나이답게 인품이 갖춰진 삶을 살아야 한다. 항상 과욕을 삼가고 배려하는 아량을 지니며 실천하는 삶을 살아야 한다.

지는 노을이지만 일몰은 일출 못지않게 아름답지 않던가. 인생의 황혼은 농익어 감칠맛도 있다. 노인에게도 희망은 있다. 잎 하나 붙지 않은 나목인 고목에서도 희망을 찾는다. 분명 다음해 봄에는 청순한 새싹이 돋아날 것이라는 믿음이 있으니까. 살아 있는 노인의 저력은 첨단 과학에 비길 수 없다. 살아온 경륜은 사전 어디에도 없는 귀중한 자료이고 자산이다. 노인에게도 꿈이 있다. 꿈이 없는 노인은 살았어도 산 게 아니다. 노인에게서 꿈은 삶을 향한 미래의 소망이기도 하다. 꿈을 잃지 않기 위해서는 항상 자신의 내면을 바라보고 성찰해야 한다. 멀리 크고 거창하게 꿈과 행복을 추구해서는 안 된다. 행복은 항상 내 곁, 내 주변에 있다는 것을 알아야 한다. 내 안에 머무르고 있는 행복을 느끼고 찾을 줄 알아야 한다. 오늘 지금, 이 순간 행복하지 않다면 내일도 행복할 수 없다. 괴테도 그의 시 '경고'에서 '어디까지 방황하려 하느냐? 보아라, 좋은 것은 여기 가까이 있다.'라고 했다. 지나친 욕망이 자신을 불행하게 만든다. 자기 성찰에 충실해야 한다. 자기 내면을 진솔하게 볼 줄 알아야 한다. 남이 보기에 아름답고 행복한 것과 나 자신이 느끼는 것이 달라서는 안 된다. 오히려 남 보기보다는 내가 나를 볼 때 행복해야 한다. 온종일 좋은 생각, 긍정적肯定的인 마음으로 가슴을 열어야 한다. 항상 오늘이 최고라는 자기 최면을 걸며 살아야 한다. 오늘의 소소한 일상이 나의 행복이니까. (2020.5.16.)

낙엽을 밟으며

사~악 사~악, 낙엽 밟는 소리다. 처음이 아니다. 바스락거리는 소리가 익숙하고 정겹다. 가깝게는 엊그제 선운산, 강천산에서 바람에 날리는 낙엽을 맞으며, 수북이 쌓인 낙엽을 밟으며 들었다. 황홀경의 단풍이 한동안 흐드러진 다음 으레 나뭇잎은 낙엽이 되어 떨어져 쌓인다. 무엇을 하고 사는지 철 따라 단풍이니 꽃구경도 오랜만에 하곤 한다. 모처럼 지인 부부와 큰마음 먹고 나들이라고 다녀온 게 고작 그 정도다.

집을 나와 5분 남짓 걸으면 수북이 쌓인 보도 위의 낙엽을 만난다. 무심코 낙엽을 밟는다. 주로 느티나무와 단풍나무 잎사귀다. 금방 물드는가 했더니만 어느새 낙엽 되어 나뒹굴며 곳곳에 쌓였다. 전주대 신 · 구 정문 앞 도로는 주로 가로수 잎이 떨어져 낙엽 길이 되었다. 캠퍼스 안의 구내 도로는 은행잎과 단풍잎이 주를 이룬다. 아직 가지에 매달려 있는 잎사귀는 가끔 불어오는 하늬바람에 나무와 아쉬운 이별을 고하며 우수수 날린다. 봄에 꽃비가 내리는 것처럼 낙엽이 비처럼 날린다. 은행잎이 떨어져 쌓인 보도는 영락없는 황금 길이다. 햇빛에 비친 은행잎 포장길은 반짝반짝 황금빛을 발하는 찬란한 거리가 된다. 그 길을 걷는 사람은 그냥 못 간다. 무엇이든 느끼고 머뭇거리기 마련이다. 그리하지 않으면 목석이다. 멈춰서 괜히 서성여도 좋다. 그냥 한번 앉았다 일어나기라도 해야 한다. 사진을 찍든지 좌우를 살펴서 누군가 함께 보아야 할 것 같이 손짓을 보내기라도 해야 한다. 예쁘고 아름답다는 말로는 양이 안 찬다. 깜짝 놀라는 경탄이라고 해도 부족하다. 금박으로 뒤덮어 놓은 듯 흥분이 일기까지 한다.

갑자기 어떤 일화가 떠오른다. 수년 전, 내가 모시某市에 근무하고 있을 때였다. 당시 시장님께서 길가에 떨어진 낙엽을 가급적 늦게 쓸고 치우라 한 적이 있었다. 보기도 좋고 밟는 재미와 감성이 좋지 않으냐고 말했다. 나이가 칠십이 가까웠는데 시장님의 감성이 소년 시절에 머물러 있음을 보았다.

눈을 낙엽에 고정하고 한발 한발을 세며 걷는다. 낙엽이 뒤덮인 길이 끝나면 어쩔 거나 하며 걸음을 아껴 걷는다. 금방 생각이 소년 시절로 곤두박질했다. 꿈 많고 감성이 풍부하던 시절이 있었다. 떨어진 낙엽을 손에 주워들고 무어라 혼자서 낙엽에 속삭이기도 했다. 넓적한 낙엽 위에 글을 써서 간직하기도 했다. 늦가을 찬 바람 불 때 떨어지는 낙엽을 보고 쓸쓸해서 눈물을 글썽이기도 했다. 낙엽 부딪히는 소리만 들어도 가슴이 뭉클했던 적도 있었다. 나뭇가지와 잎은 한 몸인데 필연적으로 단풍 져 떨어져야 하는 숙명을 탓하며 원망한 적도 있었다. 그 게 내 소년 시절이었다. 수십 년이 지난 지금 내 나이가 칠십 중반이다. 많은 세월이 흘러갔지만, 아직 내 마음 한구석에는 소년 시절이 머물고 있다. 그 시절 추억이 아쉬움과 함께 애틋이 아려온다.

낙엽은 나무에 자양분을 공급하여 열매를 맺게 하고 미련 없이 이별하며 떠날 때를 알게 해준다. 자신이 떨어져야 나무가 월동하고 이듬해 새순이 나올 수 있다는 순리와 섭리를 낙엽은 알고 있다.

찌는 여름이 가면 서늘한 바람이 부는 가을이 온다. 땀 흘려 정성 들여 가꾼 오곡백과를 수확하는 계절이 가을이다. 풍성하고 넉넉한 계절이 가을이다. 가을걷이에 신경 쓰다 보면 어느새 찬 바람이 불고 나뭇잎은 형형색색으로 물들어 오색 찬란한 산야로 바뀐다. 만산홍엽으로 강산이 아름다운 수채화가 된다. 늦가을 겨울의 문턱에 이를 때쯤이면 나뭇잎은 나뭇가지와 숙명적인 이별을 한다. 쓸쓸한 바람이 옷깃을 스미고 마음은 심란하고 스산해진다. 고독이 밀려오고 인생 무상함이 느껴진다. 그래서 낙엽 지는 늦가을 석양은 외로움으로 가득하다. 따뜻한 정이 그리워지고 사랑하는 사람의 온기와 따끈한 커피가 생각나기도 한다. 날리는 낙엽을 보면서 시와 글을 쓰는 작가도 되고 그림을 그리는 화가도 된다. 애절하고 간절한 사랑의 노래를 부르는 가수도 된다. 시공을 초월하여 수없이 많은 작가, 화가, 가수가 낙엽을 주제로 글 짓고 그림 그리고 노래하였다. 누구나 젊은 시절 낙엽을 줍고 밟으며 시를 쓰고 편지를 써봤을 성싶다. 낙엽 밟는 소리를 들으며 감성에 젖어 가슴이 콩닥거렸을 때도 있었을 성싶다. 낙엽은 사랑이고 이별이며 분홍빛 연정이고 슬픈 애수의 상징이다. 쓸쓸하고 외로움을 느끼게 하는 감성 짙은 고독의 매개다. 그렇게 낙엽은 뭇사람들에게 사랑받으며 삶 속에 자리매김해있다. 사람들의 애환을 불러일으키는 마술사와 같다.

낙엽처럼 우리의 감성을 자극하고 우리 삶의 소재와 주제가 되는 것도 많지 않다. 청춘 남녀의 사랑을 낙엽에 비유한 시와 글, 노래는 얼마나 많은가. 낙엽을 소재로 한 그림도 수없이 많다.

그뿐만 아니라 각종 의류, 생활용품, 시설물의 치장, 장식용품 등 우리의 삶 곳곳에 낙엽은 우리와 함께하고 있다. 왜인지 모르겠으나 그만큼 사람이 낙엽을 거부감 없이 좋아하고 친숙해하고 있다는 방증이리라.

낙엽은 생을 다하는 최후까지도 유익한 존재다. 낙엽에서 추출한 특정 성분은 의약품의 원료가 되기도 하고, 사람에게 밟히고 밟히면 부엽토가 되어 식생의 밑거름으로 다시 태어난다. 낙엽은 이렇게 우리 삶과 생활 속에 깊숙이 자리하고 있다. 그러면서 동시에 사람의 정신세계와 감정을 지배하며 움직이는 마력을 가진 존재다.

봄에 피었다 지는 꽃과 꽃잎을 보고 감상적인 사람은 드물다. 그보다 지저분하다는 반응이 지배적이다. 하지만 가을 낙엽을 싫다는 사람은 드물다. 낙엽이 있는 계절이 풍요와 아름다운 가을이라서일까? 외로움과 쓸쓸함이 묻어나는 감성의 가을 나뭇잎이라서일까? 무엇이 사람의 마음을 호감으로 지배하고 있어서인지 모르겠다.

천잠산 등성이가 다다를 때까지 낙엽 생각으로만 꽉 차서 올라왔다. 오늘따라 밟고 지나온 낙엽이 여느 해 낙엽보다 달라 보인다. 새롭게 보이기도 하고, 무심코 낙엽을 밟으며 오만 생각을 떠올리게도 한다. 모처럼 마음에 여유라고 할까? 유별난 감성이 발동해서일까? 어쩌면 추워지는 날씨에 마음이 심란해져서 그런지도 모르겠다. 바람이 조금만 불어도 낙엽은 이리저리 밀렸다가 흩어진다. 이미 자신을 가눌 수 없는 신세가 되었다. 아무리 사람에게 유용하고 유익하더라도 낙엽은 작위적인 자기 결정권이 없다. 하지만 그 자체로 예술이고 생장의 원동력인 낙엽, 그 낙엽이 부럽다. 한없이 사랑하고 싶다. 황혼의 인생도 낙엽처럼 가치 있고 쓸모가 있는 삶이고 흔적이었으면 좋겠다. (2022.11.7)

노인은 다 어르신인가

말하기 좀 그렇지만 사람의 가치를 돈으로 계산할 수 있을까? 물리적인 몸뚱이의 값, 그것도 산 사람과 죽은 사람과의 몸값, 글쎄다. 그것은 참 서슬 퍼런 생각이고 공연한 일이다. 그냥 논리적으로 말하는 것일뿐 감히 생각할 수 없는 일이다. 인격체라는 사람의 가치는 환산할 수 있는, 값으로 매길 수 있는 게 아니다. 물리적으로 따지면 인간은 태어나면서부터 돈을 투자해야만 유지되고 살 수 있다. 하지만, 평생 투자한 돈의 액수는 계수가 어렵다. 비록 많은 돈을 투자해서 생명이 유지되지만, 그 안에 형성된 인격은 계량할 수 없다. 정신과 육체, 영과 혼 무엇으로도 설명할 수 없는 게 인간의 인격 형성이고 가치다. 그러한 사람을 값으로 생각하는 것은 애당초 어불성설이다.

흔히 나잇값 좀 하라는 말을 많이 한다. 무거운 말이다. 말이나 행동거지가 그 사람의 나이에 걸맞지 않을 때 하는 말이다. 경고나 훈계가 내포된 엄중한 말이다. 어린아이를 철부지라고 부르는 것은 나이가 적어서 사리를 분별할 줄 모르고 판단력 또한 엄중하지 못하기 때문이다. 사람은 누구나 연령대에 맞는 말이나 행동이 요구된다. 보통사람들의 기준과 비교하여 저열할 경우 이르는 말이 나잇값을 못 한다고 한다.

사람이 태어나 한평생 사는 것, 그냥 사는 것 같지만 사람답게 산다는 것이 얼마나 어려운 일인지 모른다. 남이 하니까 나도 그렇게 하거나 혹은 남보다 다르고 별나게 산다고 해도 독보적인 삶이란 없다. 삶은 정해진 방식이 없고 정답이 없기 때문이다.

보이지 않는 그 무엇을 찾고 잡으려고 앞만 보고 질주하듯 달리는 게 인생이다. 꼭 무엇인가를 발견하고 움켜쥘 수 있을 것만 같지만 다다랐는가 싶으면 또 저만큼 달아나 있는 게 목표 아니던가. 마치 술래잡기라도 하듯 인생살이가 다람쥐 쳇바퀴 도는 듯하다.

매일의 일상이 되풀이되면서 유소년기에서 청장년기에 이른다. 지나는 세월 속에 정신적으로 영글어 가고 성숙하게 된다. 나이를 계수하며 먹어간다. 연륜이 쌓이는 것이다. 태어나서 늙어가는 것은 세상의 정한 이치다. 새것은 세월이 가면 언젠가는 헌것이 되는 것도 당연한 일이다. 사람도 예외일 수는 없다. 누구나 어떻게 살아왔던 세월이 가면 나이를 먹고 연륜이 쌓이면 노인에 이른다.

우리 사회는 상당 기준 이상, 보통 65세 이상이면 노인으로 칭한다. 옛날에는 사람의 수명이 단명해서 60세가 넘으면 노인으로 대하였지만, 지금은 아니다. 인간의 수명이 길어졌기 때문이다. 노인은 말 그대로 늙은이를 지칭한다. 우리 정서는 나이가 많아 연륜이 깊은 사람을 노인이라고 하지만 '어르신'이란 말로 노인을 높여 부르기도 한다. 세수가 노인 나이에 이르렀다고 모두 다 어르신이라 부르고 있지만, 사실은 아니다. 어르신이라는 말은 나이가 많은 사람을 높여 부르는 예우이면서 그 말속에 엄숙함이 내포되어 있기 때문이다. 속에 든 것 없이 허송세월만 하다가 헛나이만 먹어도 어르신이 될 수 있는 것은 아니지 않은가. 정작 젊은 사람으로부터 어르신의 대접을 받을만한 노인인가를 생각하면 마음이 무겁고 매사에 조심이 많아진다. 변변찮게 살아온 내가 어쩌다 노인이 되었지만, 어르신의 자격이 될 수 있을까에는 자신이 없다.

누구나 노인 되기는 쉬워도 어르신 되기는 쉽지 않을 것 같다. 노인은 세월에 떠밀려 살다 보면 저절로 나이가 들어 되지만, 어르신은 정신과 육체가 품위 있게 함양되어 농익어야 자격이 되지 않겠는가 한다. 여기저기서 나를 어르신이라고 부를 때마다 바늘로 허벅지를 찌르는 것처럼 짜릿한 전율까지 느끼곤 한다. 어영부영하다 어느새 나이만 많아졌지 제대로 아는 것, 할 수 있는 게 별로 없는 내가 한없이 작아지기까지 한다. 드러내 보일 만한 족적足跡도 없음은 물론 후대가 새기고 따를 본 될 만한 것조차 궁색한 인생살이가 어쭙잖기까지 하다.

내 나이 어느덧 70중반에 이르렀다. 누군가 말한 것처럼 연령대에 맞춰 세월의 속도가 빨라지는 게 사실인 듯하다. 무엇에 얽매어 사는 것도 아닌데 재작년인지 작년인지도 모르게 시위를 떠난 활처럼 왜 그렇게 세월이 빠른지 모르겠다. 가는 세월이 아쉽기 그지없다. 젊은 시절 보낸 세월도 지금의 세월과 다르지 않았을 텐데 말이다.

무작정 세월 가면 나이를 먹는 삶은 그냥 사는 삶이다. 반면에 어르신의 삶은 분명 달라야 할 것으로 생각한다. 어르신으로 불릴만한 품격과 덕망을 갖춰야 한다. 그러기 위해서는 먼저 수신修身과 제가齊家가 우선이다. 자신을 갈고닦고 극기克己하여 고매한 인품을 길러야 한다. 하루아침에 되는 일이 아니다. 그 과정이 고행으로 견줄 만큼 힘들고 어렵다. 천천히 그러나 끊임없이 노력하지 않으면 안 되는 일이다. 자신도 가정도 추스르고 다스리지 못하면서 남에게 옳고 그름을 감히 말할 수 있겠는가. 누가 봐도 본받고 따르고 싶은 농익은 인생 원로여야 어르신으로 불리고 대접받을 수 있지 않겠는가.

나이가 들어 세상 살 만큼 살았다고 막무가내로 자기의 생각과 주장만을 내세우는 노인이 허다하다. 나이만 들었지 행동거지를 보면 유치하고 꼴불견인 사람도 많다. 자신을 드러내놓고 자랑하며 최고라 말하는 기고만장한 사람도 있다. 매사에 자기만 옳고 아랫사람은 틀렸다고 고집하고 억지 부리는 사람도 있다. 주변에는 어른답지 않게 시시콜콜 간섭하고 군림하며 연륜만으로 지배하려는 노인도 더러 있다. 보고 싶지도 만나고 싶지도 않으며 말하고 싶지 않은 노인도 있다. 만나면 부담만 되고 경계하고 싶은 노인도 있다. 본디 물건도 새것이 좋듯 사람도 노인은 별로 볼품이 없는 게 맞다. 그런데 이런 유형의 노인은 얼마나 가관이겠는가.

모름지기 나이 든 어르신이라면 존경받을 만한 면모가 있어야 한다.

넓은 아량으로 아랫사람의 그늘이 되기도 하고 덕을 베풀 줄도 알아야 한다. 아랫사람의 흠결을 못 본채 눈감을 때도 있어야 하고 인정을 나누며 덕담으로 감쌀 줄도 알아야 한다. 한평생 모진 세파를 이겨내고 노인에 이른 값진 지혜와 경륜은 무엇보다도 귀중한 인생 보물이다. 젊은 사람에게는 소중한 자산일 수도 있고 인생 교본일 수도 있다. 어르신에게는 다채로운 삶의 내용을 잘 가르치고 전수해야 할 책임과 의무가 있기도 하다. 수많은 시행착오와 역경을 딛고 살아온 세월 속에서 얻은 달관과 통달이야말로 주옥같은 길잡이가 될 것이다.

노인이 쓰러지는 것은 도서관 하나가 불타 없어지는 것과 같다고 누군가 말했던가. 참으로 맞는 말이다. 잡학 도서관이 노인이며 어르신이다. 흔히 나이가 70넘어 80즈음엔 다소 흠 있는 언행을 해도 크게 흉되지 않는다고 하지만 사실은 더욱 조심스러운 연령대다. 그만큼 나이의 무게가 있는 것이다. 그래서 매사에 근신하고 자제하며 살아야 한다.

소외되고 천덕꾸러기 같은 노인으로 사는 것은 외롭고 부끄러운 일이다. 농익은 묵은 김치의 깊은 맛처럼 중후한 어른의 풍미가 넘치는 어르신으로 살 일이다. 인향만리人香萬里란 말처럼 날마다 활기차고 보람된 삶을 살면서 존경받는 어르신의 향기를 풍기며 살 일이다.

세월에 밀려 늙어진 노인이 아니라 진정 어르신다운 잘 영근 노인이어야 할 이유다. (2022.4.2.)

노인이지만

칠십 중반의 나이면 어느 면으로 보나 노인임이 맞다. 죽음이 언제일지는 나도 모른다. 그러나 사는 날까지 나이를 의식하지 않고 살려고 노력한다. 그래서, 망발인지 생떼를 쓰는 건지 지금까지 나는 나를 노인으로 생각하지 않는다. 그냥 나이 든 사람 아니면 연륜이 좀 된 사람쯤으로 여기며 산다. 따지고 보면 억지다. 내가 나이 든 다른 사람을 볼 때는 속으로 노인이구나 하고 생각하면서 자신만 아니라고 부정한다. 이율 배반이고 아전인수고 이기적이다. 독보적 과잉 자존이다. 우기고 부정한다고 노인이 아닐 수는 없다. 그러나 한편으로는 나의 이런 내심이 나에게는 참으로 다행이라고 생각한다. 이유는 그런 마음이기에 젊은 시절 현직에 있을 때나 다름없이 눈만 뜨면 하루해가 짧을 정도로 바쁘게 살기 때문이다.

은퇴 후의 삶이라 대부분 경제 활동이 아닌 비영리 취미 생활이 전부다. 누가 시켜서 하는 일도 아니고 돈벌이가 되는 일도 아닌데 날마다 몰입하여 빠져 산다. 유태계 미국 시인인 사뮤엘 울만이 말했던가. 청춘은 인생의 한 마디라고. 그러면서 청춘은 마음의 상태라고 했다. 노년도 분명 인생의 한때임이 틀림없다. 일생을 사는 동안 누구나 겪어야 할 과정이고 주기다. 하지만 어떠한 마음가짐으로 어떻게 사느냐에 따라 삶의 내용이 달라진다. 청춘의 연대처럼 삶을 생기발랄하고 왕성한 활동을 하면서 살면 분명 노년의 삶이지만 삶의 내용은 청년의 삶이다. 다만, 물리적으로 연륜이 오래되었고 신체 나이가 과년했음은 부인할 수 없다. 그렇다고 굳이 나이 듦을 의식하며 삶을 나이에 걸맞게 맞춰서 살아야 하는 것은 아니다. 사는 날까지 나이를 잊고 의식하지 않으며 사는 게 매우 중요함을 느낀다. 나이가 대수냐는 시쳇말도 있지 않던가. 누구에게 쫓기는 사람처럼 허겁지겁, 아니면 미친 사람처럼 정신없이 무계획 무질서하게 살라는 것은 아니다. 적당히 바쁘고 부지런하게 살면서 분수에 맞는 계획적인 삶을 사는 게 중요하다. 자기가 좋아하는 것, 해보고 싶은 것, 자기의 정서나 신체 활동에 도움이 되는 것을 알맞게 계획하여 실행하고 발전시켜 나가는 생활이 필요하다. 자칫 과욕을 부려 지나치면 정신적으로나 육체적으로 치명적인 상처를 입을 수 있다. 노년의 나이에는 무엇이든 과욕은 아니다. 젊어서 못 한 것을 한풀이하듯 무리한 계획을 세워 실행하다가는 큰 낭패를 당하기 일쑤다. 이 경우에는 회복할 수 없는 상처와 함께 회한만 남는다. 절대로 준수해야 할 일이다.

2~30년 전만 해도 장수했다고 환갑잔치도 했고, 나이가 70이 되면

고희 잔치를 거창하게 치렀다. 그런데 지금은 보라. 환갑, 고희 잔치하는 경우가 거의 없다. 그만큼 사람의 수명이 길어졌다는 방증이다.

보건복지부가 올해 7월 26일 발표한 '2022년 OECD(경제협력개발기구) 보건 통계'에 따르면 2020년 우리나라 국민의 기대수명은 83.5년이다.

남성 80.5세, 여성 86.5세로 각각 예측했다. 이와 같은 통계만 보아도 환갑이나 고희가 되어도 드러내놓고 나이를 말하기가 그렇다.

물건도 새것이 좋은 게 사실이다. 사람도 마찬가지다. 여러모로 보아도 젊은 사람이 좋지, 노인이 좋을 리가 있겠는가. 솔직히 말하여 주름진 얼굴, 푸석푸석한 피부, 구부정한 허리, 느린 동작, 더듬는 말 등 외모에서 우선 젊은이보다 볼품이 없다. 거기다 완고한 고집과 독선적 행태에서는 아름답고 예쁜 모습을 찾기 어렵다. 따라서 항상 단정한 복장과 청결한 몸가짐이 무엇보다 중요하다. 천박하고 추한 모습을 보이지 않기 위해 세심한 신경을 써야 한다. 노인으로 사는 기본이고 갖춰야 할 덕목이다.

나이가 듦은 누구의 탓도 아니며 인생살이의 순리다. 노년은 인생에서 마지막 주기이고 황금기며 마무리다. 어찌 보면 한 생애에서 가장 중요한 시기인지도 모른다. 그러므로 노년을 허투루 보내서는 결코 안 된다. 삶(생활)의 거리(소재)를 찾고 만들어야 한다. 부담은 금물이지만 느슨함은 정신이나 육체를 병들게 한다. 하고 싶고 보람 있는 일을 재미를 가지고 즐기며 할 일이다. 늦었다고 하지 말고, 하고 싶은 일에 도전하는 것도 소일의 방편이다. 끊임없이 배우고 도전하는 삶이 정신을 맑

게 하고 즐거운 활력을 찾는 일이다. 흐르는 물은 썩지 않고 배움에는 정년이 없다.

또한, 정서 함양을 위한 좋은 글 읽기나 취미 생활을 적극적으로 하여야 한다. 비록 몸은 늙어도 마음은 늙지 않는다고 하지 않던가. 내가 외롭지 않기 위하여 좋은 이웃이나 친구를 사귀어야 한다. 외로움은 질병보다도 무섭다. 나 혼자서는 외로움은 가시지 않고 달랠 수 없다. 백수를 산 노인이 안락사를 선택한 이유가 자기 주변에 아는 사람이 없고 대화도 단절되어 더는 살 수 없어서였다고 한다. 결과적으로 죽음보다도 무서운 게 고독이 아닌가 생각한다. 매사를 긍정적이고 적극적으로 생각하면 불평불만이 사라지고 외로움이 덜하고 한가할 틈이 생기지 않는다. 과거에 집착하지 말고 내일을 설계하며 오늘이 세상 끝날처럼 하루를 알차게 산다면 늙을 틈이 없다.

나이가 들수록 지난날의 고군분투가 부질없어지는 게 사실이다. 물론 그게 밑거름이 되어 노년이 있지만, 노인으로서는 덧없어질 것이다. 성공의 기준은 무엇이고 왜 필요한 것인지를 보자. 삶의 목표이자 추구하는 것이 행복이라면 마땅히 성공은 행복의 수단이다. 노년에 이르러 자기만족과 행복을 못 느낀다면 성공이 무슨 의미가 있겠는가.

나는 원래 성정이 그렇듯 무엇에 빠지면 몰입 상태가 된다. 그리고 한가하다 싶으면 무슨 일인가를 생각하고 만든다. 가만히 있지 못하는 성격이다. 젊어서 현직에 있을 때는 직무로 인하여 하고 싶은 취미 생활을 제대로 하지 못했다. 서예와 글쓰기를 좋아했는데 은퇴한 뒤에는 아주 열심을 내고 있다. 그뿐만 아니라 아내와 공유하는 취미 활동도 한다.

골프는 운동 신경이 둔하여 잘은 못해도 재미가 있어서 좋다. 색소폰 연주도 하고 지낸다. 음계도 제대로 못 읽던 내가 벌써 5년 차로 제법 가지고 논다. 특히 골프와 색소폰 연주는 아내와 함께하는 취미 생활이라 참으로 잘했다고 생각한다. 취미 활동하며 지내다 보면 하루해가 짧다. 허튼 생각이나 공상, 외로울 시간이 없다. 잘 선택한 생활이라 여기고 항상 하나님께 감사하며 산다.

행복은 다분히 주관적인 것이다고 생각한다. 행복의 기준이 있을까? 글쎄다. 없다고 생각한다. 행복은 멀리 있는 것도 아니고 내 마음속에 있으며, 마음의 상태가 편안하고 좋으면 행복한 게 아닐까 싶다. 부부가 함께 좋아하고 즐기면 그게 행복이지 별것이겠는가.

누가 메일로 보내준 말이 생각난다. 일본에서는 '누렛타 오치바'라는 말이 있는데 '젖은 낙엽'을 의미한다고 한다. 이 말은 집 안에 있는 정년퇴직한 늙은 남편을 부인이 밖으로 쓸어내고 싶어도 젖은 낙엽처럼 착 달라붙어 떨어지지 않으니 부담스러운 존재라는 데서 나왔다고 한다.

마른 낙엽은 약한 바람에도 잘 날아가지만 젖은 낙엽은 한번 땅에 붙으면 빗자루로 쓸어도 바닥에서 잘 떨어지질 않는다. 천덕꾸러기 신세다. 그런 삶을 선택할 것인가는 본인의 문제다. 모두 마음먹기에 달려 있고 하기 나름이다. 노년의 삶이 왜 중요한지에 대한 이유이기도 하다.

지는 꽃이 더 예쁠 수가 있고, 고목에서도 튼실한 열매가 맺힐 수가 있다. 인생은 연습이 없고 연장전도 없다. 끝이 보이지 않지만 유한한 존재다. 구름을 빨갛게 불태우고 물들이며 사라져가는 저녁노을은 분명 황홀하고 우아하며 아름답지 않던가. 노년이 바로 그 모습이어야 한다. (2022.10.11.)

달라야 산다

남녀 패널 10명 모두 말이 똑같다. TV MBN의 예능 프로그램 '동치미'에 출연한 패널의 말이다. 서로 자기네 남편과 아내가 안 맞고 다르다고 했다. 잘 맞는다는 사람은 한 사람도 없었다. 약속이나 한 것처럼 다 안 맞는다는 거다. 신기하고 용하게도 안 맞는 사람만 골라서 부부의 연을 맺은 듯하다. 부부의 연은 억겁의 연이 있어야 만난다고 하는데….

가끔 이 프로를 시청하는데 사람 사는 얘기로 재미도 있고 공감되는 대목이 많다. 패널 구성도 연예인, 의사, 작가, 프리랜서, 종교인, 요리사 등 다양해서 좋다. 주제도 일상의 우리네 삶의 얘기가 주류를 이룬다. 풋풋한 사람 냄새가 풍기는 토크 프로다.

사람은 누구나 개체가 다르듯 상대적으로 다름과 차이가 있다. 그렇듯 원래 각기 다른 게 맞다. 절대로 똑같을 수는 없다. 모래알처럼 많은 사람이라지만 똑같은 사람은 없다는 것 아닌가. 정말 신비롭고 놀라운 일이다. 신의 조화에 그저 경탄할 뿐이다. 이처럼 당연한 일을 이상하게 생각하는 게 애초 틀린 것인지 모른다. 다만, 여기서 말하는 것은 비슷하고 거의 일치하는 정도를 맞는다고 하고 정 반대를 안 맞는다고 하는 정도다.

연애 시절 남녀는 서로 좋아 죽고 못 산다고 해서 결혼에 골인한다. 결혼 전에는 상대의 모든 게 좋게만 보이는 것이 대부분이다. 오죽하면 곰보도 예쁜 보조개로 보인다고 했을까. 장점만 보이고 단점은 가려져 보이지 않는다. 외모가 예쁘고 잘 생겼는지는 결혼을 한 뒤에야 안다고 했다. 결혼해서 살다 보면 하나씩 상대의 흠결이 드러나고 나쁜 습관도 보이고 성격도 차이가 남을 발견한다. 어쩌면 당연한 건데 이상하게 충돌하고 부딪힌다. 나와 다름을 이해하고 인정하지 않기 때문이다.

패널 모두 남편과 아내가 안 맞는다는 예를 들어가며 경쟁이라도 하듯 실토한다. 여행을 좋아하는 남편인가 하면 아내는 여행을 싫어하고 음악을 좋아하는 아내인가 하면 남편은 음악을 싫어하는 등 건건이 곳곳에서 부딪히고 안 맞는다. 안 맞는 내용을 들어보면 성격, 성향, 취미, 선호하는 것, 습관 등 대부분이 개인의 고유한 영역이다. 남녀가 유별한 것부터 다름 아니겠는가. 이미 성장하면서 환경, 전통, 가풍, 교육 등을 통해 고착된 영역이다. 또 어떤 사고나 사물에 대한 생각, 판단, 설정의 기준도 다르다. 같은 사안을 두고도 바라보는 시각과 관념이 다르다. 고치기 쉽지 않은 근본적인 원인이 애초부터 잠재해 있다. 어찌 보면 다른 게 맞는 것이다. 그러함에도 서로 자기와 맞지 않는다고만 한다. 지극히 이기적이고 자기중심적인 행태인 것이다. 원래 안 맞고 다른 것을 알아야 한다. 부부는 잘못된 만남이 아니라 잘 안 맞는 사람끼리 맺어진 절묘한 만남인지도 모른다. 세간에서는 부부는 서로 반대로 만난다고들 하지 않던가.

패널들의 말을 듣노라면 서로 상대와 안 맞아 싫증 난 나머지, 마치 당장 헤어지기라도 할 듯한 기세다. 날마다 깨소금 맛이고 내 뜻과 내 마음에 꼭 들어 희희낙락할 수만은 없다. 부부는 그렇게 티격태격 버성기면서 사는 거다.

안 맞기로는 나도 다르지 않다. 안 맞기 때문에 살면서 충돌할 때가 한두 번이 아니었다. 지나고 보면 그때마다 서로를 인정하지 않고 또 이해하지 않아 자기에게 맞춰야 한다는 생각 때문이었다. 거기다가 필요 없는 자존심까지 가세한 적이 많았다.

나는 부부의 다름을 철길에 비유하며 살았다. 아내에게 나의 이 비유를 많이도 말했다. 부부는 철길처럼 서로 마주하며 동행하는 인생 동반자다. 같은 길을 나란히 가지만 언제나 일정한 간격을 유지하는 게 부부다. 일생을 살면서 다른 서로를 맞추어보는 노력을 하면서 사는 게 부부다. 또 하나 중요한 것은 부부만의 새로운 공통의 분모를 생성하기 위하여 피차가 노력해야 한다. 그렇게 해서 생성된 공통분모를 남편과 아내가 공유하면서 사는 거다.

나는 젊어서 이래로 아내에게 이와 같은 말을 수없이 하며 살고 있다. 이해와 양보, 존중과 배려로 우리만의 제3의 공통분모를 만들자고 했다. 그것만이 부부가 살아가는 방법이라고 했다. 종種이 다르고 성性이

다른 근본이 부부다. 그걸 불문하고 무조건 서로 자기에게만 맞춰달라는 데에 갈등이 있고 불화가 있다. 안 맞기 때문에 새로운 창조가 있다. 동종이면 이성지합이 있을 수 없다. 동종이면 절충이 필요 없다. 동종이면 변화도 없다. 변화의 필요나 욕구를 느끼지 못한다. 이종이라 섞이고 합해지면 전혀 다른 종이 탄생한다. 음식물의 예를 보자. 쌀 자체로는 밥이 아니다. 물을 붓고 불을 때서 끓여야 밥이 된다. 김치는 또 어떤가. 배추를 소금에 절여 갖은 양념을 다 넣어 섞어 버무릴 때 비로소 개체 재료가 아니라 김치라는 전혀 다른 제3의 합성물이 탄생하지 않던가. 이렇듯 서로 다른 것들이 섞이고 합해질 때 새로운 창조가 일어난다. 다른 것의 섞임의 절묘함, 혼합의 경이로운 결과는 우리 주변에 얼마든지 있다.

헤겔이 주장한 정반합正反合의 원리가 바로 그것 아니겠는가. 정正이 그것과 상반되는 반反과 부딪혀 갈등하면서 정과 반이 모두 아닌 합合에 이르게 되는 거다. 다시 말해서 정과 반이 지닌 모순이나 단점을 보완하여 합이 나온다. 하지만 합 또한 모순적 한계를 지닐 수밖에 없어 합은 다시 정이 되는 과정으로 반복하게 되는 게 세상 이치다.

어떤 패널의 말이다. 연애 시절, 상대 남자를 따라 골프 연습장에서 한두 시간씩 앉아 있어야 하는 고역을 치렀다고 한다. 그때는 그렇게 짜증 나고 힘들었는데 자기도 클럽을 들고 장난삼아 따라 하다가 골프를 좋아하게 되었다고 했다. 지금 그녀는 골프를 엄청나게 좋아하고 남편과 공유하는 재미가 쏠쏠하다고 했다. 그들만의 새로운 공통분모를 찾은 셈이다.

상대의 장점이 나에게는 단점일 수 있고 상대의 단점이 나에게 장점일 수 있다. 부부도 마찬가지다. 서로의 장단점을 보완하면서 절충하여 새로운 방안을 도출하려는 노력이 절대적으로 필요하다. 요즈음 늘그막에 황혼 이혼이 성행한다는데 참으로 불행한 일이다. 한평생 온갖 풍상 다 겪으며 살아온 부부가 끝까지 같이 하지 못하는 것은 안타까운 일이다. 병들어 죽는 것도 서러운데 헤어져 외롭고 쓸쓸한 노후를 보낸다는 것은 짠하기 그지없는 일이다. 어쩌면 상대의 단점만 보고 장점을 외면하며 살아온 결과가 아닌가 싶다.

부부간의 도리는 서로를 손님처럼 대하는 거라 했다. 흉 · 허물없이 쉽고 편하게만 대하고 생각하며 살다가 도를 넘어 상처투성이가 되어서는 안 된다. 사랑은 달콤하기만 한 게 아니라 가슴을 후벼 파는 아픔도 있는 거다. 그러면서 깊고 두텁게 정들어 자라난다. 나이 들어 서로 기대고 버팀목이 되어야 할 때 헤어진다는 건 슬픈 일이다.

아내에게 말했다. '부부는 안 맞는 게 너무 많은가 보다.'라고 했더니 하는 말이 "안 맞으니까 살지, 다 맞으면 어떻게 살아."라고 한다. 일리 있는 말이고 맞는 말이다. (2020.12.14.)

선부른 판단

언론 등 보도에 따르면 서해 어업 지도 관리단 소속 공무원 A 씨(47)는 2020년 9월 21일 소연평도 인근 남쪽 해상에서 어업 지도선에 승선해 업무를 수행하던 중 월북을 목적으로 해상에서 표류하다 실종됐다고 했다. 정보당국(군과 해경)은 A 씨가 월북 도중 원거리에서 총격을 받아 숨졌고, 북측은 A 씨의 시신을 수습해 화장한 것으로 파악하고 있다고 전했다. A 씨의 월북 시도 배경에 대해서는 구체적으로 밝혀지지는 않았다고 했다. 당국은 북한군 경계병이 외부로부터의 신종 코로나바이러스 감염증(코로나19) 차단을 위해 북한 접경 지역 방역 지침에 따라 A 씨에게 총격을 가했을 가능성이 큰 것으로 파악하고 있다고 했다. 그 뒤 방역 차원에서 A 씨를 화장했을 가능성이 크다는 것이다. 다만 정보당국은 의도적인 도발보다는 우발적인 사고에 무게를 싣고 있는 것으로 알려졌다. 국방부는 A 씨의 월북 및 총격, 화장 등에 대한 다양한 첩보를 분석 중이며 자세한 결과를 곧 공개하겠다고 밝혔다. 통일부도 관계 당국의 확인과 분석 결과에 따라 상황을 지켜보면서 필요한 조치를 검토해 나갈 것이라고 했다. 당국이 실종에 무게를 둔 것은 실종자가 구명조끼를 착용한 점, 신발을 어업 지도선에 유기한 점, 소형 부유물을 이용한 점, 월북 의사를 북측에 표명한 점, 북측 해역에서 식별된 점, 자연 표류했다면 실종 지점에서 남서쪽이어야 하는데 북서쪽에서 발견되었다는 점 등을 고려해 자진 월북을 시도했을 가능성이 있는 것으로 판단한다고 했다. 정황상 그럴 수 있다고 본다. A 씨는 어업 지도 공무원(해양수산서기 · 8급)으로 지난 2012년 서해어업관리단에 임용돼 9월 14일부터 무궁화 10호 어업 지도선에서 근무했다고 한다. 이후 정부 당국과 언론은 하나같이 실종되어 숨진 유족에 대한 발표나 정보를 엿새가 넘도록 밝히지 않았다. 갑자기 가족을 잃은 유가족에 대한 정황 보도가 전혀 없었다. 나는 왜 이러는가 이유를 몰라 궁금했다. 나중에 짐작으로 알아차린 내 생각이 짧았고 어리석었다. 월북을 목적으로 해상에서 실종되었다고 발표되었으니 오히려 유가족이 보호되어야 할 것이라는 관점에서 유족 관련 정보는 밝히지 않았었는가 싶다. 정부는 사고가 발생한 뒤 모든 가능한 방법과 수단을 동원하여 실종자 수색을 하는 한편, 월북에 대한 확실한 증거를 파악하는 노력을 기울여 왔다. 그러나 한 달도 더 지난 지금까지 시신의 수습은 물론 월북에 대한 명쾌한 답을 내놓지 못하고 있다. 북한에 공동 조사를 요구했으나 아무런 응대가 없다. 뭐가 그리 성급해서 정황만으로 월북으로 단정하려 했는지 모르겠다. 졸지에 남편과 아빠를 잃은 유족의 비통함조차 드러내지 못하는 상황을 무엇으로 어떻게 설명해야 할지 황당하다. 마침내 유족 측은 진상

조사를 요구했고, 유엔 인권 사무소에 사망 경위 등을 조사해달라고 요청도 했다. 또, A 씨의 아들이 문재인 대통령에게 편지를 썼다. A 씨의 아들은 편지에서 '부친은 수영을 전문적으로 배운 적이 없다며 38㎞를 그것도 조류를 거슬러 갔다는 것이 진정 말이 된다고 생각하시는지?' 묻고 싶다고 했다. 이 군은 이어 대통령님께 묻고 싶다며 "지금 저희가 겪는 이 고통의 주인공이 대통령님의 자녀 혹은 손자라고 해도 지금처럼 하실 수 있겠느냐?"고 했다. 또 "국가는 그 시간에 아빠의 생명을 구하기 위해 어떤 노력을 했는지? 왜 아빠를 구하지 못하셨는지?" 묻고 싶다고도 했다. 아빠는 여느 때와 다름없이 통화했고, 동생에게는 며칠 후에 오겠다고 화상 통화까지 했으며 월북할 조짐은 없었다고 했다. 이에 대하여 문 대통령은 "아버지를 잃은 아들의 마음을 이해한다."며 마음이 아프다고 했다. 어머니, 동생과 함께 어려움을 견뎌내기 바라며 위로를 보낸다고 다독였다. 그러면서 조사 결과를 기다려보자는 신중한 태도를 보였다. 대통령 입장으로는 임기 중 3차례 남북 정상 회담을 한 북한을 자극할까 봐 답변의 수위를 조절한 것으로 보인다. 유족은 한 달도 훨씬 지난 지금 더는 A 씨의 수색을 하지 말라고 중단 요청 하였다. 그렇다면 국가의 역할은 무엇인가? 국민의 생명과 안전을 지켜야 할 사명이 있다. 우리 국민 한 사람이, 그것도 공무원이 비참하게 죽었는데 지키지도 못하고 사인조차 규명 못 한다면 말이 되는가. 또 유족은 어찌해야 아픔을 치유할 수 있을는지 모르겠다. 물론 특수 관계에 있는 북한과 얽힌 사안이라 하지만, 명쾌한 답과 결론도 내지 못하는 현실을 보면서 이게 뭐냐는 말만 나온다. 안타깝고 답답하다.

A 씨는 아들이 다니는 학교에 가서 자신의 직업을 소개할 정도로 직

업에 대한 자부심이 강했고 가정적이었다고 한다.

보도에 따르면, A 씨를 추모하는 집회가 2020년 10월 24일 오후 6시쯤 서울 종로구 현대 적선빌딩 앞에서 열렸다고 한다. 보도 내용을 보면 '꿈꾸는 청년들' 등 청년 단체의 주최로 열린 이날 집회에서 A 씨의 형 이래진(55) 씨는 A 씨 아들이 아버지에게 보낸 편지를 대독했다. A 씨의 아들은 전날 자필로 작성한 편지에 '공부 잘되냐고 물어보시던 아빠 전화가 마지막이 될 줄은 꿈에도 상상해 본 적 없는데 아빠가 우리 곁을 떠난 지도 벌써 한 달이 넘었다'고 썼다. '대통령 할아버지가 진실을 밝혀 아빠의 명예를 찾아주겠노라 약속했음에도 도박에 빠져 월북했다는 터무니없는 이유를 증거로 내세우는 해양 경찰의 발표가 저를 무너지게 만든다'고 토로했다고 한다. 아들은 또, 아빠를 평가할 수 있는 자격이 되는 사람은 아빠와 20년을 함께해 온 엄마뿐이다고 하면서, 사람들은 편한 대로 아빠를 판단한다고 했다. 고통스럽겠지만 아빠가 편히 눈감을 수 있도록 아빠의 명예를 찾을 때까지 끝까지 싸워 이기겠다는 다짐까지 했다고 한다.

아들은 이어서 내가 살기 위해 힘없는 사람의 목숨 하나쯤 가볍게 생각하는 사람들을 어떻게 벌 줄 수 있을까 생각하는 게 아빠가 남긴 숙제라고 했단다. 아들의 편지 내용을 보면 아빠의 죽음에 대한 정부와 일부 왜곡하는 사람들에 대한 불만과 분노가 일고 있음을 알 수 있다. 위로와 격려는 못 할망정 유족의 가슴에 못 박는 말은 말아야 할 것 아닌가. 왜 그래? 사람이. 아들이 억울함으로 가득하고 한을 뿜은 듯하여 일말의 걱정을 지울 수 없다.

나는 이번 일을 보면서, 정부 당국의 신중하지 못한 처사에 깊은 우려를 표한다. 명확한 근거에 따라서 결론을 말하지 않고, 정황으로만 월북에 무게를 두었다는 데에 문제가 있다. 앞선 발표를 의식해서인지 A 씨가 도박 빚을 지고 있어 심리적 부담에 월북을 결심했을 가능성을 점치기도 하는 등 궁색한 모습을 보이기도 한다. 섣부른 판단이 빚는 후유증은 심각하다. A 씨의 아들을 비롯한 유가족은 가족을 잃은 슬픔을 넘어 원망과 한으로 못 박히고 있다. 누가 이 책임을 질 것인가. (2020.10.31.)

어떻게 말할까?

애타게 기다리던 단비가 촉촉이 내리고 있다. 작년 하반기부터 겨우내 비다운 비가 오지 않아 전국이 가뭄으로 전전긍긍하던 차에 내리는 반가운 비다. 모처럼 저녁 식사를 하기 위해 아내와 큰딸, 큰딸의 외아들인 초등학교 2학년 민서와 함께 차를 타고 네거리에서 신호 대기 중이었다. 차창 밖으로 선거 운동원들이 비옷을 입고 율동과 함께 소리 높여 지지를 호소하는 모습이 보였다. 전주시, 을 선거구 국회의원 보궐선거가 내일로 다가온 참이다. 갑자기 뒷좌석에 앉은 민서가 ㅇㅇ당 사람은 절대로 안 뽑혀야 한다고 한다. 나는 물론이고 아내와 딸은 갑작스럽고 의외인 민서의 말에 순간 숨을 죽였다. 민서는 당연히 선거가 무엇이고 내용도 몰라 관심 밖이었을 줄로만 생각했기 때문이다.

곧바로 내가 왜 그 사람이 뽑히면 안 되냐고 물었다. 서슴없이 민서가 대답했다. 자기 학교 앞이나 거리에 걸려 있는 플래카드에 써진 글을 보면 너무나 화가 난다고 했다. 어떻게 나라의 제일 높으신 대통령에게 함부로 욕하고, 아무렇게나 무식한 말만 하는지 너무 싫고 밉다고 했다. 나랏일을 하겠다고 자기를 뽑아 달라는 사람이 훌륭하고 예의 바르고 점잖아야 할 게 아니냐고 했다. 플래카드를 볼 때마다 찢어버리고 싶을 정도로 화가 나고 미치겠다고 했다. 며칠 동안이지만 어린 민서에게 얼마나 큰 상처와 실망을 주었으면 격하고 분한 생각까지 들었을까 하는 생각이 들었다. 그러면서 민서는 선거 운동원들을 향해 절대로 ㅇㅇ당 사람은 안 될 거니까 비 맞고 고생하지 말고 집에 일찍 들어가는 게 좋을 듯하다고 했다.

아홉 살배기 초등학교 2학년 민서의 말에 우리는 아연실색했다. 너무나도 엉뚱하고 고차원적이며 사려 깊은 민서에게 놀라 자빠질 뻔했다. 의아하고 어리둥절했다. 우린 모두 민서의 말을 듣는 순간 조심스레 숨을 죽였다. 어떻게 이럴 수가 있을까? 어떻게 그런 말을 할 수가 있을까? 어린애 민서가 말 한 게 맞는가 의아했다. 상상도 안 되고 짐작도 못했고 그저 놀라울 뿐이었다. 그 나이에 선거에는 무슨 관심이 있고 별 생각이나 하겠느냐고만 여겼던 터다. 민서 말을 듣는 내내 뒤통수를 맞은 것처럼 머리가 멍했고 가슴이 먹먹했다. 요즈음 애들이 다 이런가. 이렇게 수준 높고 고차원적이고 옳고 그름을 분별할 수 있는가. 참으로 놀라웠다. 어린애들과 아무렇게나 대충 때우는 식으로 대화해서는 안 되겠다는 생각으로 움칠했다. 쏘아붙이듯 민서의 독백이 끝나고 잠시 나는 무엇을 어디서부터 어떻게 말할까 하며 머리가 하얘졌다.

국회의원이 무슨 일을 하는 사람인 줄 아느냐고 물었다. 대통령을 도와서 나랏일을 하는 사람이라고 한다. 나는 학교에 어린이를 대표하는 어린이회가 있는 것처럼 나라에도 국민을 대표하는 국회가 있는데 국회를 구성하는 의원이 국회의원이라고 일러주었다.

내일이 투표하는 날인데 누가 당선될 것인가 결과가 궁금하다고 했다. 민서는 이미 누가 당선되는 것에 관심이 있는 게 아니었다. 현수막을 찢어버리고 싶을 정도로 싫은 그 정당의 후보가 당선되지 않아야 할 텐데 혹시 그 후보가 당선되면 어쩌냐는 걱정에서 하는 말이었다.

그런 민서에게 우리는 할 말을 잃고 있었다. 어떻게 지금의 상황과 옳고 그름의 당위성을 설명해줘야 하는가 꼬인 실타래같이 가닥이 잡히지 않았다. 순수한 민서의 생각과 판단이 옳다고 말해야 하는데 그렇다면 왜 그런 게 용인되고 있는가를 설명해주지를 못하는 게 안타까웠다. 그뿐만 아니라 우리가 공감하고 있는 선거 판세의 느낌이나 흐름을 보면 민서가 염려하는 그 후보가 당선될 것 같은 분위기라서 답답함이 더했다.

언제부턴가 세상이 많이 달라졌다. 작금의 상황을 보면 국가 원수인 대통령을 비롯하여 불특정 다수 누구에게도 막말과 폭언, 비아냥 등을 가감 없이 쏟아내고 있다. 그뿐인가 표현의 자유를 빌미로 특정인에 대한 악의적인 상상의 패러디가 난무하는 게 현실이다. 옛날 같으면 상상도 못 할 일들이 버젓이 우리 사회에 만연하고 있다. 법은 상식의 집합이고 사회는 상식이 지배하고, 통용되어야 한다고 믿는다. 이러한 작태가 과연 정당하고 올바른 일인가 묻고 싶다. 불특정 다수나 우리 사회 전반에 어떠한 긍정적 영향과 효과를 가져온다고 생각하는가. 도에 넘치는 자유는 방종이 될 수 있고 방종은 많은 사람을 힘들고 불편하게 할 뿐만 아니라 부정적 해를 가져온다. 마음속에 어떠한 생각을 하고 있느냐에 따라 말이 생성되고 마음과 말은 곧 행동으로 옮겨지기 때문이다. 순화되고 정제된 언어와 행위는 시대를 초월해서 필수이고 경시해서는 안 된다. 일시적인 인기 영합이나 톡 튀는 돌출 발언과 행동이 존중되거나 용인되는 일은 없어야 한다. 특히 국사를 논하고 국론을 모으는 과정에서 당리당략을 빌미로 품위나 격을 떨어뜨리는 언행은 볼썽사납기 그지없다. 그들에게 주어진 특권이 거칠 것 없이 아무렇게나 말하고 행동해도 된다는 것은 아니다. 내 손으로 뽑아놓고 내 눈과 귀로 안 볼 것을 보고 안 들어야 할 말을 듣는다는 게 어쩌면 국민으로서는 고역(?)이다.

근래 정치 상황을 보면 막말과 고성으로 당파 싸움하는 것만 보이고 진정으로 국사를 진지하게 논하며 타협하는 모습을 보기가 쉽지 않다. 정책을 놓고 부정, 아전인수, 비난과 비판이 난무한다. 물어뜯고 헐뜯고 윽박지르는 게 정치의 본질인 것 같다. 혹자는 정치에 관한 뉴스는 아예 안 본다고도 한다.

사회가 바람직하고 건전해야만 나라의 미래가 있고 국민도 희망이 있고 행복하다. 세계가 하나나 다름없는 요즘에 무엇이 국익인가 폭넓고 깊이 생각해 보았으면 한다.

우리의 꿈나무이며 미래 세대인 천진한 어린이 민서가 마음에 상처를 받은 것을 보면서 한없이 가슴이 먹먹하고 짠해진다. 기성세대의 일거수일투족이 미래 세대인 어린이들에게는 교본이다. 작금의 이와 같은 작태를 보면서 어린이들에게 미칠 영향을 생각하니 가슴이 답답하다.

옳고 그름을 분명히 말해주고 설명할 수 없어서야 어디 교본이고 어른이겠는가. 오늘 나는 플래카드에 적힌 내용이 옳지 않다고 생각한 민서에 대해 그런 행위가 왜 용인되고 있는지 시원스레 말할 수 없었다.

속으로 표현의 자유(?)를 생각하면서도 어떻게 말할까? 머릿속만 복잡해졌다. (2023.4.4.)

인생살이

대개는 세상에 태어나 부모의 돌봄 속에 유아기와 유년 시절을 보낸다. 철들어 살면서부터는 미래의 삶이 무엇이고 세상살이가 어떤 것인지도 모르고 살아간다. 숨 쉬고 생명이 있으니까 그냥 산다. 애당초 무슨 목적이나 뜻이 있어 태어난 게 아니니까. 나이가 들면서 인지기능이 발달하고 가정, 사회, 학교, 시청각 교육 등을 통하여 이성이 형성되고 사고와 판단 능력이 생긴다. 차츰 무엇을 하고 싶고 어떻게 살아야겠고 하는 등의 꿈과 희망을 품게 된다. 그리고 그것을 향하여 열정을 쏟으며 안간힘을 쓴다. 혼자 사는 게 아니고 사회 속에 던져져 살므로 경쟁도 생기고 차별도 있게 된다. 하지만 사람마다 애당초 출발선이 다르고 환경과 여건이 달라 같은 노력을 기울여도 비례해서 효과가 나타나지 않는다. 공평의 기준과 잣대가 똑같을 수가 없다. 또한, 개인의 능력과 지능의 차이도 결과에 큰 영향을 미치게 된다. 결국, 이러한 양상들은 처음부터 인생살이가 복잡하고 쉽지 않음을 방증한다. 저마다 살기 위한 몸부림을 할 수밖에 없는 게 인생이다.

사람의 태어나고 죽음이 하늘의 뜻이라 한다. 자기의 의지대로 좌지우지할 수 있는 것은 더욱 아닌 듯하다.

사람이 있으면 먹고 쓰고, 없으면 굶고 안 쓸 수 있는 게 아니지 않던가. 무작정 되어가는 대로는 살 수 없는 게 인생살이다. 그렇게 살 수만 있다면 괜찮을지 몰라도 살 수도 없을뿐더러 존재 자체가 불가능하다. 따라서 인생살이는 저절로 될 수 있는 게 아니다. 어쩌면 인생은 처음부터 험로이고 고행인지도 모른다. 싫다고 피할 수도 없고 미래가 두렵고 무지하다고 나아가지 않을 수도 없다. 숨 쉬고 살아 있는 한 여정을 모두 수용할 수밖에 없는 노릇이다.

사람이 살면서 위아래 좌우를 살펴보면 그저 가만히 있을 수가 없다. 생존과 경쟁에서 살아남고 이기기 위해서는 끊임없이 필사적인 노력을 하지 않을 수 없다. 온갖 수단과 방법을 다 찾아 힘쓰고 애쓰며 산다. 여기서 부작용과 부조리, 편법, 탈법, 위법이 난무하게 되고 공정과 불공정이 대립하게 된다.

정의롭게 열심히 노력하여 정당한 평가와 인정 내지는 보상을 받으려는 자가 있는가 하면, 부당한 방법으로 과실을 얻으려는 사람이 있다. 인간의 속성이 원래 양면성이 있어서다.

사람은 누구나 젊어서 이래로 무엇인가를 얻고 찾으려고 끊임없이 힘쓰고 애쓰며 산다. 영원할 것 같은 젊음만 믿고 몸 돌보지 않고 피 터지게 일하며 산다. 명예도 얻고 돈도 벌면 인생 나중이 편안하고 즐겁고 행복할 줄로 안다. 그게 삶의 의미고 인생 목표로 생각한다. 그러나 대부분 사람은 그것이 끝이 보이질 않는다는 걸 모르고 산다. 이루고 채워도 정점이 없고 만족이 없다는 것을 모르고 산다. 아홉을 가진 자가 하나를 가진 자에게 하나를 가져다 채워 열을 만들자고 한다. 어디까지가 성공과 행복의 정점인지가 분명하지 않다. 그래서 성취라는 게 끝이 없다.

인생살이가 단순하고 간단하지 않다. 해야 할 일도 무수히 많고 갖춰야 할 것도 부지기수다. 인간관계 또한 쉽지 않다. 얽히고설킨 실타래처럼 복잡하다. 챙기고 신경 쓰고 간섭할 일도 여간 많지 않다. 무엇 하나 그냥 저절로 되고 공짜로 되는 게 없다.

어떻게 사는 게 옳고 바르게 사는 것인가에 대한 정답도 매뉴얼도 없다. 저마다 한 번도 경험해보지 못한 삶을 산다. 한 번 연습으로 살아보고 진짜로 다시 살 수 있는 게 인생살이가 아니다.

다만, 최선을 다하여 바르고 보람되게 살려고 노력하며 살아갈 뿐이다.

본능적으로 전래 오는 전통에 따라 보통 사람의 틀을 벗어나지 않고 사는 게 대부분이다.

남녀가 만나 결혼하여 부부가 되고, 태어난 아들딸을 혼신을 바쳐 양육한다. 그게 마땅하고 당연하기 때문이다. 우리의 전통적인 사고로는 인농人農이 최고의 덕목이고 보람이며 부부의 자랑이다. 더 나아가 노후의 울타리가 되어줄 거라는 기대가 팽배하다. 그러나 오늘날 만연되고 있는 사회 풍조를 보면 어불성설이다. 부모 부양이란 말이 어색한 말로 퇴색되어간다. 시대가 그렇고 사회적 구조가 부양을 어렵게 하고 있다. 집 팔고 논 팔아서 아들 따라 서울 가면 방콕 신세고 창살 없는 감옥 신세인 게 사실이다. 아들 탓 며느리 탓만 할 수 없는 사회 구조적인 변화가 한몫하고 있다. 온갖 것 다 바쳐 자식 양육에 올인한 결과가 노후의 안녕으로 연결되지 못한다. 우스갯말로 부모의 순위가 아들 내외가 기르는 반려동물 다음이라는 말도 있지 않던가.

젊은 시절, 참고 아끼고 절약해서 훗날을 기약하며 살면 노후는 보장될 줄 알았지만 허망함이 더 많은 게 인생살이다. 몸에 골병들도록 힘써 일하고 돈 벌었더니 늙어서는 힘도 없고 쓸 돈도 없다. 언제나 청춘일 것 같던 몸은 여기저기서 병적 신호만 보내고, 아꼈던 즐길 거리도 소용없게 되고 만다. 모든 일이 다 때가 있다는 말이 옳다. 어떻게 살던지 견주어보면 회한이 없을 수 없는 게 인생이지만, 모름지기 사람은 나이 때에 맞는 일을 착실히 하며 살아야 후회가 덜하다는 말이 된다.

누구에게든 왜 사느냐고 어떻게 사느냐고 물으면 특별한 이유와 방법을 들을 수 없다. 모든 사람이 대동소이하고 별난 원칙과 방법이 없기 때문이다. 아옹다옹 사는 게 인생이고 뒤엉키고 버성겨 사는 게 인생살이다. 그냥 풋풋한 사람 냄새나는 삶이 인생살이다. 어떠한 마음으로 세상을 바라보고 생각하느냐에 따라 삶이 달라진다. 푸른 하늘에 흘러가는 한 조각 구름인 양 세파의 바람 따라 세월에 묻혀 운무 속 유영 같은 게 인생이다. 지나고 보면 회한이 많고 허전한 일이 많았지만 모두 흘러간 과거이고 흔적일 뿐이다. 언제나 오늘이 제일 중요하고 최고여야 한다. 미래라는 것 즉, 복수複數의 내일도 결국은 다가올 오늘이기 때문이다. 항상 인생 최고의 날이 오늘이다. 따라서 누구나 오늘을 충실히 보람있게 살아야 하는 이유다. 힘겨운 일이나 지나친 욕심은 오늘을 사는 인생살이를 망치게 된다. 소탐대실, 과유불급 마음으로 지름길이라도 바른길이 아니면 돌아갈 줄 아는 여유와 지혜를 가져야 할 것이다.

나는 아니라고 다른 사람과 비교하며 열등의식에 사로잡혀 실패한 삶을 살면 안 되고 자기 비하도 금물이다. 누구보다 자신을 사랑하고 자신의 삶이 소중하고 가치 있다는 자부심으로 매사에 긍정적으로 살면 보통 사람의 성공한 삶이지 않겠는가. 만족할 줄 모르는 게 사람이다. 자신을 통제하고 극기하며 살아야 한다. 자기와의 싸움에서 이겨야 승리한 인생이다. 자신의 분수를 지키며 가진 만큼으로 만족하고 남의 것 탐내지 말며 다른 사람 마음 아프게 않고 살면 그만이다. 내 인생은 특별하고 다채롭고 유별나야 하는 게 아니다. 결국, 내 인생살이도 거창한 게 아니고 특별한 게 아니다. 모두 거기서 거기고 엇비슷하며 보통 사람과 다르지 않다. (2022.3.12.)

천국은 마음속에 있다

사람은 누구나 죽는다. 누구도 죽음을 면할 수는 없다. 모든 사람이 죽음을 기정사실로 인정한다. 그런데도 대부분 사람이 죽음에 대하여 천연하고 태연한 듯하다. 나 아닌 다른 사람의 일로 여기려 한다. 다분히 의도적이라 할 수 있다. 솔직히 말해서 죽음이 두려워서 그럴 것이다. 인간에게서 죽음만큼 심각하고 중요한 문제는 없다.

누구나 죽음을 생각해보지 않은 사람이 없을 것이다. 유신론자나 무신론자 할 것 없이 믿는 종교의 유무를 떠나서 한 번쯤은 내세來世에 대해 생각을 했음 직하다. 종교는 인간의 죽음에 대하여 저마다 다른 정의와 다양한 관념을 가진다. 그러나 종교는 달라도 인간의 내세 문제를 추구한다는 점에서는 궁극적으로 같은 맥락이다.

이 세상에서 인간의 삶이 육의 죽음으로 인하여 완전한 끝이라면 어떻게 될까? 아마 종교도 필요 없고 온갖 범죄와 혼란이 난무하는 난장판이 될 것이다. 그렇지만 많은 사람이 이 땅에서의 삶으로 인생이 끝난다고 보지 않는 것 같다. 비록 육체는 죽을지라도 영은 죽지 않는다고 믿는다. 마땅히 영혼에 대하여 말할 수 없고 알지 못할 뿐인 거다.

인간은 영과 육의 결합체이다. 영혼은 인간의 사고와 활동을 주관하는 정신적인 실체로서 육체를 지배한다. 그렇다면 우리가 죽은 후에는 어떻게 되는 것일까? 정말로 영혼의 세계는 있는 것일까? 있다면 그곳은 어디에 있으며 어떤 세계일까? 참으로 궁금하지 않을 수 없다.

우리나라에서는 사람의 죽음에 대하여 그 표현이 다양하다. 일부 표현은 죽음 그 자체를 일컫는 말 외에 죽음을 지칭하면서도 동시에 내세로 이어지는 연장 선상에서의 의미를 담고 있다. 이른바 천국, 천당, 황천, 별세 등이 그 예이다. 내세를 일컫는 말이다. 말이 분분한 것은 종교적 차원에서 내세를 일컫는 표현의 차이일 뿐이지 의미는 같다.

내세란 과연 무엇일까? 유교에서는 사람이 음양오행이라는 기氣의 집합으로 태어났다가 죽으면 그 기가 흩어져 소멸하는 것으로 보고 내세를 믿지 않는다. 도교도 유교와 같이 내세보다는 현세에 더 중점을 둔다. 불교는 내세관이 뚜렷하다. 생사가 여일如一하다고 본다. 사람의 죽음은 종말이 아니고 또 다른 삶의 시작이라고 본다. 금생今生은 전생全生의 업보業報에 따라 태어나고 또 이생의 업과에 따라 내세에 다시 태어난다고 본다. 그런데 내세에는 이승에 지은 업에 따라 사람이나 가축으로 태어난다고 하는 윤회 사상이다. 기독교의 교리는 영혼불멸설靈魂不滅說이다. 하나님을 믿고 그의 말씀대로 순종하며 살다가 죽으면 육신은 썩어 사라지지만 영혼은 하늘나라에 올라가 영원히 산다고 믿는다.

불교나 기독교에서 말하는 천당이나 천국이 결국 사람이 죽어서 가는 내세이다. 천당도 넓은 의미에서 천국의 개념과 같다.

천국天國은 무엇인가? 말 그대로 하늘나라이다. 즉 천상에 있다고 믿는 나라다. 기독교에서는 신자가 죽은 뒤 그 영혼이 들어가서 영원한 축복을 누리며 사는 곳을 천국이라고 한다. 고대 이집트 등에서는 죽은 자는 생전의 행위에 따라 심판이 내려져서 천국과 지옥으로 간다고 보았다. 기독교에서의 지옥은 예수를 믿지 않는 자들이 가는 곳, 즉 영혼이 처벌을 받는 고통의 내세로 본다.

그렇다면 천국은 어디에 있는 것일까? 하늘나라이므로 하늘에 있는 것이 맞다. 도대체 하늘은 어디를 하늘이라 하는가? 사람들이 생각하는 하늘은 사람이 땅에서 위로 올려다볼 때 보이는 공간을 뜻한다. 즉 지구 위에서 위로 올려다보는 우주의 공간이 하늘이다. 그런 맥락에서 보면 태양계의 수많은 행성 즉, 모든 천체에의 하늘이 다 있을 수 있다. 그러므로 하늘이란 우주 공간일 뿐이다.

천국을 하늘나라라고 하지만 하늘 어디에도 실체의 천국은 존재하지 않는다고 생각한다. 곧 천국은 실체가 아니라 종교적 관념에서 산 사람이 생각하는 이상세계이고 상상의 나라일 뿐이다고 본다. 하나님이 건설하고 지배하는 나라, 영혼이 사는 나라일 것이라고 믿는 영혼의 나라일 것이다.

종교에 따라서는 인간의 죽음을 각기 다르게 본다. 또 죽은 뒤의 내세관도 견해가 다르다. 그러나 어느 것이 옳고 그른가는 말할 수 없다. 그 살아있는 사람에게 죽음이란 알 수 없는 일이기 때문이다. 죽어보지 않은 산 자는 죽은 자의 사후 세계를 경험하지 못했기 때문이다. 따라서 산 사람은 누구도 천국을 경험한 자가 없다. 죽음이란 산 자에게는 미지의 세계일 수밖에 없다. 상상일 수밖에 없고 관념적일 수밖에 없다. 부활과 윤회 등이 그렇다. 여기에 종교의 존재 이유와 설득력이 있다. 믿음을 전제로 하는 종교라는 틀 안에서만이 죽음과 사후 세계를 말할 수 있을 것이다.

적선해야 복을 받고 이타행利他行을 해야 극락에 가고 예수를 믿고 이웃 사랑을 실천하여야 천국 간다고 하는 등 종교마다 교리의 차이가 있다. 그러나 내용을 보면 사람이 이 땅에서의 삶을 착하고 바르게 살아야 한다는 것으로 귀결된다. 그래야만 사람이 죽으면 내세인 이상세계에서 영혼의 삶이 영속된다고 믿는 것이다.

모름지기 천국이라고 하는 것은 종교적 관념에서 볼 때 영혼이 사는 나라다. 영혼은 육체 속에 깃들어 있으면서 시공을 초월하는 마음 또는 정신이다. 그러므로 이 땅에 사는 동안 자기 마음속의 천국을 건설하여야 한다. 나는 천국은 곧 인내천人乃天이고 동시에 심내천心乃天이라 생각한다. 사람이 천국이고 마음이 천국이라 믿는다. 천국은 오직 자기 마음속에 있다고 생각한다. (2017. 4. 15.)

제3부

살며 생각하며

골프를 다 하네

내 생애에 또 하나의 별일이 생겼다. 퇴직할 때까지도 골프는 나하고는 상관없는 운동으로 안중에 없었다. 막연히 그런 생각을 했지만 첫째 이유는 돈이 많이 드는 것이고 둘째는 운동이라고 생각하지 않았기 때문이다. 더욱이 공직자에게는 절대 금기시했던 운동이 골프다. 고가의 운동 비용이 공직자로서는 분수와 격에 맞지 않고 고가의 운동이라서 접대받아야 가능한 운동이라고 보는 게 이유다. 그 때문에 현직에 있을 때 골프를 하면 제재를 당했고 불이익을 받았다. 실제 예로 내가 퇴직 무렵 누군가가 나를 모함하여 내가 골프 한다고 당시 지사께 고자질했었나 보다. 그런데 그 사람 내가 아는데 골프 안 한다고 지사께서 오히려 반박했다고 들었다. 따라서 나 같은 처지에 골프는 아예 안중에 없는 운동이었다. 더욱이 현직에 있을 때는 생각조차 할 수 없는 운동이었다. 지금이야 골프가 대중화되어 너도나도 하는 운동이지만 그때는 그랬다.

지금도 상황이 많이 달라졌다고 하지만 만만치 않은 비용이 드는 운동임에는 맞다. 운동치고는 돈이 많이 드는 운동이다. 그런데도 가끔 현직 공직자가 휴가를 내고 골프 하는 것을 보면 격세지감이다.

내가 골프 운동을 시작한 계기는 공직을 퇴임할 무렵 선배들로부터 많은 권유를 받기도 했지만, 건강상 이유가 더 컸다. 나는 지병처럼 심각하게 고통을 겪는 게 있었다. 목과 양어깨 사이의 근육이 돌덩이처럼 경직되어 어찌나 시도 때도 없이 아리고 아픈지 견디기 힘들고 울고 싶은 정도였다. 온갖 운동 · 물리치료 · 시술 등을 받으며 치료했지만, 효과가 없었다. 평생 보이지 않는 고통으로 힘든 생활이었다. 그런데 나와 유사한 사례로 힘들어했던 선배가 퇴직 후 골프를 시작하고부터 치유가 되었다면서 나에게 골프를 강권했다. 필드 운동을 안 나가더라도 골프는 시작해 보라는 것이었다. 연습장에서 만으로도 아픈 데가 나을 거라면서 적극적으로 권하였다. 그렇게 반신반의한 마음에서 시작한 게 골프다. 하지만 내 처지와 형편에 상당한 비용이 수반되는 운동이라는 게 마음에 걸렸다. 저비용으로 건강관리 할 수 있는 운동은 얼마든지 있는데 하필 골프냐였다. 나의 보수적인 생각이나 옛적 내 형편을 생각하면 나 자신이 마음에 허용하지 않았다. 어쨌든 퇴직 후 자천타천으로 몇 달 동안 골프를 배우며 연습했다. 원래 나는 운동신경이 무뎌서 어느 운동이든 잘 못하는데 이상하리만큼 골프는 재미가 있었다. 또한, 연습 성과도 좋았다. 그뿐만 아니라 고질 통증에 시달린 게 신기하게도 차도가 있어 치유되어 갔다. 아내와 함께 연습장에 등록하고 배우기 시작했다. 기본적인 준비물은 연습장에 비치된 것을 활용했다. 시작할 때까지만 해도 계속 골프를 할 것인지 반신반의한 상태였다. 앞서 언급했지만, 만만찮은 비용 때문이었다. 아내는 매우 적극적이고 열심이었다. 아내는 운동 신경이 예민하여 무슨 운동이든 잘하는 편이다. 특히 수영, 탁구는 두각을 나타내는 편이다. 골프 역시 기본 자세부터 신기하리만큼 좋고 빨리 익혀나갔다. 시작한 지 얼마 안 되어 코치나 주위 사람으로부터 칭송과 부러움을 받았다. 반면에 나는 기대에 못 미치는 편이었다. 하지만 나 자신도 놀랍게 골프에 재미를 느끼고 잘 적응해서 나날이 달라졌다. 몇 달도 안 되어 골프채와 신발도 샀고 본격적으로 매일 연습을 열심히 했다. 내 평생 운동을 재미있게 해본 게 없었는데 이상하게 골프는 달랐다. 때마침 그 무렵 스크린 골프가 보급되기 시작했다. 내가 다니는 연습장에도 스크린 골프장이 생겼다. 호기심 반 연습 반 마음으로 동료와 함께 스크린 골프장에서 시간 가는 줄 모르고 열심히 했다. 처음으로 해보는 골프이기도 하고 실내에서 실제와 버금가는 운동을 할 수 있다는 게 여간 신기하고 재미있는 일이 아니었다. 그런데 문제는 여기서 끝이 아니다. 재미는 덤이고 성적이 장난 아니었다. 거짓이라고 여기고 믿지 않겠지만 구력이랄 수 없는 내가 십수 년 한 사람보다도 성적이 좋았다. 과한 말로 미친 듯이 잘했다. 나는 원래 무엇에 빠지면 바닥을 보는 성격이라 연습에 남다른 열심을 내기는 했지만 왜 그런지 나도 모르고 놀라울 뿐이었다. 최고 성적을 거둘 때는 한 경기에서 버디를 10개까지 해본 적이 있다. 거짓말 같은 사실이다. 함께 운동하는 동료나 선배로부터 넘치는 찬사를 받기 일쑤였다. 물론 아무리 잘한다 해도 프로에게 비길 바가 못 되고 구력 있고 잘하는 분에 비할 바는 아니었다. 배운지 얼마 안 되는 딴은 조금 돋보이는 것뿐이었으리라 생각한다. 그런데

10년이 넘은 지금은 발전하기는커녕 퇴보한 것 같다. 처음 배울 때보다 더 못하는 편이다. 구력이 오래된 분들도 골프처럼 기복이 많은 운동이 또 있는지 모르겠다고 한다. 내가 보아도 어느 한때는 잘 되다가도 어느 때는 안 되고 참 신경 많이 쓰이는 운동임에는 맞다. 골프처럼 말 많고 핑계 많은 운동도 없다. 경우의 수가 무수한 운동이기도 하다. 방금 끝낸 홀을 뒤돌아가 다시 라운딩하면 잘할 것 같지만 그렇지 않다. 메이저 대회에서 우승한 프로가 다음 메이저 대회에서 컷 탈락하는 사례를 볼 수 있지 않던가. 흔히 말하기를 골프는 인생살이랑 같다고 한다. 인생살이도 잘 나가다가도 갑자기 무슨 일이 생겨 불행하기도 하다. 좋은 일이 있는가 하면 나쁜 일도 있고 오르막이 있으면 반드시 내리막이 있다. 힘들고 험한 길을 걸을 때가 있고 평탄하고 안정된 길을 갈 때도 있다. 골프가 꼭 그렇다. 난이도難易度가 높은 골프장과 홀이 있는가 하면 비교적 무난한 골프장과 홀도 있다. 어렵지 않다고 방심하거나 자만하면 반드시 실수한다. 어제까지 잘 됐는데 오늘은 잘 안되는 게 골프다. 한 타 한 타를 신중히 정석으로 하지 않으면 결과는 뻔하다. 그러니 조금도 방심하거나 허투루 할 수 없다. 참으로 예민한 운동이고 집중해야 하는 운동이다. 인생살이도 마찬가지 아니던가. 한 시기, 한순간도 간과해서는 안 되는 게 인생이다. 아무튼, 그런저런 연유에서인지 그 후로 지금까지 골프 운동을 하고 지낸다. 여전히 비용이 만만찮아서 실제 필드 운동은 주춤 조심하며 자제한다. 건강 관리를 위한 운동으로는 운동량이 많지 않다고 생각되어 보충 운동을 한다. 요즘은 스크린 골프가 많이 발전하고 보급되어 아주 좋아졌다. 비용도 저렴하여 운동하며 즐기기로는 안성맞춤이다. 틈만 나면 스크린 골프장으로 향한다. 아내는 나보다 훨씬 위 수준이지만 서로 좋아하며 함께 즐길 수 있어 다행이고 감사하다. 어쩌다 가끔 필드에 나가면 좋은 경관, 상큼한 풀 내음과 꽃향기, 맑은 공기를 마시며 굿샷, 나이스 샷을 주고받는 즐거움에 흠뻑 빠진다. 푸른 초원에 심신을 다 내려놓고 싶어진다. 그럴 때마다 내가 꿈을 꾸는 듯하고 현실인지 허벅지를 꼬집어 보기도 한다. 속으로 내게 말한다. '내 형편에, 내 주제에, 내가 골프를 다 하고 지내네' 상상하지도 못했던 일이 현실이 되었다. 내 인생의 처음과 끝인 하나님께 골백번 감사할 뿐이다. 앞으로도 건강이 허락되는 날까지 아내와 더불어 굿샷을 외치고 싶다. (2023.6.20.)

날만 새면

마취 주사를 맞은 것처럼 날마다 수면에 빠진다. 사실 잔다는 것은 죽은 상태다. 자신이 무의식 상태라면 숨 쉬고 있다 해도 살아 있다고 말할 수 있을까? 사람은 참으로 신비롭고 놀라운 생명체다. 어떻게 의식은 없는데 생명은 끊이지 않고 몇 시간씩을 잘 수 있는 걸까? 생각할수록 불가사의한 일이다. 분명한 것은 그런 잠을 자지 않으면 살 수 없다는 것이다. 절묘한 생체 구조이고 리듬 아니겠는가. 죽은 듯 자야 살 수 있다. 창조주만이 아는 신비이고 수수께끼다.

눈 뜨기 전에 의식이 먼저 되살아난다. 머릿속이 빠르게 풀려 돌아간다. 오만 생각이 교차하고 할 일이 다가온다. 살아 있다는 증거다. 한참 뒤에야 눈을 뜬다. 날마다 잠에서 깨어나는 모습이다. 하루의 삶이 시작된다.

잠자리에 누운 채로 하루를 연다. 기지개를 켜고 손, 목, 다리, 허리,

종아리 등, 자는 동안 정체되고 굳었던 신체를 부드럽게 푼다.

자리에서 일어나 주방으로 향한다. 물로 입안을 행군 다음, 물 한 컵을 마시고, 환기를 위하여 거실을 비롯한 실내의 모든 창문을 연다.

밤사이 무슨 메시지나 카톡이 왔는지 확인한 뒤 버릴 쓰레기를 챙겨 밖으로 나온다. 서너 평 남짓한 정원과 큰 화분 열서너 개는 아침마다 내 눈을 먼저 쏠리게 하는 재미가 숨어 있는 곳이다. 앉고 서며 먼발치나 가까이에서 살피는 게 심심찮은 일상의 중심이다. 새순이 싹트고 잎이 피어나는 과정이 매일 봐도 질리지 않는다. 여기에는 나도 봐 달라는 듯 이름 모를 잡초도 경쟁하듯 존재를 드러내고 있다. 얼마 전 5개의 화분에 내 맘대로 꺾어 심은 개나리가 모두 보란 듯 잎을 내놓고 있다. 부지깽이를 거꾸로 심어도 산다는 봄이라서 그럴 것이다. 3년 전 지금 사는 집으로 이사 오던 해 가을, 정원에 제법 키 큰 소나무 세 그루를 사다 심었다. 혹시나 죽을까 봐 노심초사 신경이 곤두섰다. 방제는 물론 거름도 주고 물 주며 애지중지 살폈다. 작년에는 전문가에게 의뢰하여 전지도 말끔하게 했다. 그중 한 나무가 항상 나를 안타깝게 했다. 다른 두 나무에 비해 건실하지 못해 속으로 불안과 함께 안절부절못하게 했다. 올해는 일찌감치 농약사에 가서 상담 후 방제약과 거름을 사다 충분히 주고 물도 흠뻑 자주 주었다. 이게 웬일인가. 곧바로 효과 만점이었다. 보란 듯이 세 소나무가 눈에 띄게 왕성 무성해졌다. 그동안 나의 경험 미숙함이 나무에 미안했다. 사실 나는 지금 있는 나무를 심기 전, 정원용 소나무 한 그루를 죽인 죄인이었기 때문에 이 나무들에 더욱 관심과 애착이 있다. 새순이 건실하게 나고 송화 가루가 탐스럽게 묻어나는 것을 보는 일상의 시작이 흐뭇하다. 이제는 살았다는 안도와 함께 나무에 대하여 정성을 약속하고 다짐도 한다. 이러는 사이 20~30분은 족히 시간이 흐른다.

다가구 주택이라 쓰레기장 정리는 날마다 보통 일거리가 아니다. 아무리 입주자에게 당부하고 부탁해도 각양각색이고 제각각이다. 내가 해야 할 일이거니 하다가도 가끔은 심기가 불편하다. 주차장 주변이나 집 안팎을 살피는 일도 거르지 않는다. 배달된 신문을 빼 들고 서둘러 집 안으로 들어와 아침 식사를 한다. 우리 부부는 식사 시간이 길다. 특히 식후 나누는 담소 시간이 길다. 보통 이런저런 얘기로 한 시간은 족히 보낸다. 퇴직한 지 10년이 넘도록 특별한 일정이 없는 한 그렇게 지낸다. 오래전부터 하는 관행이다. 그러다 보면 오전 일과가 펑크 나기 일쑤다. 잠에서 깨어나면서부터 오늘 할 일을 계획하고 생각했던 게 차질을 빚는다. 그래도 식탁 담소 문화는 지속하고 싶다. 내 욕심이다. 두 마리 세 마리 토끼를 다 잡겠다고 생각하며 사는 게 맞다.

아침 담소의 시간이 지나면 아내는 주방 등 가사로, 나는 내 할 일로 바빠진다. 여러 가구를 관리하다 보니 잡무도 만만찮다. 이것저것 챙기고 해결해야 할 일을 하다 보면 한나절이 훌쩍 지난다. 어찌 보면 이 일이 주가 되어야 할 텐데 항상 뒷전에 있다. 하고 싶은 일이 참 많다. 좋아하는 글쓰기는 항상 내 머릿속에 해야 할 일 1순위로 자리한다. 글쓰기가 어디 틈을 내어야 하는 일이던가. 한두 시간 붙잡고 있어도 몇 줄도 못 쓰는 게 글이 아닌가. 주제를 선정하고 머리로 몇 날을 다듬고 정리했다가도 막상 쓰려면 고쳐 쓰고 다시 쓰다 시간만 다 가는 게 글쓰기다. 그 때문에 글쓰기로 작정한 날은 다른 일을 다 못한다. 늘 그렇지만 글쓰기는 나와의 몸부림이다. 알량하고 내비치기에 항상 부족하지만 그래도 그런 일을 하고 싶은 걸 어찌해야 하는가.

여느 때는 건강을 위한 운동이 일과 중 필수다. 대개는 한 시간 남짓이지만, 할 때마다 시계만 자꾸 쳐다보며 지루함을 느낄 때가 많다. 사실 운동이 1순위여야 하는데 항상 그렇게 되지는 않는다. 지금까지 건강하게 살았기 때문에 크게 신경 쓰지 않는 의식과 습성이 있어서다.

우리 부부가 공유하는 취미 생활이 골프다. 퇴직 후 배운 거지만 나처럼 운동 신경이 둔한 사람이 용케도 골프는 재미가 있어 다행이다. 아내는 골프 실력이 나보다 한 수 위다. 그래도 함께 좋아하니 노후의 삶이 다행이다.

어쩌다 지인의 안내로 뜻하지 않게 색소폰을 접하게 되었다. 이 또한 부부가 함께하는 취미 생활이다. 기초적인 음악 실력도 안 되는 내가 웃을 일이다. 벌써 4년째로 접어들었다. 햇수만 갔지 실력은 매양 제자리다. 콩나물 자라듯이 그래도 악기는 만지작거린다. 좋아하는 노래를 선정해서 소리 내며 논다. 어설픈 실력이지만 아내와 합주로 몇 곡 맞출 때면 신바람이 나고 흥이 절로 난다. 연주는 둘 다 칠십이 넘은 나이에 이만큼 하면 된다는 생각으로 즐긴다.

초등학교 이래로 붓글씨를 좋아해서 서예 도구는 전문가 못지않게 갖추고 있다. 이 또한 어찌나 하고 싶고 좋아하는지 항상 끌어안고 산다. 틈나면 글씨도 그림도 연습하며 지낸다. 시간을 내어 관련 분야 공부도 하고 어설프지만, 습작품도 만들어 본다.

날마다 날 새고 눈만 뜨면 정신이 없다. 24시간이 모자란다. 어떤 때는 밤 뉴스조차 제대로 볼 수가 없다. 하루가 숨 가쁘리만큼 빠르게 지나간다. 낮 동안 엉덩이 한 번 붙일 새가 없다. 간혹 하는 일이 없어 하루가 무료하다고 하는 사람들이 있는데 이해되지 않는다. 나는 성격이 그렇고 팔자가 그런지 어려서부터 가만히 있지를 못했다. 할 일이 없으면 만들어서라도 한다. 옛말에 '열 가지 재주 있는 사람은 밥을 굶어도 한 가지 재주 가진 사람은 밥 먹고 산다.'고 했다. 내가 하고 싶어서 하는 일들이 전문으로 하면 업이고 호구지책이겠지만, 나는 밥 먹고 사는 수단이 따로 있으니까 다행이다. 내가 하는 잡기雜技는 좋아서 취미로 하는 거라서 웬만한 수준에는 못 미친다. 그래도 하고 싶어 즐기는 일이라 더없이 좋다.

소털처럼 많은 날이라지만, 나는 날마다 하루가 부족하다. 바쁘게 지나간다. 누군가 말했다. 하겠다는 일이 많고 해야 할 일이 많게 사는 사람은 나이가 많아도 노인이 아니라고. 늙었지만 청춘으로 사는 거라고. 늙은이가 억지로 젊게 살려고 일을 만들어 사는 것과는 다르다. 내가 하고 싶은 일이 많다는 게 얼마나 다행인지 모른다. 그만큼 뜻과 의욕이 살아 있다는 방증 아닐까 싶다.

날만 새면 정신없이 동분서주하며 살아가는 요즘이다. (2020.5.18.)

노년의 삶

은퇴 후 삶은 얽매인 생활이 아니다. 무엇을 어떻게 하고 살아야 하는지는 순전히 자신이 결정할 일이다. 먼저 산 수많은 인생 선배의 사례와 조언도 많이 직간접적으로 경험한다. 하지만, 어떤 삶을 살아야 할건지는 쉽게 결정하지 못한다. 왜냐하면, 연습 삼아 살아보고 진짜로 다시 살 수 없는 게 인생이기 때문이다. 인생의 모든 주기가 다 그렇지만 은퇴 후는 노년이고 말년이라서 더욱 소중하다 하겠다. 지난날을 더듬어 보면 세파에 휩쓸려 밀리고 쫓기듯 허겁지겁 허둥대며 살았다. 무엇이 그렇게 힘들고 바빴는지 날마다 정신없이 일에 매이고 세월에 떠밀려 어떻게 하루가 가고 한 달, 일 년이 갔는지 모르고 살았다. 소년 청년 시절에는 원대한 꿈에 젖어 희망으로 가득 차 지냈었다. 그뿐만 아니라 꿈의 실현을 위해 나름대로 밤낮으로 피나는 노력으로 매진했었다. 때로는 헛발질도 했지만, 중도에 포기하지 않고 극기로 최선을 다하며 살았다. 디딤돌 하나 없이 내 앞에는 어찌도 걸림돌이 많았든지 힘들고 팍팍하기만 했다. 비빌 곳과 기댈 곳이 아예 없다 보니 여간해서 고개를 쳐들 수가 없었다. 오직 몸이 의지할 곳이고 재산이며 원동력이었다. 불굴의 의지만이 삶의 수단이고 방법이었다. 가다가 지치면 쉬어야 하는데 나는 그럴 여유가 없었다. 넘어지면 남이 볼까 봐 재빨리 일어나 언제 그랬냐는 듯 걷고 뛰었다. 목표가 어디고 정상이 어딘가는 바라보려 하지 않았다. 한결같이 걷고 뛰다 보면 필연 그곳은 도달하겠지 하며 살았다. 비록 더디기는 하지만 끊임없이 노력하면 언젠가는 이루어진다는 신념으로 살았다. 실수하고 좌절한다고 포기하면 필패할 수밖에 없다. 마라톤에서 사람들은 넘어지지 않고 달리는 사람에게 박수를 보낸다. 하지만 힘들어 넘어졌어도 다시 일어나 끝까지 달리는 사람에게 더 힘찬 응원의 박수를 보내지 않던가. 순탄한 길은 걷는 맛이 덜하다. 오르고 내리며 돌부리에 차이면서 땀 흘려 걸어온 길이 훨씬 보람이 있고 뿌듯하며 성취감이 있다. 아무튼, 보일 듯 보이지 않고 잡힐 듯 잡히지 않는 그 무엇을 향하여 무던히도 애쓰며 힘쓰고 살아왔다.

그렇게 치열하게 살았는데 어쩌다 이순이 지나 정년퇴직하고 칠순 중반의 나이다. 망발이고 억지인지 모르지만, 아직 나는 나를 노인이라 생각하지 않는다. 그냥 나이가 들었나보다고 생각하며 산다. 간밤에 TV에서 50세 전후의 또래가 나오는 프로를 보면서 그 사람들이 내 딸들 나이임을 보고 나도 나이가 많이 들었구나 하는 생각을 했다.

원래 성정이 그러기도 하지만 백수가 과로사한다는 시쳇말처럼 나는 퇴직 후에도 여전히 바쁘게 산다. 큰 목표는 없다. 소소한 일상이 나를 가만히 못 있게 한다. 일이 없고 한가하다 싶으면 일을 만들어서 한다.

천연스럽게 앉아 조용히 차분하게 무엇을 즐기지를 못한다. 욕심이랄까 의욕이랄까, 하고 싶고 하는 게 많다.

젊은 시절 이래로 줄곧 하고 싶었지만 일에 쫓기고 시간과 여건이 여의찮아 못했던 서예와 문인화에 푹 빠져 지낸다. 옛날에 사두었던 연습용 화선지와 서예 도구가 빛바랜 채로 많이도 쌓여 있었다. 크게 준비하고 신경 쓰지 않고 시작만 하면 되었다. 마음대로 잘되면 얼마나 좋겠는가. 늦깎이가 수준이 높고 전문가만 하겠는가. 그렇게 욕심부리지도 않는다. 나만 좋고 재미있으면 족하다고 생각한다. 그 눈높이만큼만 즐기고 있다.

또, 요즈음 색소폰 연주도 시간이 모자란다. 벌써 한 6년 전쯤이다. 후배 지인이 억지로 떠밀다시피 해서 악기부터 사게 되었다. 만난 자리에서 갑자기 강력히 밀어붙이는 바람에 생각하고 말고 할 겨를이 없었다. 그것도 아내와 나 둘이 동시에 그랬다. 아내는 예체능에는 타고난 자질이 있어 나하고는 비길 바가 못 된다. 남이 하면 그냥 좋아 선망의 대상이었던 색소폰 연주를 감히 내가 하다니 상상할 수 없는 비약이다. 원래 음계도 손가락을 짚어가며 읽었고 장조, 단조가 무엇인지는 나하고 상관없었다. 어쩔 수 없이 학원을 아내와 함께 다녔다. 겨우 기본을 힘겹게 익히고 있을 무렵 '코로나19'로 인하여 중단하고 말았다. 독학으로 연습하며 지낸 지가 상당 기간이다. 서당개 삼 년이면 풍월을 한다고 했던가. 경지가 어딘가는 끝도 없다. 이 역시 내가 좋고 내 생활에 활력이 있으면 좋다는 마음으로 즐기고 있다. 특별히 아내와 함께라서 더없이 좋고 시작을 잘했다는 생각이다.

글쓰기 역시 어려서부터 재미있어했다. 시간에 쫓겨 작품활동을 많이 못 했지만 틈나는 대로 더러 습작을 하며 지냈었다. 재직 중 우연히 아는 문학평론가의 눈에 띄어 등단은 했지만, 본격적인 창작 활동은 못 했었다. 그러다 퇴직 후 곧바로 처녀 작품집을 냈고, 유명 작가의 수강도 하며 꾸준히 지금까지 수필 창작을 하고 지낸다. 나름대로 추린 글로 지금까지 다섯 권의 수필집도 펴냈다. 글 쓴다는 게 고역이지만 창작 열기는 식을 줄 모르고 있다.

골프 운동도 은퇴 후에 시작했다. 특히 골프는 운동 신경이 좋은 아내가 수준급이다. 이 역시 나는 아니다. 하지만 재미가 있다. 유일하게 재미를 느끼는 운동이 골프다. 또 아내와 함께할 수 있는 운동이라서 더없이 다행이라 생각한다. 비싼 운동이라서 조심하고 근신하며 한다. 여러모로 제약이 많이 따라서 최대한 절제하며 즐기고 있다.

나의 노년의 생활은 모두 의무도 아니고 그 분야의 정상에 서는 것도 아니다. 나의 만족이고 동반자인 아내와 공동의 취미 생활이자 삶이다. 부부가 노년에 함께 즐길 수 있는 거리가 있다는 것은 참으로 다행한 일이다. 그런 의미에서 나는 이러한 소소한 일상에서 보람과 행복을 만지작거리며 산다. 감사하고 감사할 뿐이다.

젊은 이래로 가난을 극복하기 위해 나 자신과 무던히도 혹독하리만큼 싸우며 살았다. 무엇이 성공이고 행복인지 모르고 가시밭길을 질주하며 살았다. 하지만 가정의 화목을 으뜸으로 삼고 살았다. 끈끈한 정과 웃음소리가 있는 집에는 행복이 들여다본다고 했다. 행복한 사람은 행복을 볼 줄 모른다. 지금이 행복한 거라는 것을 인지 못 한다. 행복을 인지할 수 있는 눈과 마음을 가져야 한다. 행복은 기준도 끝도 없다. 행복은 바로 지금 내 안에 있음을 알아야 한다. 병든 사람에게는 죽음의 모습만 어른거릴 수밖에 없다.

모름지기 노년의 삶이란 비우고 내려놓는 삶이어야 한다. 그러면서 비우고 내려놓은 만큼 가볍고 멋진 정서로 빈 마음을 채우며 살아야 한다. 나와 함께 더불어 살아야 할 가족과 이웃을 보듬고 다독이는 삶이어야 한다. 모든 것을 천천히 살피고 간섭은 적게 하고 이해는 많이 해야 한다. 가르치려 말고 배우려 하되 욕심부리지 말아야 한다. 한 발 뒤로 물러서서 응원하고 후원해야 한다. (2022.10.20.)

다람쥐 쳇바퀴 돌 듯

간밤에 생각했을 거다. 내일 아침에는 무슨 반찬에 어떤 식사를 할까 하고. 왜냐면 아내는 밤에 이튿날 아침 식사로 무엇을 준비하느냐를 두고 챙기는 습관이 있다. 아침마다 나름대로 염두에 둔 식단을 뚝딱뚝딱 바쁜 손놀림으로 준비해서 밥상을 차린다. 수십 년 하는 일이라 몸에 배고 익숙해서 더듬거림 없이 일사불란하다. 그렇게 정성으로 차려진 식단은 보기도 좋고 맛깔스럽기는 물론 입맛에 그만이다. 혀끝이 길들어진 탓이기도 하겠지만, 항상 맛있다. 생각하면 놀라운 변화다. 아내를 만나 결혼 후 처음으로 아침 식사를 할 때다. 아침에 일어나서 밥을 짓지 못한다고 해서 황당했었다. 순간 막막하기도 하고 앞날을 생각하니 걱정이 이만저만이 아니었다. 그래도 다행인 것은 내가 총각 시절에 자취를 줄곧 해와서 밥 짓는 것은 문제가 없었다. 하지만 시시때때로 부식 준비는 어떻게 할 것인지를 생각하니 멍해졌었다. 그런 아내가 올해로 결혼 48년 차가 되니 밥 짓고 반찬 만드는 것이 이제는 달인에 가깝게 되었다. 결혼한 세 딸이나 손주들 모두 아내가 해주는 밥과 반찬이 제일 맛있다고 이구동성 한목소리다. 이쯤 되면 놀라운 변화며 크나큰 발전이다. 처녀 시절 밥하고 반찬 만드는 것은 남이었다고 한다. 옛날식으로 말하면 주부수업은 전혀 받은 바 없고 실제 해본 적이 없었다고 한다. 그러다 덜컥 결혼하고 보니 아내는 참으로 난감했을 것이다. 아마 본인도 속으로는 걱정이 이만저만이 아니었을 거다. 어쨌든 세월은 흘러갔고 밥은 굶지 않고 살았다. 다급하면 어떻게든 해결 방안을 찾고 살아갈 궁리를 한다. 아내는 그날 이후로 말은 안 했지만 자각하고 현실을 직시하며 열심히 노력했을 거다. 어느덧 그 세월이 반세기가 가깝다. 그 결과 지금은 보통 수준은 넘는듯하다. 요즈음은 인터넷, 유튜브를 검색하며 조리법은 물론 음식 궁합과 질을 높이는 찬거리를 연구하는 데에 몰두한다. 나이 들수록 먹는 것에 신경 써야 한다면서 부쩍 먹거리와 음식에 높은 관심을 나타낸다. 그 덕분에 나는 신경 쓰지 않아도 잘 먹고 지낸다. 나한테는 더 없는 고마움이고 다행한 일이다.

요즈음, 나나 아내 모두 어디서 오라는 일자리도 없지만 얽매인 처지가 아니다 보니 잠자리에서 늦게 일어나는 편이다. 늦은 아침 식사를 마치고 마주 앉아 다담茶啖하다 보면 시간이 훌쩍 지난다. 원래 우리는 식탁 문화가 남다르다. 별일 없으면 식후 식탁에 앉아 보내는 시간이 한 시간은 보통이다. 우리 집의 오랜 관행이다.

오늘 아침에도 식사 후에 얘기하다 보니 반나절이 다되었다. 뒤늦게 아내가 설거지하러 싱크대 앞으로 다가섰다. 그릇을 씻으려면서 '곧바로 점심 식사를 준비해야겠네, 이게 뭐야 다람쥐 쳇바퀴 돌듯'이라고 말한다. 맞다 맞는 말이다. 하루 세끼 식사하려면 아침 식사하고 얼마 안 있다가 점심 식사하고, 또 얼마 안 있다가 저녁 식사를 한다. 식사하고 설거지하고를 반복하는데 그사이의 시간이 길지 않다. 아내는 준비하고 치우는 일을 쉼 없이 계속 반복하는 거다. 거기다가 색다른 반찬이나 찌개를 준비할 때면 온종일 주방을 떠날 수도 없고 쉴 틈도 없다. 매일 이와 같은 일을 번갈아 가면서 되풀이하고 있다. 수십 년을 다람쥐가 쳇바퀴를 돌리는 것처럼 하고 있으니 지겹지 않으면 이상하다. 퇴직하고 언젠가 큰 결심을 하고 아내에게, 앞으로 설거지는 내가 맡아서 하겠다고 했다. 진정을 담아 진지하게 제안했었다. 아내는 잠시 머뭇거리는 듯하다 곧바로 그건 안 된다고 단호히 거절했다. 이유는 주부가 주방일을 맡기는 것은 자존감을 잃는다는 거였다. 절대로 그럴 수는 없다고 했다. 가끔 소소하게 거드는 것은 몰라도 전부를 맡기는 것은 자존심이 허락하지 않는다고 했다.

코로나19 감염병이 엄습했던 지난 3년여 동안은 모두가 그랬듯이 세끼를 꼬박 집밥으로 해결하지 않았던가. 정말 그때는 꼼짝없이 다람쥐 쳇바퀴 돌 듯 반복되는 식생활에 아내의 수고가 너무 많았다.

생각해 보면 인생살이가 큰 줄기로 치자면 다람쥐 쳇바퀴 도는 거와 다르지 않다. 사람은 세끼 밥 먹고 잠자는 것은 매일 거르지 않고 산다. 살아 있는 한 어차피 받아들여야 할 일이다. 그래야 살 수 있기 때문이다. 혹시 지겹고 싫증 나기라도 하면 큰일이다. 죽은 자에게는 더는 취식 · 취침도 없다. 오직 산 자에게만 기초적인 생리적 욕구가 있고 본능이 있다. 매일 같은 일을 반복하며 산다지만 따져보면 내용은 모두 다르다. 어제의 삶이 오늘과 똑같지는 않다. 어제 아침 식사가 오늘 아침 식사와 같지 않다. 다르다는 것은 변화가 있다는 것이다. 이것이 살아 있다는 증거다. 매사가 질과 내용, 성능과 성분이 똑같다면 죽은 것이고 변화가 없는 것이다. 엄밀히 말하면 죽은 자도 가만히 있는 사물도 모두 변하는 것이다.

해마다 다가오는 계절을 보라. 봄, 여름, 가을, 겨울의 수순手順으로 1년을 채운다. 작년에도 재작년에도 같은 계절의 순서로 1년이었다. 하지만, 그때마다 그해마다 각각 다른 사계절이었다. 똑같은 사계절은 한 번도 없었다. 그렇게 시간 가고 세월 가는 것이다. 만약, 있을 수도 없지만 같은 듯 다르지 않다면 질서가 깨지고 사람도 동물도 못 산다. 변화는 혁신이고 발전이고 성장이다. 다람쥐 쳇바퀴 돌 듯한 삶을 살지만 그게 사람이 사는 방법이다. 생존을 위한 필수 요건은 기초적 본능과 요구다. 이것을 거부하면 살기 싫다는 것이나 다름없다. 다만, 우리는 삶의 권태를 예방하고 유기적으로 질을 향상하기 위하여 흥미, 재미, 새로운 변화 같은 거리를 끊임없이 개발하여 접목해야 한다.

따지고 보면 부부가 만나 가정을 이루고 평생을 사는 것도 변화의 연속이다. 그렇게도 좋았던 사람도 오래 살다 보면 무미건조해질 수 있다. 수십 년을 살았다고 하지만 해마다 산 삶이 똑같지는 않았다. 작년에도 올해도 같이 산다고 해서 그 사람이 그 사람일까? 아니다 정말 아니다. 작년, 재작년보다 아내와 남편은 많이 성숙해졌고 달라졌다.

삶이 날마다 다람쥐 쳇바퀴 돌 듯하는 것 같지만 그 속에는 아기자기한 사랑이 있고 희로애락이 담겨있다. 다람쥐도 주어진 틀이 체 속이지만 매 순간 바퀴를 돌리는 것은 다르다. 우리도 우리에게 허용된 삶의 한계까지 쳇바퀴를 신나고 재미있게 돌려야 하지 않겠는가. (2023.9.7.)

마법 같은 인생은 없다

사람은 사회적 동물이다. 결코, 혼자 살 수는 없다. 혼자는 삶의 의미도 없고 삶의 가치도 찾을 수 없다. 본디 여럿이 있어 어울려야만 하는 게 인간이다. 상호 협조와 의지, 견제와 경쟁이 있어야 살맛도 나고 일할 의욕도 생긴다. 세상천지 유아독존이라면 존재의 의미는 물론 외로워서 두렵기까지 할 것 같다. 그래서 하나님은 천지창조와 함께 인간을 창조할 때 남자와 여자를 만들고 번성하라고 했다. 태초의 인간인 아담과 하와가 그렇게 태어났다.

오늘날 지구촌에는 수많은 사람이 공존하고 있다. 종족이 다르고 인종이 다른 사람들이 무리 지어 사회를 형성하고 여러 사회적 관계를 맺으며 산다. 많은 사람이 태어나 한평생을 살고 죽는다. 각자 시대적 배경과 환경 속에서 나름대로 최선을 다하며 주어진 인생을 보람있게 살려고 한다. 누구나 다른 사람과 견주어 더 멋지고 보람있게 삶을 구가하려고 한다. 인지상정이다. 그렇게 사는 게 마땅하다. 나라와 인종마다 삶의 방식이 다양하다. 제각기 전통적으로 내려오는 삶의 방식이 있어 그에 따라 그 나름대로 최상의 삶을 살아갈 것이다. 어떻게 무엇을 차별화해서 살아야 더 나은 삶을 살 것인가는 인류의 바람이고 간절한 소망이기도 하다. 하지만 어떤 게 최상이고 최고의 삶인가는 정답이 없고 기준이 없다. 정해진 방법이나 실행 모델도 없다.

원래 인간은 욕망이 끝이 없다. 다다른 것 같으나 항상 정상은 보이지 않고, 아무리 채워도 빈 것 같고 부족하고 모자란다. 인간의 속성이다. 다른 사람의 인생살이가 더 훌륭하고 멋지고 아름답게 보이는 것 같다. 내 손에 쥔 것은 작고, 놓친 물고기가 큰 것 같다. 내가 가진 것에 감사하고 만족하지 못하고 더 가지려고만 한다. 인간의 욕심에 정점이 없고 결승점이 없기 때문이다. 이만하면 됐다는 생각은 안 하고 보이지 않는 끝을 향하여 찾으려고 한다. 살면서 아래를 내려 볼 필요가 있다. 위로 올려 보지만 말고 좌우도 살피고 수면 아래의 삶은 어떤가 내려다 볼 필요가 있다. 그래야 삶이 추슬러지고 자기 성찰도 된다. 살다가 가끔 멈춰서 전후좌우를 살펴보고 잠시 머뭇거리기도 하고 쉬어갈 줄도 알아야 한다. 설정한 목표도 가변성이 많아 불분명하고 골인 지점도 안 보이는데 앞만 보고 질주하듯 살아서는 안 된다. 사람 사는 것이 거기서 거기지 유별나거나 특별하지 않은 거다. 나도 그렇게 살고 다른 사람도 비슷하게 산다. 누구든 세 끼 식사하고 낮에는 열심히 일하고 밤에는 잠자는 삶이 주를 이룬다. 다만 그 내용이 약간의 차이가 있고 조금씩 다를 뿐이다.

언젠가 벽지 초등학교 학생들이 청와대 구경을 한 적이 있었다. 천진한 어린이가 대통령은 무슨 음식을 드시는지가 궁금해서 물어봤더니 깻잎 김치를 제일 좋아한다는 대답을 듣고 실망스러워 했다고 한다. 어린 생각으로 대통령은 모두가 우리와는 전혀 다른 별천지에서 별난 음식을 먹고 지낼 것으로 생각했을 것 같다.

사람은 어떻게 살든 지나고 나면 회한이 남을 수밖에 없다. 이유는 원래 지닌 욕심이 끝이 없는 데다 최고 최상의 삶에 대한 정해진 방식도 없기 때문이다. 또 하나는 한 번도 경험해보지 못한 인생길을 걷기 때문이다. 인생살이를 모의실험이라도 해보고 살면 좋겠다. 그러나 그럴 수가 없다. 워낙 경우의 수가 많고 다양해서다.

내 인생이 반드시 값지고 멋지고 아름다워야만 한다는 욕심은 한낱 바람인 거다. 사람들은 자신의 삶이 항상 기쁘고 즐겁고 행복해야만 한다고 생각한다. 아니 더 기쁘고 더 즐겁고 더 행복해야 한다는 생각이 한도 끝도 없다. 따져보면 그게 말이나 되고 가능한 일이겠는가. 그러니 정작 삶이 만족스럽고 즐겁고 행복하겠는가? 모든 게 풍족하여 모자람이 없다고 생각하는 사람은 삶이 즐겁지 못하고 우울해진다고 한다. 필요를 느끼지 않으니까 노력도 하지 않게 된다.

인생은 결단코 쉽지도 않고 특별하지도 않지만, 값없이 얻어지는 복권 당첨도 아니다. 오르막이 있으면 내리막이 있듯이 불행 다음에는 행복이 온다는 것을 아는 지혜가 필요하다. 왜 나의 불행은 끝이 없냐고 생각하는 사람은 행복의 희망을 포기한 사람이다. 고생 끝에 낙이 있다고 하지 않던가.

시련을 견디는 사람만이 행복을 맛볼 수 있다. 정작 인생을 보람있게 살려면 마음을 비우고 내려놓아야 한다. 그래야 참 인생의 가치를 알고 삶의 진정한 의미를 찾는다.

노자는 사람이 세상을 살면서 버려야 할 몇 가지를 말했다.

첫째는 다욕多慾이다. 많은 욕심 즉, 지나친 욕심을 버리라고 했다. 과욕은 화를 불러온다.

둘째는 음지淫志다. 모든 것을 내 마음대로 해보려는 욕심을 버려야 한다고 했다. 세상은 내 마음처럼 만만한 게 아니다.

셋째는 교기驕氣다. 내가 최고라는 교만한 마음을 버리라고 했다. 기는 놈 위에 걷는 놈이 있고 걷는 놈 위에 뛰고 나는 놈이 있다고 하지 않던가.

넷째는 태색態色이다. 돋보이고 잘난척하려는 표정을 하지 말라고 했다. 나의 됨됨이는 남이 먼저 안다.

더 설명하고 보탤 것도 없이 누구에게나 맞는 잘 지적한 말인듯하다. 자기를 낮추고 마음에 지닌 지나친 욕심을 버리고 비울 때 진정한 삶의 의미와 보람도 찾는다.

우리가 세상을 살면서 자제해야 할 게 많지만 지켜야 할 것이 몇 가지 있다고 생각한다.

첫째가 현실을 직시하고 부정하지 말아야 한다. 좋든 싫든 엄연한 현실임을 인정해야 한다. 이런 경우가 어디 있고 이런 일이 어디 있느냐고 부딪힌 현실을 부정하지 말아야 한다.

둘째는 매사를 조급하게 하지 말아야 한다. 생각 없이 서두르다 일을 그르치는 경우가 많다.

셋째는 원인이 누구에게 있든 원망하지 말아야 한다. 내 인생은 내가 책임지고 살아가는 것이다. 자의든 타의든 실행은 내가 한 거다. 남 탓으로 돌리고 서운해하며 원망한다고 결과가 달라지고 바뀌지 않는다.

넷째는 자기를 비하하여 자책하고 의기소침해서는 안 된다. 자기의 자신감과 능력만이 내 삶의 원동력이다. 결코, 남의 힘으로 내 인생을 가꾸어 나갈 수 없다.

나름대로 성공한 삶을 살려면 먼저 자기 자신을 바로 알아야 한다. 나의 자질, 능력, 장단점 등을 솔직하게 파악해야 한다. 소위, 감도 안 되면서 덤벼들고 뛰어들면 필패한다. 분수를 지켜 맞게 살면 만족을 느낄 수 있다. 다음은 희망과 용기를 가져야 한다. 무엇을 하겠다는 지향하는 바가 있어야 하고 그것을 실천하는 용기가 있어야 한다. 한 가지 더 말하면 성공모델을 그려 가능성을 믿고 독서 등의 간접경험을 많이 해야 한다.

분에 넘치는 과욕이 화를 자초한다. 산다는 건 생명을 담보하는 것이다. 파리나 모기 같은 곤충이나 물고기도 먹이를 먹거나 미끼를 물었을 때 목숨을 잃는다. 더 많이 먹고 벌기 위해서 주위도 살피지 않고 질주하는 인생이 즐겁고 행복하겠는가? 자칫하면 한 번뿐인 인생이 망가질 수 있다.

아무리 궁리하여 생각하고 찾아봐도 우리 인생은 누구나 마법 같은 삶이 아니다. 누구나 그냥 그렇게 사는 것이다. 한 치 앞도 모르는 게 인생살이다. 오늘 구름이 끼었다고 내일 햇볕이 나오지 않는다는 보장이 없다. 오늘 하루를 희망 속에 즐겁게 살아야 한다. (2022.3.21.)

살며 생각하며

사람은 누구나 일생을 산다. 자신은 모르지만 저마다의 주어진 생애가 있다. 태어나서 죽을 때까지 제각기 다른 삶을 산다. 어떻게 사는 것이 옳은 것인가란 정답은 없다. 다만 인간으로서 인간다운 삶을 살아야 한다는 불문율 같은 게 있을 수는 있다. 그 또한 시대와 세대에 따라 다르고 동시대 동 세대라고 하지만 동서양이 다르고 지구촌 곳곳이 차이가 있고 다를 수 있다. 또한, 사람마다 어떤 생각을 하며 사느냐에 따라 삶의 내용과 질이 다를 것이다. 프랑스의 철학자 르네 데카르트는 '나는 생각한다. 그러므로 나는 존재한다.'라고 말했다. 그렇듯 생각은 곧 생명이고 존재이며 삶의 동력이자 중요 요소다. 생각이 없다면 존재하지 않는 것이나 마찬가지다. 그만큼 생각이 차지하는 비중이 매우 크다. 생각이 있기에 꿈과 욕망이 있고 삶의 실행이 따른다. 태어나 자라면서 성장하기까지 품은 꿈과 욕망은 생각을 기반으로 한다. 의식이 있고 사고능력이 생기면서 생각이 인다. 생각의 범주는 무한이라고 할 수 있다. 어떤 분야, 어느 환경과 배경, 여건과 조건도 초월한다. 생각 만으로라면 무엇이든지 가능, 불가능이 없다. 생각이라는 게 정말 신기하고 신비롭기까지 하다.

내가 태어날 때는 1940년대 후반이다. 당시 나라의 형편은 비길 데 없이 총체적으로 열악하기 짝이 없었다. 제 먹을 것 제가 타고 난다고 하던 시대에 태어났다. 무엇이든 배만 부르면 좋았던 형편이라 못 먹고 헐벗은 삶이었다. 어릴 적 무슨 생각을 하며 자랐는지 기억이 별로 없다.

덩달아 아무것도 모른 채로 국민학교(지금의 초등학교)에 입학했다. 그게 어찌나 좋았던지 지금 생각해도 그때 그 시절이 생생히 기억나고 그립기 그지없다. 천방지축 나불대고 뛰놀며 겁 없이 무엇이든 덤비며 도전했다. 안되는 것, 못할 것이 없을 듯 다 닥치는 대로 하며 지냈다. 한번 시작하면 밤낮이 없고 끝을 보고 바닥을 보아야 했다. 수십 년이 지난 지금까지 그 버릇은 변함이 없다. 원래 내가 타고난 성정이 그런가 보다. 지금까지도 무엇에 한 번 꽂히면 과하고 넘친다. 살면서 한때 미쳐서 몰입했던 흔적이 내 주변 곳곳에 남아 있다. 늘 무언가 생각이 많았던 게 사실인데 나열하고 기억하진 못하겠다. 욕망과 생각이 지나쳐 투정도 부리고 울기도 했다. 때로는 생각이 일어 의욕이 생기면 잠을 안 자고라도 기어이 하고 마는 아집 같은 게 있다. 생각이 엉뚱하면 이상한 결과를 초래한다는 걸 간과해서는 안 된다고 하면서도 말이다.

중학교 시절은 내게 참으로 꿈 많던 때였다. 당시 내 생각은 방만하며 원대했고, 폭넓고 무한한 깊이가 있었다. 우주의 신비 세계에 나를 던져보기도 했고, 지구촌을 수십 번씩 종횡무진縱橫無盡하기도 했다. 무엇이든 잡으려 마음먹으면 잡힐 듯했다. 매일 수많은 생각에 사로잡혀 마음이 바쁘고 부산할 때가 많았다. 하고 싶은 일과 이르고자 하는 목표를 향하여 집중하고 몰두하며 씨름하고 매달리기도 했다. 어떤 일에 한동안 미쳐서 아무것도 보이지 않고 아무 생각도 없이 하나로 매진하여 허송한 시간도 상당했다. 미래에 대한 꿈과 희망은 또 말해 무엇하겠는가. 하고 싶고, 되고 싶은 게 그렇게도 많았을까. 날마다 장군 되고, 정치가가 되고, 교수도 되고, 감성 많은 서정 시인도 되고 싶었다. 온통 멋지고 좋은 것은 다 내가 하고 싶었었다. 그렇게 야욕만 팽배해 있었나 싶다. 그러니 모두 설익고 어설픈 섭렵의 결과만 남아 있을 수밖에 없지 않겠는가. 그래도 그 시절 다채로운 청운의 꿈과 희망을 품고 살았다는 게 나한테는 얼마나 행복하고 좋았는지 모른다. 그 때문에 날마다 목표를 향한 노력과 매진할 수 있는 동력이 솟아났다. 늘 꿈이 부풀고 희망이 솟아 혼자 행복에 젖어 지냈던 것 같다. 6 ㎞ 남짓한 등 · 하교 길을 오가면서 언제나 미래에 바라는 무엇이 될 것만 같아 마냥 좋았던 것 같다. 또래 친구들보다 1년 뒤에 입학하여 하마터면 중학교도 못 갈 뻔했기에 더욱 절박하고 간절한 꿈이 서린 시절이었던 것 같다. 가정 형편을 생각하면 어쩌면 중학교가 정규 교육의 끝이 될 수도 있다는 생각에 더욱 그랬는지 모른다. 당시는 어린 소년이라서 세상을 단순하고 쉽게 보아 분홍빛 꿈만 생각하며 지냈는지 모른다. 무엇이든지 다 파악하고 깊이 알면 두려워서 함부로 덤비지 못한다. 법도 모르니까 어긴다.

나는 중학교를 졸업한 뒤로 자연스레 농촌에서 예비 농부의 삶을 살았다. 하지만 늘 마음에는 고교 진학이 강하게 자리하고 있었다. 그 당시 내게 시급한 일은 농촌을 벗어나 직업을 갖는 게 목표였다. 그래서 무단가출이라는 비정상적인 방법을 통하여 간신히 실업계 고등학교에 진학하였다. 고교 3학년 졸업도 하기 전에 공무원이 되어 평생을 공직으로 봉직했다. 공직 내내 머릿속에는 많은 생각이 머물렀지만, 그중에서도 향학의 집념은 나를 늘 요동치게 했다. 마침내 독학으로 학사, 석사, 박사까지 취득하는 억척을 보였다. 무엇이 되겠다는 것보다 살아가는 과정을 알차게 하고 싶은 열정만 가지고 살았다. 나는 항상 결과보다는 과정을 더욱 중요시하며 살아왔다. 옳지 않고 비정상적인 수단과 방법으로 지향하는 결과를 얻었다면 과연 그게 정당할 수 있겠는가. 늦고 더디더라도 정당하고 옳은 방법으로 목표를 달성해야 한다고 생각했다.

나이가 칠십 중반을 넘기면서는 세상을 관조하는 경향이 달라졌다. 새벽에 잠 깨어 눈을 감고 있으면 오만 생각이 난다. 살아온 날들을 돌이켜 보면서 인생 결산도 해본다. 가슴에 손을 얹고 양심의 잣대로 나를 살펴본다. 두드러지게 잘한 것도 없지만 크게 회한이 남는 것도 많지 않다. 어떤 철학자가 말했던가. 후회될 일은 하지 말라고. 어려운 일이다. 하지만 그렇게 살려고 늘 조심하고 양심으로 저울질하며 나름대로 노력하고 애썼다.

공직에서 은퇴 후 글쓰기에 비교적 게으르지 않고 지낸다. 따라서 늘 머릿속에서는 글 소재를 찾으려고 생각이 머물러 있다. 살면서 문득 짚이는 생각은 소재가 되고, 잠 깨어 떠오르는 생각이 글감으로 채택되기도 한다. 생각이 떠오르면 길을 가다가도 멈춰 서서 스마트 폰에 메모하고 밥 먹다가도, 누워있다가도 일어나 생각에 끌려 메모한다. 어쭙잖은 글이지만 글마다 모두 생활 속 내 생각의 산물이다. 살면서 끊임없이 밀려오는 수많은 생각, 얼마나 소중한지 모른다. 생명이 있기에 생각한다. 죽은 자는 생각을 할 수 없다. 살면서 막연히 떠오르는 생각, 밀려오는 생각을 정제하고 여과해서 생의 마디마디에 좋은 흔적으로 남기고 아름답게 꾸미는 지혜가 필요하다. 아무 생각 없이 멍하니 흐르는 세월에 몸을 맡기듯 산다는 것은 어찌 보면 안일을 넘어 자기 인생에 대한 학대다. 아름답고 좋은 생각은 우리 인생을 흐뭇하게 하고 삶을 보람차고 살찌게 한다. 매 순간 지나가면 다시 오지 않는 게 우리 인생이다. 하나님이 언제 부르실지 모르지만, 사는 날까지는 늘 오늘이 내 생의 마지막이라고 생각하고 내게 주어진 오늘을 알뜰하게 살아야 하지 않겠는가.

건전한 생각, 좋은 생각, 아름다운 생각, 희망과 비전이 있는 생각은 우리가 지향해야 할 생각의 덕목이다. 숨 쉬고 살아 있는 한 살면서 항상 생각하자. 생각이 없거나 멈추면 죽는다. (2024.1.21.)

색소폰과 나

전혀 예상치 못한 일이 벌어졌다. 절대로 천부당만부당한 일이 생겼다. 내가 색소폰 연주를 하게 된 것이다. 어리둥절하고 엉뚱한 상황이다. 칠십 평생 단 한 번도 생각해보지 못한 일이다. '내가 무슨 색소폰 연주?' 어색하고 어울리지 않는 것 같다. 어찌 보면 우습고 이상할 일이다. 평소, 나는 음악 듣기는 좋아하고 가곡이나 대중가요도 좋아하여 혼자 노래를 흥얼거리며 잘 부르기는 한다. 하지만 제대로 된 음악 공부나 노래 부르기를 배운 적이 없다. 그래서인지 음정, 박자가 안 맞는다고 지적당하기가 일쑤였다. 더욱이 다루는 악기는 하나도 없고 배울 생각도 하지 않았다. 그런 내가 은퇴 후 이런 삶을 살 거라고는 정말 꿈에도 생각하지 못했다. 그런데 요즘 내 삶이 어떨 땐 꿈같다. 놀라울 뿐이다. 아무리 불확실성 시대라고 하지만 미래 예측을 이렇게도 못 해봤을까 하는 생각이다. 사람이 열 번 된다더니 그런가 보다. 색소폰을 2016년 9

월 10일 날 구매했으니까 벌써 색소폰을 만지작거린 지가 7년이 다 된다. 서당개 삼 년이면 풍월을 한다고, 어느덧 소리도 내고 멜로디 운지 정도는 더듬는다. 콩나물에 물 주면 물이 바로 흘러내리지만, 콩나물이 자라듯이 색소폰 연주도 나도 모르게 뭔가 발전하고 향상되는 것을 느낀다. 스스로 믿기지 않는 일이다. 지금은 시도 때도 없이 연주하고 지내니 기이한 일이다. 연주라는 게 제대로 된 연주겠는가. 수준을 말하자면 우스울 테지만 그래도 보통 사람이 듣기 싫지는 않을 정도는 될성싶다. 음악의 경지에 끝이 있겠는가. 항상 아쉽고 뭔가 모자란 것 같으나 혼자 즐기는 만족이 있다. 연주 수준이야 두말해 무엇하랴. 그냥 가지고 노는 정도다. 그러나 지금 나는 엄연한 아마추어 색소포니스트다.

내가 색소폰을 접하게 된 것은 참으로 예기치 않은 우연한 일이었다. 어느 날, 우연히 후배 지인이 운영하는 음식점에 아내와 함께 들렀다. 평소에도 가끔 들러 식사하는 곳이다. 식사 후 앉아서 이런저런 얘기를 하던 중 후배가 색소폰 연주를 위해 학원에 다닌다고 했다. 벌써 몇 년이 되었다고 했다. 그러면서 자기가 꾸며놓은 방음시설이 된 음악실로 우리를 안내했다. 음악실에는 드럼, 피아노, 기타 등 악기가 있고 반주기, 영상을 위한 모니터, 음향, 조명 설비도 갖추고 있었다. 보통 사람인 우리의 시선으로는 깜짝 놀랍고 부러운 음악실이었다. 후배가 색소폰을 연주하는 모습을 보니 멋지고 부럽고 참 좋았다. 평소 색소폰 연주 소리를 들으면 그렇게 좋을 수가 없었다. 특히 밤에 듣는 색소폰 소리는 매력적이고 아름다웠다. 후배는 한참을 얘기하던 중 갑자기 우리한테 무조건 색소폰을 배우라고 했다. 그러면서 즉석에서 자기가 잘 아는 서울의 악기사로 전화했다. 요지는 내일 중으로 색소폰 2대를 고속버스 편으로 보내라는 것이었다. 반강제적으로 해야 배운다면서 일방적으로 밀어붙였다. 우리는 깊이 생각하고 따질 겨를도 없었다. 레슨받아야 할 학원도 소개해 연결해줘서 마음의 준비도 없이 아내와 나는 등 떠미는 바람에 끌려가다시피 학원에 등록했다. 일순간이고 일사천리의 수순(手順)이었다. 물론 후배와 우리는 그럴만한 친분이 있게 지낸다. 하지만 너무 갑작스러운 일이었다.

그날 후, 아내와 나는 당장 삶의 일상이 바뀌었다. 색소폰 연주를 위해 학원에 다니는 일이 일과가 되었다. 학원 원장의 말에 마음을 단단히 먹어야 했다. 처음부터 시작을 잘 따라서 해야지 가볍게 여기면 소리도 못 낸다고 했다. 끝내 소리를 못 내서 배우기를 접어야 했던 어떤 이의 사례도 있다고 하였다. 내가 내 수준을 잘 아는 터라 속으로 겁이 나기도 했다. 예술적 감각이나 민감도가 둔한 나로서는 자신감마저 떨어졌다. 더군다나 등록된 학원생 중 내가 나이가 제일 많았다. 나이가 대수냐고 하지만 나이가 70이 된 즈음에 염려가 없을 수가 없었다. 얼떨결에 너무 무모한 일을 시작한 게 아닌가 하는 생각마저 들었다. 아내와 나는 동시에 레슨을 시작했지만, 수준의 차이가 컸다. 아내는 음악적인 소질이 남다르고 평소에 갖추고 있는 실력으로 봐서 월등하다. 비유하자면 나는 초등생이고 아내는 중학생쯤 된다. 솔직히 나는 악보도 잘 못 읽는 수준이었다. 학창 시절 내내 제대로 된 음악 공부라고는 해 본 적이 없기 때문이다. 음악에 관한 한 정말이지 나처럼 어쭙잖은 사람이 없다. 전혀 기본도 갖추지 못한 사람이 색소폰을 배우겠다고 하니 한

심하고 우스울 일이었다. 나중에 들은 얘긴데 학원 원장이 내가 끝까지 색소폰을 배울 수 있을까 하는 의문이 들었다고 했다. 어쨌든 우리는 한동안 학원을 열심히 나가 연습에 열중했다. 다행히 며칠도 안 되어 소리를 내기 시작했고 기초적인 여러 연습을 꾸준히 했다. 음계도 짚고 초등학교 동요도 연주했다. 색소폰을 매고 소리를 내어 동요를 연주한다는 게 신기하고 놀라웠다. 드디어 뭔가 되는 듯해서 뿌듯하고 재미있었다. 연습실에 들어가면 두어 시간 정도는 쉬지 않고 땀을 흘리며 열심히 했다. 그러나 학원에 1년 정도 다녔을 무렵 목에 이상 징후가 있어 진료차 연습을 중단해야 했다. 다행히도 큰 문제는 아니어서 몇 달 후 집 근처 학원으로 다시 등록해서 연습을 계속했다. 하지만 얼마 안 돼 코로나19 감염병으로 또 학원을 중단했다. 색소폰 특성상 소리가 워낙 크기 때문에 생각다 못해 우리는 옥탑방에 아주 작은 방음 부스를 설치했다. 부스 안에 연습과 연주에 필요한 간단한 시설도 함께 갖췄다. 아내와 나의 1년 동안 학원비 정도의 경비로 충분했다. 소규모지만 마음 놓고 언제나 편하게 연주할 수 있게 되었다. 부스 설치 여건이 되기도 했지만 기발한 아이디어였다. 개인 연습실로는 대만족이다. 전 세계적으로 코로나19로 인해 한 3년 동안 인류의 삶이 얼마나 큰 타격을 받았는지는 자타가 아는 일이다. 학원에서 레슨이나 연습도 막혀버린 상태였지만 아내와 나는 의지만 있으면 연습에 몰입할 수 있게 되었다. 나는 한여름에도 진땀을 흘리며 밤낮으로 치열하게 연습했다. 연습 외에는 왕도가 없고 노력 앞에는 당할 장사가 없을 거라는 신념으로 최근 몇 년간 색소폰에 빠져 지냈다. 가끔 연주를 녹음, 녹화도 하여 자가 테스트도 하면서 즐기고 있어 재미가 쏠쏠하다. 최근에는 유튜브를 통하여 많이 배우고 비교도 하며 몰랐던 정보도 얻고 있다.

알고 있거나 좋아하는 곡이라면 모두 섭렵하여 연주도 해본다. 옛적 우리가 젊은 시절 유행했던 명곡이나 팝송, 찬송가 복음성가도 이제 색소폰으로 연주한다. 잘하든 못하든지 내가 즐기고 아내와 함께 즐기면 그만이다.

세 딸네와 우리 가족이 지난 2023년 1월 7일에 '가족 음악회'를 열었다. 드디어 공공장소에서 아내와 나는 색소폰 연주 실력을 선보였다. 억지로 자가 만족이었지만 우리는 좋았다. 흐뭇하고 가슴 뿌듯했다. 흔치 않은 가족 음악회였다. 두고두고 잊히지 않을 것 같다.

가끔, 어설프지만 아내와 내가 합주로 몇 곡씩 연주할 때면 더없이 즐겁고 행복한 마음이다.

오랜만에 전에 다녔던 학원 원장께 연락하여 우리 내외의 색소폰 생활의 현황을 알리고 간헐적 지도도 받기로 했다.

생각해보면 아내와 나는 꿈같은 생활을 실현하고 있다. 눈뜨고 의식이 있는 한 모든 게 감사할 뿐이다.

요즈음에는 색소포니스트들의 로망이라는 'Danny boy' 의 연습에 빠져 지낸다. 3옥타브 고음역 대인 알티시모(altisimo)를 극복해야 하는 곡이다. 매우 어렵지만 흉내내려고 애쓰고 몸부림한다. 아내는 1년 동안 연습하면 할 수 있을 거라고 한다. 어느 수준까지는 기어이 해내고 말겠다고 다짐해본다. (2023.5.18.)

생각하기 나름

"할머니! 나 코로나 걸리기 잘했어." 큰딸 외아들이자 우리에겐 외손주인 민서가 전화로 아내에게 한 말이다. "왜?"라고 아내가 물으니까 "학교도, 학원도 안 가고 집에서 맛있는 것 많이 먹으니까 좋아."라고 대답했다. 결혼 12년 만에 얻은 귀한 외손주 민서는 올해 초등학교에 입학한 8살배기다. 3월 2일 날 입학했으니까 한 달도 안 된다. 오미크론이 코로나19의 우세종이 되어 전 세계적으로 급속도로 번지는 가운데 우리나라도 하루에 몇십만 명씩 확진자가 나오고 있다. 최근에는 주변 사람들도 심심찮게 감염 소식을 들려준다. 감염경로도 모르는데 걷잡을 수 없이 확산일로에 있다. WHO에서는 우리나라를 세계 최고 발생 국가로 지목하고 있다. 하루 확진자 수가 가장 많다고 한다. 염려가 적이 팽배하다. 일찍이 경험하지 못한 대재앙을 맞고 있다. 불행 중 다행인 것은 증상이 독감 수준이다는 게 중론이다. 민서도 감염 확진 판정을 받았으나 열만 있고 크게 다른 증상은 없단다. 그것도 약을 먹으면 열이 가라앉고 견딜만하다고 한다. 그래서 어린애라서인지 엄마 아빠가 돌보며 잘 먹으니까 좋아서 할머니에게 코로나19 걸리기를 잘했다고 조잘댄 것이다. 제 엄마 아빠도 같은 생각이라 했다. 2020년부터 세계적으로 코로나 19라는 감염병이 창궐하여 연 3년째로 인류의 삶이 무너져 내리고 있다. 수많은 인명을 앗아갔고 지구촌 사람들의 삶을 영어로 묶어놓고 있다. 아직 어린애의 경우 예방 접종을 실시하지 않은 터라 감염의 걱정이 많았는데 우려가 현실이 되었다. 하지만 증상이 가벼워 다행이다.

그동안 코로나로 인하여 수많은 사람이 죽어간지라 온 나라 사람이 감염될까 봐 벌벌 떨고 있는 가운데 확진 판정은 마치 중형의 선고라도 받은 것같이 여겨왔다. 그런데 막상 감염되어 보니 우려할 정도가 아니라 다행스럽게 여긴다. 특히 어린이의 경우 감염 치유 경험이 있으면 예방접종을 한 것으로 간주한다는 당국의 발표에 차라리 후유 염려가 되는 접종보다 낫다고 생각한다.

민서가 감염되어 어쩌나 하고 걱정과 두려움 속에 지냈는데 견딜 만해서 치료만 잘하면 오히려 괜찮을 것 같다고 생각한다. 차라리 믿음이 안 가는 예방 접종보다 감염되어 완치되는 게 낫다고 제 엄마, 아빠가 말한다. 체내 면역 형성이 될 것이고 접종보다 효과가 좋을 것이라고 한다. 생각의 차이다. 같은 사안을 놓고 해석을 달리하고 어떻게 보고 생각하느냐에 따라 결과에서는 엄청난 차이를 가져온다.

사람이 매사를 어떤 관점에서 보고 생각하느냐에 따라 정반대의 결과로 갈린다. 또 긍정의 생각이 얼마나 큰 성과와 행복지수를 높이는지 모른다. 한가지 외골수로만 생각하면 융통성이 없음은 물론 해결 방안과 답이 없다.

누군가를 사랑하면서도 행복만 생각하는 사랑보다는 기쁨과 슬픔이 공존하는 게 사랑이라는 것을 헤아려 알 때는 행복을 알지만, 슬픔의 순간만을 생각하는 사람은 불행하다.

날마다 오늘 하루를 즐겁고 멋진 날로 만들려는 사람은 행복의 주인공이 되지만 내일부터라고 생각하며 현재의 처한 시간을 놓치는 사람은 불행의 하수인이다.

남들이 볼 때 초가삼간 오막살이 같은 보잘것없는 초라한 집이라도 내겐 편히 쉬고 잘 수 있는 집이 있어 좋다고 생각하는 사람은 행복하지만, 작고 형편없는 집이라서 창피하다고 여기는 사람은 불행할 수밖에 없다.

마음을 다하여 남의 사정을 살피고 이해하는 사람은 이미 행복을 안고 사는 사람이지만, 상대가 자신을 헤아려 이해해주지 않는 것을 섭섭하게 생각하는 사람은 불행이다. 내가 미워하는 사람이 많을수록 행복한 마음은 적어지고 내가 좋아하는 사람이 많을수록 행복한 마음은 쌓인다.

작은 것에도 만족하고 감사할 줄 아는 사람은 행복한 사람이지만 항상 나의 것은 작고 부족하다고 생각하는 사람은 불행을 안고 사는 사람이다. 남의 처지와 형편을 이해하고 인정하는 사람은 행복하지만 자기를 부정하고 비하하는 사람은 열등의식에 사로잡혀 불행을 자초하는 사람이다.

나는 누구보다도 무엇이든 잘 할 수 있다는 자신감을 가지고 자아 수신과 목표를 향하여 정진하는 사람은 행복을 만드는 사람이지만 나태하고 태만하여 게을리 사는 사람은 주변의 복도 인지하지 못하고 불행을 만드는 사람이다. 모든 게 저절로 이루어지는 것이 없고 대가 없이 얻어지는 게 없음을 알아야 한다.

같은 출발선을 출발했더라도 누가 더 지혜롭게 열심히 달렸느냐에 따라 결승점을 먼저 통과할 수 있다. 어떤 일을 앞에 놓고 기쁘고 즐거운 마음으로 대하고 시작하면 분명히 행복의 출발선에서 시작하는 것이지만 짜증스럽고 달갑지 않은 마음으로 시작하면 불행의 출발선에서 일을 시작하는 것이다. 일이 잘될 리가 없다. 몸 안의 질병도 이기지 못할 바에야 친구처럼 더불어 살면서 다스려야 한다는 말도 있다. 매사를 할 수 있다면 좋은 쪽으로 기쁜 마음으로 대하며 살아야 한다. 왜 하필이면 나에게 이런 어려움과 몹쓸 병인가, 하면서 탓하고 한탄만 할 일이 아니다. 이왕 당하고 겪을 일이라면 불평하지 말고 감당하는 게 옳다. 모른 척하고 싶다고 나를 비껴가지 않을 일이라면 기꺼이 맞아 처리하고 해결해야 한다. 모든 일은 다 지나가고 흘러가기 마련이다. 도저히 안 될 것 같았던 일도 시간이 지남에 따라 어떻게든 해결되고 처리된다. 우리가 살아오면서 겪었던 힘들고 어려운 일들도 돌이켜보면 용하게 잘 지나가지 않았던가.

죽음 앞에 초연할 사람 별로 없을 것이다. 그런데 죽음은 누구도 피할 수 없는 인생의 과정이다. 말할 것도 없이 가능한 한 최선을 다하여 죽음에서 멀어지려는 노력을 다하며 사는 게 마땅하다. 하지만 자기의 의지와 뜻대로 할 수 없는 게 죽음이라서 운명으로 받아들이는 게 죽음이다. 수를 다하고 생을 마감하는 순간에도 인생길의 필연적 수순手順으로 여기며 담담하게 죽음을 맞는 사람도 있다. 보통 사람과 다르게 죽음을 인식하는 차이가 있기 때문이다.

인류 역사에 큰 획을 그을 만큼 무서운 감염병, 일찍이 유사한 질병의 사례도 없어 대처도 어려운 코로나19라는 감염병, 짧은 기간에 급속도로 전 세계에 번진 감염병이다. 죽음의 공포 때문에 온 인류가 꼼짝도 못하고 있다. 그렇게 두려운 질병에 걸렸는데 증상이 가볍다는 이유로 차라리 예방접종을 대신한다는 생각으로 잘됐다고 하는 것은 생각의 대전환이다.

처음부터 감염되지 않아야 했지만 감염된 이상 받아들이고 긍정의 요소를 찾는 것도 중요하다. 속속 우리의 삶 속에서 생각의 차이가 정반대의 결과를 가져오는 경우가 얼마든지 있다.

무엇을 대하든 부정으로 보지 말고 긍정으로 보고 생각하는 마음가짐이 필요하다. (2022.3.18.)

서예를 벗 삼아

내가 붓글씨를 시작한 것은 초등학교 시절로 거슬러 올라간다. 당시 6학년이었던 단기 4293년(서기 1960년) 8월 26일 자로 받은 상장을 지금까지 소지하고 있다. 내용을 보면「동진 초등학교 교내 제1회 학생 작품 전시회」에서 습자부 특선을 했다. 물론 한글 붓글씨였다. 무슨 내용을 썼고 얼마나 잘 썼는지는 모르고 기억도 없다. 아무튼, 당시에 심사 선생님이 보시기에 작품이 그런대로 괜찮았나 보다. 그때 수상이 계기가 되어 붓글씨에 취미를 붙이기 시작한 건 맞다. 초등학교를 졸업하고 곧바로 중학교에 진학하지 못하고 서당에서 한자를 배웠다. 먹을 갈아 붓으로 쓰고 익히는 방식의 공부였다. 한학을 하신 마을 어른으로부터 매우 엄하게 배웠다. 날만 새면 밤늦도록 한자를 외우고 쓰는 게 일과였다. 하루 동안 익힌 한자를 다음 날 아침에 외우고 써내어 통과해야 다음 진도를 계속할 수 있었다. 잘못하면 엄한 꾸중과 함께 회초리도 맞았다. 당시 서당 가족 중에 내가 제일 나이가 어려 잔심부름을 도맡아 하곤 했다. 지금 생각하면 추억이지만 당시에는 숨도 크게 못 쉬는 쉽지 않은 일이었다. 하지만 한 획 한 획 받아 쓰고 외우면서 뜻을 알아가는 게 오묘하고 재미가 있었다. 선생님은 엄하셨지만, 풍류가 있는 멋쟁이셨다. 가끔 배우는 우리에게 제목과 소재를 주시며 한시를 짓게 하셨다. 나름대로 저마다 생각한 한시漢詩를 지어내면 일일이 심사하시고 장원과 차상을 뽑아 치하하셨다. 점점 공부할 맛이 나고 재미가 붙었다. 천삼백 자를 모두 익히고 나면 선생님께 처음부터 끝까지 보지 않고 외우고 써서 제출해야 했다.

길지 않은 기간이었지만 나는 이때 붓글씨에 대한 매력에 빠졌었다. 손의 힘을 붓에 전달하여 강약으로 획을 만들고 먹의 농담으로 특유의 음영까지 나타내는 붓글씨가 그렇게 좋을 수가 없었다. 어떻게 표현할 수 없는 마음속 희열을 맛볼 수가 있었다. 이상하리만큼 기분이 좋고 기쁨이 넘쳤다. 붓을 잡으면 시간 가는 줄 모르고 몰입하곤 했다. 묘하게 흐뭇한 감정이 자꾸만 붓을 잡게 했다. 자기도취와 자가 만족에 행복했던가 보다. 서당에서 한자 공부를 한 덕분에 중학교에 가서는 국어 낱말 공부가 저절로 되기도 했다. 한자가 뜻글자라서 낱말 풀이가 따로 필요 없었다. 공교롭게도 나는 중고등학교 시절에 학교 교육으로 한문 과목이 없어서 서당 시절 배운 게 한문 공부의 전부였다. 공교육 과정에 한문을 배울 기회가 없었음은 매우 아쉬운 대목으로 남았다. 당시 교육당국의 우왕좌왕하는 일관성 없는 정책으로 비껴간 경우가 우리 세대였기 때문이다.

서당 공부 시절 말고는 붓을 잡을 기회가 많지 않았다. 학교생활에 매달리다 보니 별도로 시간을 내서 붓글씨를 쓴다는 게 쉽지 않았다. 어쩌다 1년에 한두 번씩 연습 삼아 붓을 든 정도였다. 겨우 제삿날 지방 쓰기나 봄이면 입춘 첩을 쓸 때 붓글씨를 썼다. 지금 생각하면 좀 우습지만, 입춘 첩을 쓸 때면 동네 이웃집들의 몫까지 많이 썼던 게 기억난다. 중학시절 어린 나이였는데도 그랬다. 예나 지금이나 붓글씨 쓰는 사람이 많지 않아서 아쉽지만 꿩 대신 닭이라 생각하고 내게 맡겨 쓰게 했을 거다.

고등학교 시절은 거의 붓글씨 쓸 기회가 없었다. 방학 동안에 며칠 정도 연습하고 친구의 부탁에 따라 마지못해 붓을 든 정도가 고작이었다. 고등학교 3학년 재학 시 공무원 시험에 합격하여 초임으로 부안군청에 근무할 때 읍내 저명인사였던 선생님께 사사 받았다. 아침 일찍이나 퇴근 후에 시간을 내어 지도받았다. 정식으로 배우고 제대로 써보자는 마음에 바쁜 가운데도 열심을 보였다. 한동안 명맥을 이어가며 배우고 익혔다. 붓글씨를 쓴다는 게 간단한 일이 아니다. 번거롭기 일쑤다. 일정한 공간도 필요하고 먹을 갈고 붓과 종이도 챙겨야 하는 등 신경 쓰는 게 많다. 그래서 마음먹는다고 해서 어디든 아무 때나 쓸 수가 없다. 나는 부안군청에 근무할 때는 물론 마흔이 다 될 때까지도 셋방살이 신세를 면하지 못했다. 따라서 비좁은 공간에서 붓글씨를 쓴다는 것은 제약이 많았다. 여건이 못되었고 늘 마음에 아쉬운 희망에 불과했다. 주제넘은 취미고 로망이었다. 전북도청에 근무하면서는 각종 행사에 붓글씨가 필요로 할 때면 글씨를 썼다. 특히 각종 공무원 시험 시 고시 장소인 학교나 관공서 정문 표지주標識柱에 붙이는 대형 고지문은 내가 도맡아 썼다. 또 도내 몇 군데 교량의 교명도 썼는데 가끔 그런 곳을 지나다 보면 감회가 새롭고 마음에 안 드는 글씨에 아쉬움도 있다. 이외에도 학교 동문회나 향우회의 현판 글씨도 청탁받아 쓰기도 했다. 젊은 시절 당시에는 해가 바뀌면 새해 인사로 카드나 엽서 등으로 안부 인사를 하는 게 통례였다. 그때마다 나는 화선지에 붓글씨로 인사 말씀과 삽화를 넣어 보내는 예를 갖추곤 했다. 그 시절, 나를 아는 지인들은 으레 나는 그런 연하장을 만들어 보내는 사람으로 알고 지냈다.

여건이 허용하는 한 틈나는 대로 전시회도 가보면서 견문을 넓히려고 노력을 많이 하며 지낸다.

살면서 서예에 명맥을 이어온 까닭에 그동안 서예 자료는 참 많이도 갖추고 있다. 수십 자루의 붓은 물론 관련 서적, 낙관, 문인화용 물감과 도구 등이 서재에 가득하다. 유명인의 도록과 작품도 소장하고 있다.

퇴직하고 난 뒤로는 시간적 공간적 여유와 함께 마음만 있으면 서예 연습을 할 수 있게 되었다. 옥탑방 한쪽에 상시 작업할 수 있는 채비를 갖추고 틈나는 대로 습작을 짓고 있다. 오랜 염원이 이루어진 셈이다. 그동안 하고 싶었던 분야인 사군자, 문인화도 열심히 연습하고 있다. 유명인의 작품과 강의도 들으며 폭넓게 견문도 넓히고 있다. 어쭙잖은 실력이지만 지난해에는 화선지와 공 부채에 작품도 꽤 만들었다. 아마추어 작품이지만 여러 지인께 선물했더니 좋아하는 반응을 보이기도 했다.

취미로 해온 서예지만 생각해보면 평생 손을 놓지 않고 이어온 셈이다. 적극적, 본격적으로 몰입하지 않아 전문가의 반열에 있지는 않지만 내가 좋아서 하는 일이라 자기 만족하며 지낸다. 가끔 붓 들고 연습에 열중하다 보면 정신이 집중되어 시간 가는 줄도 모르고 무아지경에 빠진다. 잡념도 싹 사라지는 게 진통제 같다. 정신적으로 몰입할 수 있는 더없이 좋은 취미 생활이라 여긴다. 지금까지도 그랬지만 앞으로도 작품을 출품하여 드러내 보이고 싶지는 않다. 작품이랄게 못 되고 보통사람이 혼자 좋아서 하는 습작 수준이기도 해서다. 혹자는 어쩌면 나의 수준 이하의 작품을 '서예'라고 이름하는 것을 만용으로 여길지도 모른다. 그러나 개의치 않는다. 누가 뭐라든 서예는 내 생에 있어 면면히 더불어 이어온 벗이고 하나의 동반자다. (2023.5.21.)

저절로 되는 것은 없다

"당신! 식사하고 오후에는 청소 좀 해요. 위층 옥탑방의 진열된 상패들이랑 곳곳에 놓인 것들 다 물 묻은 걸레로 한번 닦고 마른걸레로 닦아서 다시 진열해요."

아내의 거의 명령형 말이다. 솔직히 내키지 않았지만 그러겠다고 했다. 그보다 나는 글을 쓰려는 참이었다. 청소하는 요령을 말한 뒤 챙겨주는 걸레를 들고 옥탑방으로 갔다. 두 사람 정도 되는 단출한 세대는 살 수 있을 만큼 좁지 않은 통으로 된 큰 방이다. 애초에 나는 이 집으로 이사 와서 이 방에 대한 기대로 마음이 부풀었었다. 벽이고 천장은 물론 등 커버까지 모두 나무판자로 다 치장하여 자연 친화적이고 고풍스러운 분위기가 아주 감동적이었기 때문이다. 옛날 사면四面에 엷은 백지를 발라 그 안에 호롱불을 켰던 등을 그대로 연출하여 천장에 매단 예쁜 등 아래에 책상을 거치하고, 책상 위에는 각종 필기도구 등 문구를 챙겨

놓았다. 또, 책상 중앙에는 내가 즐겨 읽어야 할 책과 매일 조금씩 읽겠다고 다짐하며 새로 산 성경책을 펼쳐 놓고 돋보기도 준비해 책 옆에 두었다. 그리고 스스로 이 방을 나의 창작 공간이라고 명명하였다. 혼자서 생각하고 책 읽고 글쓰기에는 이만큼 좋은 공간도 드물 것이다. 내가 평소에 바라던 더없이 좋고 만족해하는 공간이다.

이외에 수납공간도 있어 세간에 필요한 잡다한 물건들을 이것저것 다 넣어 두고 있고, 노출된 공간 이곳저곳에는 여러 가지 물건들을 진열하거나 매달아 실내 분위기를 멋스럽게 꾸몄다. TV, 음향기기, 액자, 사진, 스무 개가 훨씬 넘는 각종 상패와 명패들, 화초 분 등이 적재적소에 조화롭게 걸리고 놓여 있어 나름대로 분위기가 그럴싸하다. 나와 아내는 항상 이 방을 만족스럽게 생각하고 흐뭇하게 여긴다.

옥탑방 아래층의 우리가 기거하는 공간도 방이 세 개나 되고 거실과 주방이 있어 만만치 않은 공간이다. 4층까지 늘 계단을 오르고 내리기가 때로는 힘들어서 그렇지 항상 감동하고 만족해하는 집이다.

그런데 이렇게 실내 환경이 아름답고 멋스러운 좋은 집이 사흘이 멀다고 청소를 할 때는 큰 짐이고 고역이다. 주로 아내와 나 두 사람만 사는데도 며칠만 지나면 청소를 해야 한다. 늘 치우고 정리하며 사니까 대청소할 것은 별로 없다. 문제는 먼지다. 움직이는 사람은 둘뿐인데 왜 그렇게 먼지는 많이도 날아다니고 쌓이는지 모르겠다. 눈이 더 어두워지면 안 보일는지 우리 눈에는 늘 집안에서 먼지만 보인다. 아주 먼지와의 전쟁이다. 나는 무디지만, 아내는 원래 신경이 날카롭고 예민하기로 유명하다. 내 눈에는 안 보이는 것을 아내는 잘도 본다.

우선 큰 진열품부터 차분하게 마음먹고 질펀하게 주저앉아서 하나씩 젖은 걸레로 닦고 이어서 마른걸레로 아내가 일러준 요령대로 닦는다. 그렇게 하지 않으면 나중에 아내의 청소 검열(?)을 통과하지 못한다. 그렇지 않아도 청결에 관해 아내와 나의 기준이 달라서 충돌하고 입씨름하기가 일쑤다. 청결은 아무리 강조해도 지나치지 않는 것이라서 요즘은 나도 아예 이왕 하는 것 꼼꼼히 잘하자는 주의다. 그래도 수준의 차이가 있곤 한다. 어쩔 수 없는 한계지만 극복하려고 노력한다.

책상 위에 놓인 문구의 위치를 바꾸어 새롭게 배치하고 성경책을 고쳐 놓으며 펼쳐진 면面을 보니 언제 읽고 안 읽었는지 넘겨지지 않은 지가 오래인 것 같다. 또 작심삼일의 흔적을 본 것이다. 책상 끝 언저리에 놓인 '공학박사 석인수'라고 쓰인 명패를 닦으면서 생각이 수십 년 전으로 곤두박질쳤다. 학위를 받을 때 기념으로 지도 교수께서 해주신 명패다. 많은 명패와 상패 중 내가 가장 소중하게 여기는 명패다. 살아온 과거가 주마등처럼 스쳐왔다. 나는 초등학교를 졸업하고는 여러 가지 가정 형편상 휴학과 진학을 반복하면서 징검다리 식으로 학업의 명맥을 이어 겨우 공업 고등학교를 마쳤다. 정규 학교에 다닌 것은 이것이 끝이었다. 고등학교 3학년 초에 공무원 시험에 합격하여 공직 생활을 시작한 나는 상급 학교에 진학하고 싶은 마음이 언제나 떠나지 않았다. 뜻이 있으면 길이 있다는 말이 맞는 것인지 군軍에서 전역한 이듬해인 1974년에 당시 2년제 초급 대학 과정이었던 한국방송통신대학교에 입학하게 되었고, 수년 뒤에 5년제의 학사 학위 과정으로 개편된 본 대학에 편입하여 마침내 1985년에 제1회로 행정학사의 학위를 받게 되었었다. 그동안 나에게는 많은 난관이 있었지만, 악전고투 속에서도 어렵게 일궈낸 하나의 쾌거였다. 이것이 후일 내가 박사 학위를 받게 한 중요한 매개였다. 학사 학위가 없으면 석 · 박사 과정의 진학은 아예 불가능하기 때문이다. 그래서 고등학교 동기생들이 학사 학위 기념으로 만들어 준 패가 오래되어 볼품없지만, 나에게는 유일하고도 소중한 것이라서 지금까지 보관하며 관리하고 있다.

나는 바쁜 공직생활 속에서도 계속 진학의 기회를 엿보다 전액 국비로 석사 과정을 이수하고 1994년에 전북대학교에서 공학석사 학위를 받았고, 2003년에는 꿈에도 그리던 공학박사 학위를 원광대학교에서 수여받는 영예를 안았었다.

고등학교를 졸업한 지 30여 년 만에 일궈낸 결과였다. 그동안 강산이 몇 번 바뀌었고 내 인생도 중년을 넘어 노년으로 접어든 세월이 흘렀다. 영광보다는 수난의 인생 역정이었다. 여러 가지 악조건 속에서 온갖 세파에 시달리고 부대끼며 살아왔다. 항상 후회 없는 삶을 살자며 그때그때 상황에서 최선을 찾아 있는 힘을 다하며 살아왔다. 인생에 정답이 어디 있겠는가마는 양심에 호소하며 정도를 분별하여 곁가지 길은 넘보지 않으려고 안간힘을 쓰며 살았다. 어쩌면 공학박사라고 써진 이 명패가 나의 수난 많았던 학업의 응축된 과정을 담고 있는지도 모르겠다.

학업이 끝이 있겠는가? 학위를 받으면서 나는 내 인생에 또 하나의 벽돌을 쌓는다는 심정으로 정진하겠다고 자신에게 약속하며 다짐했었다. 나는 앞으로도 어떤 방향으로 어떤 형식을 가지고 살지라도 그 틀을 유지하며 살고자 한다.

일일이 진열된 물건들을 불고 닦고 매만지면서 시간이 많이 지나갔다.

"아직 멀었어!" 아내가 아래층에서 지금껏 뭐 하고 있느냐는 듯이 말했다.

"어! 거의 다 됐어."

늦장 부리던 일을 서둘렀다. 원래 땀 많기로 유명한 나는 온몸에 땀으로 범벅이 되었다. 이윽고 내 기준(?)에 맞는 수준까지 청소를 마쳤다.

출입문을 닫으려다 방안을 훑어보았다. 깨끗하고 말끔했다. 기분이 아주 상쾌했다.

나는 속으로 중얼거렸다. "뭐든지 사람 손이 닿아야 한다니까."라고

하고 싶은 일도 노력하지 않으면 안 되고 아름답고 좋은 환경도 애쓰고 힘써서 만들지 않으면 안 된다. 건강도 귀찮지만 움직이고 활동해야 지키고 관리할 수 있다. 생각해보면 대가 없이 되는 것은 한 가지도 없다. 절대로 공짜가 없는 것이 세상의 이치다. 그런데도 사람들은 노력 없이 무엇을 얻으려다 낭패당하고 일을 그르친다.

저절로 되는 것은 없는데…. (2014.5.20.)

제4부

별

기준

'그저께 청소했는데 또 청소야!' 청소하자는 아내의 말에 다소 불만 섞인 내가 볼멘소리로 한 말이다. '무슨 소리야! 청소는 날마다 하는 것이지.' 아내가 맞받았다. 일상에서 자주 부딪히는 대화다. 한 번 청소를 시작하면 2시간이 조금 못 미치게 걸린다. 하기 나름이겠지만 보통 수준의 청소로 그렇다. 아내와 나 두 식구가 사는데 뭐 그리 자주 하느냐가 내 생각이다. 그런데, 아내는 일상에서 옷을 입고 벗고, 왔다 갔다 하는 활동에서 먼지나 티끌 같은 게 얼마나 많이 일어나는지 아느냐고 한다. 또 환기를 위해 문을 여닫을 때 밖에서 유입되는 황사 등 미세먼지가 눈으로 볼 수 없지만 많다고 강조한다. 자기가 걸레질해보면 안다고 한다. 그의 논리와 하는 말이 모두 옳다. 조금 별난 일을 한 때는 격일로 청소하자고도 한다. 아내는 청결에서는 타의 추종을 불허한다. 언제든지 틈만 있으면 구석구석 틈틈이 보고 불고 닦는다. 타고난 천성이고 몸에 배어있다. 아무리 피곤해도 마음이 꺼림칙하면 깨끗하게 해야 개운하고 피로도 풀린다고 한다. 내가 생각하기로는 아직은 아닌데도 막무가내로 청소를 강조한다. 청소를 날마다 아니 하루에도 몇 번씩 하면 안 되고 큰일 나는 것은 아니다. 아무리 강조해도 나쁠 게 없고 좋을 것이다. 하지만 매사가 과유불급이고 중용의 문제다. 긍정과 부정의 효과가 있을 것이다. 그리고 사안을 바라보고 생각하는 주체의 견해와 객관적인 기준에 따라 다르기 마련이다. 집안일과 일상이 청소만 있는 게 아니지 않은가. 사람 산다는 게 개인적으로 하고 싶은 일이나 해야 할 일도 있지 않은가. 나름대로 무엇을 계획하고 생각했다가도 청소 등 잡다한 일에 시간을 뺏겨 무산되는 경우가 많다. 그 일이 항상 당위성이나 우선순위에서 우위에 있어서 말도 못 한다. 그럴 때마다 내색 못 하고 쌓이는 작은 불만이 적지 않다.

더군다나 내가 한 청소를 아내는 신뢰하지 않으려 한다. 나는 한다고 열심히 하는데 대부분 아내의 눈에는 양이 안 찬다. 아예 청소 결과를 아내에게 검사(?)받기가 일쑤다.

어느 날엔가 빈번한 청소 문제로 내 불만을 토로했다. 청소의 범위와 횟수, 정도 등이 당신과 내가 가지고 있는 견해와 기준이 다르다고 했다. 그 말을 듣는 순간 아내는 잠시 멈칫하더니 맞는 말이라고 했다. 무심코 별생각 없이 내뱉은 말인데 내가 생각해도 맞는 말을 한 것 같았다. 그러니까 조금씩 양보하고 절충하여 조절하고 이해하자고 했다. 세 살 버릇 여든 가고 몸에 밴 직성이 쉽게 누그러지지는 않겠지만, 최근 들어서 마음으로는 이해하고 양보하는 모양새다. 어디서 그런 핑계 댈 절묘한 말을 생각해냈는지 모른다고 한다.

'오늘 청소는 만점이요. 이제 집으로 돌아가도 좋아요.' 내가 초등학교 시절 담임 선생님으로부터 습관처럼 들어온 틀에 박힌 말이다. 그 시절 학급 학생 수가 대개 60명을 웃돌았는데 5~6개 정도의 분단으로 나뉘어 학교생활을 했다. 교실 청소도 분단 별로 매일 돌아가면서 실시했다. 청소를 마치고 나면 으레 담임 선생님께 청소 검사를 받아 잘됐다고 하셔야 퇴교할 수 있었다. 어떤 때는 미흡하다면서 다시 하라고도 하셨다. 상급 학년으로 올라가 담임 선생님이 바뀔 때마다 검사하고 판단하시는 기준이 달랐다. 꼼꼼하게 구석구석 살피고 점검하시는 분이 있는가 하면 일별하여 훑어보시고 결과를 좋다고 말해 주시는 선생님도 계셨다. 결론적으로 개인차에 의하여 같은 내용의 청소가 좋게도 미흡하게도 평가될 수 있었다. 역시 이 또한 평가 주체의 견해와 기준에 따라 결과가 달라질 수 있음을 보여주는 사례라 할 수 있다.

미국 연준聯準은 연방 준비 제도(Federal Reserve System), 즉 미국의 중앙은행이다. 미국 정부로부터는 철저한 독립성을 보장받고 있다. 가장 중요한 기능은 미국 달러의 발행이며, 그 외에 지급 준비율 변경, 주식 거래에 대한 신용 규제, 가맹 은행의 정기 예금 금리 규제 등이다. 미국의 화폐 달러가 세계 기축 통화로 쓰이는 만큼, 미 연준의 금융 관련 결정은 미국 및 세계 경제 전반에 영향을 미친다. 요즘 세계 금융시장은 미 연준에서의 기준금리 인상과 인하에 따라 크게 요동치는 듯하다. 금리 인상을 놓고 이른바 베이비 스텝이냐, 빅 스텝이냐, 자이언트 스텝이냐에 따라 각국의 금리 조정에 영향을 미친다. 세계 금융 시장의 금리 인상 인하의 기준이 미 연준의 기준에 따라 움직인다고 봐야 할 것 같다.

우리나라에서도 미 연준의 기준 금리 조정에 따라 여러 경제 사정을 고려하여 중앙은행인 한국은행이 금리를 조정한다. 이처럼 미 연준의 금리 기준은 세계 금융 시장에 절대적인 영향을 미친다. 얼마나 기준의 설정이 중요한가를 보여주는 대목이다.

각종 자격시험의 합격을 결정하는 기준은 또 어떤가. 과목별 일정한 기준 점수와 전 과목 평균의 기준 점수에 따라 합격 여부를 가른다. 기준의 설정이 달랐더라면 합격 여부도 다를 건 뻔한 일이 아닌가.

질병의 경중을 따지는 기준도 마찬가지다. 기준치 얼마 이하면 괜찮고 이상이면 위험하다. 대기질의 기준도 그렇다. 가이드 라인을 정해놓고 적부를 판단한다. 식품의 유해물질의 함량도 기준치를 정해놓고 허용 여부를 따진다. 아동의 취학 연령도 적령 기준을 정하여 취학 통보를 하고 각급 학교의 수학 연한도 기준을 정하여 수료를 인정하고 있다.

자동차도 종류별로 승차 정원을 기준을 정해놓고, 여객선을 비롯한 각종 배에도 승선 인원의 기준이 있다. 각종 스포츠 경기 인원도 기준을 정하여 참여하고 경기한다. 각종 게임과 놀이에도 규칙과 기준이 있어 엄격하게 운용한다.

따지고 보면 우리 인간의 삶 모든 분야에는 기준이 다 있다. 어느 것 하나 기준에 의해 움직이고 운용되지 않는 게 없을 정도다. 각종 기준은 사람이 설정한 것이다. 인간이 살아가는 데에 필요한 불가분의 척도라

할 수 있다. 자연스럽게 관행처럼 만들어진 것도 있고, 많은 관찰과 실험, 경험을 토대로 정한 것도 있다.

기준, 어떤 일의 가장 밑바탕이 되는 본보기라 할 수 있다. 무슨 일의 기준을 정하는 것은 얼마나 중요한가는 말할 필요도 없다. 모든 게 그 정해진 기준에 따라 행동하고 결정하고 평가하기 때문이다. 우리는 좋든 싫든 간에 삶의 현장에서 각종 기준에 맞춰 살아야 하는 게 현실이다. 삶을 영위함이 온갖 기준에 의해 돌아가고 얽매인 것 같은 생각이다. 그러므로 매사에 기준을 정함에 있어 여러 요소를 잘 검토하고 분석해서 신중하게 결정해야 할 일이다. 애매하고 모호한 기준은 시비를 불러올 수 있다. 따라서 모든 기준은 공평하고 보편타당하면서도 명확해야 할 것이다. 기준이 인생살이의 행 · 불행을 가르는 갈림길이 될 수도 있기 때문이다. (2023.4.9.)

미세한 차이

'아' 다르고 '어' 다르다는 말이 있다. 같은 사안을 두고 어떻게 표현하느냐에 따라 의미와 뉘앙스가 다르다는 말이다. 또 그뿐만 아니라 말할 때의 감정과 표정, 억양과 톤이 어떠냐에 따라 상대가 받는 느낌과 수용의 정도가 달라진다. 얼마나 중요한 요소인지를 절감한다. 하지만 잘 알면서도 사람마다 제각각이어서 천차만별이다. 살면서 생활 속 언어가 삶을 주도하는 것을 간과할 수 없다. 말 한마디로 천 냥 빚을 갚는다는 말도 있다. 흔히 말재주가 있다, 없다고 하지만 꼭 그렇게만 치부할 일이 아니다. 물론 천성적으로 물려받거나 자질의 차이는 다소 있을 수 있지만, 단정 짓고 포기하여 선천적인 원인으로 돌릴 일은 아니다. 자기의 진솔한 감정이나 뜻을 상대에게 정확히 전달하는 것처럼 필요하고 중요한 게 없다. 심지어 잘못하면 사실을 왜곡되게 전달할 위험까지 있다. 사소하고 지극히 작은 것 하나가 오해를 불러일으켜 돌이킬 수 없는 결과를 가져온다는 것을 생각하면 무섭고 끔찍하기까지 하다. 예를 들어, 전시戰時에 암호를 사용하여 작전 지휘를 한다고 할 때 1을 11로 잘못 사용했다면 병력이 전방에서 후방으로, 전진에서 후퇴로 이동하는 치명적인 결과를 초래할 것이다. 또 점 하나 잘못 찍으면 전주全州가 진주晉州로 되어 장소를 잘못 제시하는 엉뚱한 일이 벌어질 것이다. 점 하나 획 하나가 부른 재앙이 될 것이다.

이왕 사례를 들었으니 인터넷에 회자 되는 예를 몇 가지 인용해보자. '고질병'에 점 하나 찍으면 '고칠 병'이 된다. 못 고쳐서 고통받는 지병이 고칠 수 있는 병으로 바뀐다. 놀라운 변화다. 마음 '심心'자에 한 획을 빗 그으면 반드시 '필必'자가 된다.

영어로 '불가능하다'란 뜻의 Impossible이라는 단어에 점 하나를 찍으면 I'm possible이 된다.

부정적인 의미를 지닌 단어가 가능하다는 긍정의 문장으로 바뀌면서 정반대의 뜻을 나타낸다.

또 '빚'이라는 글자에 점 하나를 찍어보면 '빛' 이 된다. 빚이 있으면 마음이 무겁고 우울하고 어둠이 있지만, 점 하나를 보태니 밝은 빛으로 변했다. 채무가 있어 어두웠는데 서광의 빛으로 바뀌었다. 대중가요든가 '님'이라는 글자에 점 하나만 찍으면 도로 '남'이 되고 '돈'이라는 글자에 받침 하나 바꾸면 '돌'이 된다는 가사도 있다. 그러면서 이 가사는 점 하나에 울고 웃는 장난 같은 인생사라고 되어 있다. 영어 문장 'Dream is nowhere. (꿈은 어느 곳에도 없다)'가 띄어쓰기 하나로 'Dream is now here. (꿈은 바로 여기에 있다)'로 바뀌었다. 꿈은 어디에도 없다고 낙망하다가도 글자 사이를 한군데 띄우니까 절망이 희망으로 바뀌는 긍정의 의미로 문장이 바뀐 거다. 위의 예를 보면 누가 생각해낸 건지 모르나 참으로 절묘한 예이다. 글과 말의 묘미기도 하지만 어떻게 발견했는지 감탄이다. 문제는 점 하나, 한 획, 한 칸의 차이다. 그게 놀라운 변화와 결과를 가져온 거다. 불가능한 것도 한순간 생각을 달리하고 마음을 바꾸면 가능해진다는 실증 사례다.

간발間髮의 차이란 말이 있다. 원래 이 말은 일본말인데 우리말로 쓰이고 있다고 한다.

머리카락 하나 사이란 뜻으로 아주 미세한 차이를 나타낼 때 쓰는 말이다. 우리 생활에서 순간이나 찰나 같은 미세한 차이로 내용이 갈리는 경우가 너무나 많다. 참으로 가늠하기 어려울 정도로 또는 계량하기 힘들 정도로 초미세한 차이가 성패를 좌우하지 않던가. 비록 미세한 차이라고 하지만 결과는 엉뚱하고 냉엄하다.

육상경기에서 1초의 차이는 너무 크다. 1초의 1/100이 승부를 가른다. 1초 이하의 차이로 순위가 결정되고 1, 2등이 판가름 난다. 금메달이고 은메달이라는 엄청난 결과가 나온다. 정말 표현하기조차 어려운 초미세한 차이가 1등과 2등이라는 순위를 결정짓는다. 간발의 차이도 아니지만 엄연한 현실이다.

각종 입사나 입시, 자격시험에서도 그렇다. 1문제, 1점의 차이로 합격과 불합격으로 갈린다. 사실 1문제, 1점이 갖는 비중이 그리 크고 중요하지 않을지 모르나 순위를 매기고 당락을 결정할 때는 결정적인 역할을 한다.

2022년 3월 9일 치러진 제20대 대통령 선거 개표결과를 보면 총투표자가 33,760,311명이고, 1위와 2위와의 표차는 247,077표(0.73%)였다. 사실 투표자 수에 비하면 1%도 안 되는 표차다. 따라서 국민과 언론에서는 초박빙, 미세 또는 근소한 차이라고 했다. 모두 맞는 말이다. 하지만 결과를 보자. 아주 적은 표 차이지만, 1위는 대통령에 당선되고 2위는 낙선되었다. 2위라는 게 의미가 없다. 당선이냐 낙선이냐의 차이다. 이렇듯 결과는 엄청나고 냉엄하게 갈린다.

나는 공학을 전공했고 평생 공직자로 근무했다. 그래서인지 설렁설렁, 대충은 안 되는 성격이다. 매사가 정확하고 확실하다고 생각될 때 인정하고 추진하는 습성이 몸에 배어있다. 공직을 수행할 때도 항상 이것이 최선이고 최상인가를 염두에 두고 생각하고 점검하곤 했다. 업무를 처리할 당시에는 그렇게 검토하고 신중하게 처리한다고 하지만 후일 감사나 검사를 통하여 점검하면 흠결이 발견되는 때가 더러 있었다. 꼼꼼하게 챙기고 세심하게 신경 써 처리해도 나중에 발견되는 문제가 종종 있었다. 특히 오 · 탈자나 적용의 잘못으로 예산의 손실과 낭비도 있었다. 더욱이 법과 원칙을 중시하는 감사 부서에 상당 기간 근무하면서부터 내 성격은 바르고 곧아야 하는 정도(正道)만을 추구하는 사람으로 변하기도 한 것 같다. 원래도 강직한 데가 있는데 직무까지 정확해야 하는 일을 평생 한 탓에 정확하고 확실해야만 하는 성격이 배어있다. 그 때문에 어떤 때는 자신에게도 불편하고 힘이 든다. 같이 사는 사람도 피곤하고 주변 사람도 이해 못 하는 경우가 많다. 잘 따지고 캐묻고 확인하는 버릇이 있다. 특히 공학은 대충이라는 게 용인되지 않는다. 거의 맞는 것은 맞는 게 아니다. 엄격히 말하면 틀린 거다. 꼭 맞고 정확히 맞아야 한다. 물론 매사가 오차가 있을 수 있지만 괜찮은 것은 아니다. 한때 대학에서는 재료 공학과 실험 실습을 강의하기도 했다. 이 교과목 내용 역시 정확 정밀을 요구하는 과목이다.

내 딴에는 정의와 공정, 상식과 원칙을 부르짖고 강조하며 중요시하고 산다. 기댈 곳 없는 내가 이런 자세마저 견지하지 않았다면 냉엄한 사회에서 버티고 살아남지 못했을 거다. 얽히고설켜 복잡할수록 법과 상식, 원칙대로 처리해야 하는 이유다.

물론 세상 모든 일을 곧이곧대로 바라보고 처리해야만 하는 것은 아니다. 두루뭉술하게 넘어가야 할 일도 많다. 알면서도 모른 체하고, 보고도 못 본척해야 하고 듣고도 못 들은척해야 하는 일도 많다. 사사건건 시시콜콜 따지고 원칙만 찾으면 정상적이고 원만한 삶을 살 수 없는 게 인생사다. 사안에 따라 적절하게 대처하는 삶의 지혜가 필요하다. 그래야 사람 냄새도 나고 사는 맛도 난다. 그렇다고 당락을 가르고 합격 불합격을 가르며 1, 2등을 다투는 불꽃 튀는 경쟁을 건성으로 적당히 할 수는 없지 않겠는가. 결정권 내에 들기 위한 사투와 같은 일에 촌음, 촌각을 허투루 할 수는 없다. 사력을 다하여 진력하고 열정을 다 쏟아야 한다. 우리네 삶 속에는 미세한 차이와 간격으로 성패가 갈리는 경우가 많다. 미세한 차이가 인생을 운명적으로 바꾸는 결과를 가져온다. 아주 작은 차이로 인생살이의 걸림돌이자 새로운 인생으로의 디딤돌이 되는 것을 가볍게 여기지 않았으면 한다. (2022.3.20.)

별

일몰이 되면 해가 지구 저편으로 떨어져 빠져버리고 낮 동안 독차지하고 세상을 비추던 햇빛도 자취를 감춘다. 그렇다고 세상이 사라진 것은 아니다. 사람이 눈을 감아버린 것도 아니다. 어둠이 세상을 가리고 있을 뿐이다. 밤이라서 그렇다. 밤이 지나거나 어둠이 가시면 다시 환한 세상이 보일 것이다.

낮에 고개를 들어 하늘을 보았지만, 해 외에는 아무것도 볼 수 없었다. 낮에 본 그 하늘인데 밤에는 해는 간데없고 무수한 별이 보인다. 달도 보이지만 항상 그 모양을 유지하지는 않는다.

일몰 뒤엔 까만 밤이 되지만 칠흑같이 천지가 어둡지는 않다. 발광체인 달과 별이 밤의 어둠을 뚫고 빛을 내뿜고 있기 때문이다. 별이 빛나는 밤하늘은 황홀하다. 원근으로 드러내는 별빛은 눈을 뗄 수 없을 만큼 눈부시다. 블랙홀로 빠져드는 착각을 하게 된다. 환상 같다. 흩뿌려진 별들이 밤하늘을 수놓아 반짝인다. 스크린에 레이저 광선이 유영하는 듯 별빛이 흐른다. 별을 향해 한참을 바라보노라면 별빛에 몽롱하게 취하여 하늘로 빨려 들어가는 듯 심신이 부웅 뜬다.

짐작할 수 없는 천문학적인 거리인데 밝기가 얼마나 세면 여기까지 비치는 것일까? 무엇이 그런 강한 에너지를 갖게 할까? 참으로 신기하고 신비롭다. 우리가 사는 지구도 다른 행성에서 보면 빛을 발하는 별이라고 생각할텐데, 실감이 나지 않는다. 감으로 알 수밖에 없는 우주의 베일을 어떻게 감지하고 이해해야 좋을지 모르겠다.

별은 어두워야 빛난다. 밝은 낮에는 보이지 않는다. 어둠이 없기 때문이다. 아무리 별이 밝기를 원하지만, 밤이란 배경 없이는 제대로 빛을 발할 수 없다. 어둠 또한 별빛을 이길 수 없다. 밝기로 말하면 빛을 어둠이 거스를 수 없다. 밤과 어둠 그리고 별은 서로를 위하여 불가분의 필수 상관관계이다.

보석을 흩뿌린 듯한 별들을 바라보노라면, 만 가지 상념이 창공으로 나래를 편다. 새삼스레 별의 이야기들이 영상화되어 온 뇌에 가득 피어난다.

별은 빛이다. 수많은 별이 모두 빛을 발한다. 그것도 눈부시게 발광한다. 어둡고 그늘진 곳에는 더욱 진하고 강렬하게 빛난다. 별은 어두운 세상을 밝은 세상으로 바꾼다. 별빛이 빛나고 눈부신 것은 흑암을 걷어내어 밝게 하기 때문이다. 별은 병들어 힘없고 나약한 사람에게도 빛을 비춰 밝고 환하게 한다. 그래서 별을 동경한다. 흔히 유명 인사를 스타라고 일컫는데 진정한 스타는 어둡고 그늘진 곳에 있을 때 빛나지 않겠는가.

별은 희망이다. 별을 보고 절망하는 이는 없다. 밤에 빛을 보고 어둡지 않아 싫다는 사람도 없다. 비록 힘들고 어렵더라도 별을 보면 위로를 얻는다. 언젠가는 별처럼 빛을 발하는 때가 올 것을 생각하며 인내하고 상황을 헤쳐나가려고 한다. 갈고 닦겠다고 다짐하며 치열한 노력을 한다. 반드시 역경을 이겨내어 어둠을 빛으로 바꾸겠다는 희망을 품는다. 희망의 아침이 밝아 옴을 알리는 샛별처럼.

별은 사랑이다. 별을 빼놓고는 사랑을 말할 수 없다. 동서고금을 망라하여 별은 사랑의 또 다른 대명사다. 수많은 사람이 사랑을 별에 비유하여 구가하였다. 때로는 사랑의 도구가 되고 사랑하는 상대가 되기도 한다. 별을 연인戀人 화 하여 자기 가슴에 상대의 별을 심기도 하고, 애틋하게 그리는 안타까운 연정을 별에 하소연하기도 한다. 짝사랑의 연인을 별에 견주어 흠모하기도 한다. 때로는 별이 되어 사랑하는 사람의 등불이 되기도 하고, 뭇별을 따서 사랑하는 연인에게 듬뿍 안겨주기도 한다. 별은 수많은 연인의 가교가 되었고 사랑의 열매가 되었다. 별과 별빛은 항상 사랑과 결부되어 연인의 눈과 눈빛으로 가슴에 녹아 있다.

별은 시련의 결과다. 갈고 닦고 참고 견디어 이겨낸 마지막 결과가 별이 되어 광명으로 빛난다. 몇 광년을 지나서도 눈이 부신 빛을 유지하는 별빛이야말로 얼마나 많은 아픔이 있었겠는가. 혹독하리만큼 뼈저린 고통을 얼마 동안이나 참고 견디었기에 찬란한 빛을 그 먼 곳까지 비추고 있을까? 빛날수록 더욱 처절한 과정이 있었을 것이다. 수없이 원망하고 비관하며 좌절했을 것이다. 모든 결과가 그냥 얻어지고 오는 것이 아니다. 인과응보이고 사필귀정이다. 밝은 만큼 아픔이 더 컸었음은 자명한 일이다. 별에서 인생을 더듬는다. 별처럼 빛을 발하기 위하여 별처럼 인내하며 꿈을 키우며 살아야 하지 않겠는가. 별은 시련을 겪어 지친 자에게 인생 교본으로 존재한다. 격려와 소망의 닻으로 다가와 있다.

별은 신화와 전설이다. 별처럼 많은 신화와 전설을 간직한 게 없다. 어느 것 한 가지라도 정설이고 정답일 수는 없다. 그러나 우리는 그렇게 믿고 그렇게 생각한다. 사실로 여기고 받아들이려 한다. 오묘하고 아름다운 화설話說이 있으니까. 별에 붙여진 이름마다 유래와 설화가 있다. 수많은 날을 기다려 1년에 한 번 만나는 견우와 직녀의 사연은 애절하고 애틋하기 그지없다. 견우와 직녀는 옥황상제의 분노로 동과 서로 헤어져 살다가 1년에 단 한 번, 7월 7일이면 서로 은하수를 사이에 두고 마주 볼 수 있다. 하지만 둘 사이가 너무 멀어 서로 바라보며 눈물만 흘렸다. 눈물이 홍수가 되었다. 홍수 예방을 위해 땅 위의 모든 까치와 까마귀가 자기 몸으로 다리를 만들어 견우와 직녀가 만나도록 했다. 이른바 오작교烏鵲橋다. 이후로는 칠월 칠석에 큰비가 오지는 않았다. 다만 두 사람이 반가워 흘리는 눈물 때문에 조금씩 비가 되어 내리긴 했다. 얼마나 아름답고 멋진 이야긴가. 봄을 상징하는 까마귀자리, 머리털자리, 사자자리와 여름을 상징하는 돌고래자리, 헤라클레스 자리, 가을을 상징하는 남쪽물고기자리, 겨울을 상징하는 에리다누스강자리 등 고대

신화는 온갖 시기와 질투, 사랑과 분노, 권선징악을 묘사하는 절묘한 내용으로 가득하다.

별은 시와 노래다. 동서고금을 막론하고 많은 문인, 특히 시인이 별을 주제로 하여 많은 작품을 썼다. 헤르만 헤세와 바이런이 그랬고 이육사, 노천명, 정지용, 고은 등이 그랬다. 누구랄 것도 없이 글 쓰는 이의 대다수는 별을 작품 속에 가끔 끌어들이곤 했다. 그만큼 별은 문인의 창작 속 소재이고 동시에 주제가 된다. 별을 보면 슬픔도 향기롭다고 말하고 사랑의 아픔도 치유된다고 한다. 시련에 지쳐 세상이 허무하고 원망스러울 때도 별을 보며 위로와 용기를 얻는다고 한다. 외롭고 서럽고 가혹할 때도 가슴에 별 하나를 묻어 키우면서 용기와 희망을 품는다. 서로 존재를 나타내려 반짝이는 별을 보며 너와 내가 있어야 할 자리를 확인하고 간격을 좁히려 하지 않는다. 번갈아 장단을 맞춰 빛으로 눈짓을 보내면서 노래하는 광무光舞가 시를 쓰게 하고 흥얼거리게 한다.

별은 불멸의 생명이다. 쉬지 않고 몸을 불사르지만 사라지지 않는다. 작년에도 있었고 올해도 있다. 봄에도 있었지만, 여름밤에도 반짝인다. 어제 보았는데 또 그대로다. 없어지지 않는가 보다. 그렇다고 죽은 것도 아니다. 반짝이며 빛을 발하는 것을 보면 분명 살아있다. 영원불멸의 표징이다. 하지만 가만히 보면 변신은 한다. 가끔 떨어지는 별똥별을 보면 안다. 유성이 활공하며 섬광처럼 떨어지는 모습에서 변신의 용틀임을 본다. 더 새롭고 더 밝게 빛을 발하여 세상을 비춰야 하는 사명을 잊지 않는다. 별이 살아가는 방법이고 지혜다. 불멸의 생명을 이어가는 과정이다.

별은 웅변한다. 별처럼 살라고. 모진 비바람, 삭풍이 몰아쳐도 수많은 환경의 유혹에도 받아들이고 적응하면서 본연의 자태를 잃지 않는다. 좋은 때나 싫은 때도 빛을 발한다. 어떠한 경우라도 잠시 발광을 중단하는 일이 없다.

사람이 일생 살면서 사람답지 못하여 돌변하고 곁길 갈 때가 많은데 별을 보며 중심 잡고 부끄러워해야 할 일이다. 별은 또한 자기의 몸을 태워 온 세상을 밝고 환하게 비추고 있다. 별은 몸을 태우지만, 계속 퍼내야 생수가 고이는 샘물처럼 몸이 닳지 않는다. 별에서 헌신과 희생을 배운다. 온몸으로 희생과 봉사, 사랑을 실천할수록 몸은 더욱더 새로워진다는 교훈을 별에서 본다.

별은 단연 최고임을 상징한다. 사람도 최고가 되려면 어찌해야 하는가는 말할 필요 없다. 겉으로 내보이고 으스댄다고 최고가 될 수 없다. 헌신과 희생, 봉사로 자기를 태울 때, 우러러보고 최고로 안다.

우리 가슴에 찬란하게 빛나는 별 하나를 간직하고 살자. 늘 반짝이고 번득이는 별빛으로 마음의 어둠을 밀어내며 살자. 자신을 불태우지만 닳지 않는 별처럼 불멸의 생명으로 살자. (2017.11.25.)

사람의 호칭

오랜만에 초등학교 시절 친구 ○○로부터 전화가 왔다. 내심 반갑게 기다렸던 전화였다. 왜냐하면, 곧 반창회班窓會 모임이 있을 것이기 때문이었다. 해마다 이맘때면 초등학교 시절에 같은 반이었던 친구들이 모이곤 한다. 그런지가 이미 오래전 일이 되었다. 그 친구는 반창회의 주역이다. 초등학교를 졸업한 지 수십 년이 지나서 서로가 어디서 무엇을 하고 사는지 전혀 모르고 지내는 터에 그 친구가 집요하게 매달리며 전국은 물론 해외까지 수소문한 끝에 친구들의 처소와 신원을 확인하여 반창회 모임을 만들었었다. 참으로 어렵고도 힘든 일을 혼자서 해낸 것이다. 친구들 모두가 늘 마음속으로 감사하고 있다.

"어이 친구 민수! 그동안 잘 지냈는가?"

"그래, 자네도 잘 지냈지?"

"이번 모임은 4월 5일에 작년에 했던 부안의 그 집에서 하네."

"응, 잘 알았어. 그날 꼭 갈게. 수고가 많네. 고마워."

"그런데 친구들 주소록을 다시 작성하려는데 자네 이름을 어떻게 할 것인가? 본인의 희망대로 하려고 하네." 나는 순간 잠시 머뭇거리다가 그냥 '인수仁壽'로 해 주게나 라고 말했다. 그 친구는 내 이름을 초등학교 때까지 부르던 '민수珉洙'로 할 것인지 아니면 중학교 이후부터 달라진 '인수'로 할 것인지를 선택하라는 것이었기 때문이다.

사람뿐 아니라 모든 사물은 대부분이 이름이 있다. 그런데 그 이름은 정식 이름과 또 다른 별도의 이름이 있기도 하다. 우리나라의 경우 호적에 등재된 법적으로 인정받는 정식 이름이 있는가 하면 여러 가지 사유로 붙여진 별도의 이름도 있다.

내가 초등학교를 졸업할 때까지 불리던 이름이 '민수'다. 따라서 초등학교 동창생은 나를 당연히 지금까지 '민수'라고 부른다. 초등학교 졸업장에도 '석민수'라고 적혀 있다. 그래서 ㅇㅇ친구가 반창회에 내 이름을 어떻게 표기할 것인가를 질문한 것이다. 지금의 내 이름이 '인수'라는 사실은 내가 중학교에 들어가기 위하여 면사무소에 가서 호적 초본을 발급받으면서 알았다. 그때까지는 집에서나 학교에서나 '민수'로 불렀었다. 그뿐만 아니라 나를 아는 모든 사람은 모두 다 '민수'로 불러왔었다. 호적상 내 이름이 '인수'라는 사실을 알았을 때 나는 정말 깜짝 놀랐었다. 믿기지 않았고 받아들일 수가 없었다. 그러나 내 뜻과는 달리 지금의 이름을 수용할 수밖에 없었다. 하루 사이에 '민수'에서 '인수'로 이름이 바뀌어 다시 태어나야 했다. 내가 가지고 있는 모든 것들의 표기를 고쳐야 했다. 내키든 내키지 않든 간에 받아들여야 하는 나의 정식 이름이 되었다.

연유를 살피면 이러하다. 지금도 그 제도가 있지만, 마을 주민의 대표로 '이장里長'이란 게 있었다. 마을 사람들의 전체 뜻으로 뽑는데, 그분은 기능상 정부의 말초 조직 격이다. 다시 말해서 정부의 최말단 기관이나 다름없다. 범정부적으로 모든 기관에서 이장에게 지시하고 보고 받아서 행정을 수행했었다. 공식적, 묵시적으로 종합 행정을 담당하는 주민 대표 기관이었다. 그 당시 우리나라 국민의 대다수는 모든 면에서 수준이 낮았었다. 문맹률도 높고 가난해서 생활이 말이 아니었다. 물질문명이나 과학도 지금과는 비교도 상상도 못 할 만큼 미개해서 사회 전반적으로 형편이 말이 아니었다. 내 이름의 태동 과정도 당시 우리 사회의 실상과 무관하지 않다. 호구지책에 여념이 없는 아버지는 출생한 아들의 출생신고를 위하여 별도로 시간을 내어 면사무소에 갈 정도로 여유가 없었을 거다. 그래서 이장에게 아들의 이름(한자와 함께)과 출생 연월일을 알려 주어 대신 신고하게 하였다고 했다. 그 당시에는 대부분 마을 사람이 그렇게 하는 관행이 있었다. 따라서 부끄럽고 미안한 일이 아니었다. 그런 관행을 차라리 당연시하였다. 아버지는 그때 이장에게 알려준 대로 아들의 이름이 호적에 등재된 줄로만 알았고 초등학교 입학 때도 학교에서 별도로 확인 절차도 거치지 않았는지 그대로 학적부에 기재했던가 보다. 아무튼, 그렇게 해서 내 이름은 초등학교를 졸업할 때까지 줄곧 '민수'로 불렸다. 그러나 사실 내 이름은 처음부터 법상 '인수'였던 것이다. 다만 그 당시 우리 사회의 현실이 그러했다는 부끄러운 과거가 있었을 뿐이다. 문제 삼지 않고 적당하게 처리하는 어두운 시절에 제도의 허점과 책임 의식이 결여된 행정의 산물이라 할 수 있다. 미루어 생각건대 아마도 그때 이장께서는 아버지가 일러준 이름을 깜빡 잊고 적당히 지어서 등재 한 것으로 보인다. 그런데 이장은 그 사실을 아버지께 말하지 않았을 것이다. 그러니까 지금의 내 이름은 처음 아버지가 의도했던 것과는 전혀 다른 아무런 의지도 뜻도 없는 이름이 된 것이다. 그런 걸 보면 사람이 이름 때문에 잘 살고 못 살고가 어디 있고 행 · 불행이 어디 있으며 장수와 단명은 무관하다는 생각이 든다.

내가 공무원 초임 시절 언젠가 동료 직원들과 함께 작명가에게 간 일이 있다. 그때 그 작명가는 나한테 다짜고짜로 "당신은 이름을 바꾸지 않으면 나이 서른세 살이 되면 죽는다."라고 막말을 한 적이 있었다. 빈총도 안 맞은 것보다 못하다는 말처럼 나는 그때 그 작명가가 한 말 때문에 서른세 살이 되던 해에 상당히 신경을 썼던 적이 있다. 내 이름이 아무렇게나 지어진 이름이라는 것을 알고 있는 나에겐 더욱더 그러할 일이었다. 비단 이름을 두 개 이상 가진 사람이 나만 있는 것은 아니다. 이유야 어쨌든지 저마다 사연은 있겠지만 우리 사회에서 가끔 그런 사람을 본다. 우리는 두 개의 이름을 가진 사람을 부를 때 두 개의 이름 중 자기가 익숙해진 이름으로 부른다. 그러나 두 개의 이름을 가진 본인은 항상 신경이 쓰이기 마련이다. 나는 가끔, 전화할 때 상대가 누구냐에 따라서 내 이름을 '인수' 또는 '민수'중에서 골라서 나를 알린다. 왜냐하면, 상대가 내 이름을 어떤 이름으로 알고 있느냐에 따라서 나를 달리 소개해야 하기 때문이다. 나는 어떻게 보면 불필요한 불편을 평생 안고 살아야 한다.

사람에게는 이름 대신 부르는 호칭이 여러 가지가 있다. 모두 같은 사람을 부르는 별칭이지만 우리는 생활 속에서 별생각 없이 자유롭게 사용한다. 닉네임과는 다른 호칭들이다. 주로 직업상 가지고 있는 직위를 빙자하는 호칭과 일반적인 호칭이 있다.

나도 다른 사람에게 불리는 호칭이 여럿이다. '국장局長, 교수敎授, 박사博士, 작가作家, 수필가隨筆家, 선생先生 등이다. 모두가 내 이름 말고 일반적으로 나를 아는 지인이 부르는 별칭이다. 나는 다른 사람이 나를 부를 때, 내 이름으로 불러도 나의 여러 호칭으로 불러도 대답한다. 그렇다면, 사람의 이름이 꼭 정식으로 호적에 등재된 것이 아니라도 그 사람을 지칭하고 식별할 수만 있다면 어떤 별칭으로 불러도 좋을 듯하다. 별칭을 사용했다고 하나, 다른 사람을 지칭하지 않는 한 괜찮을 듯하다. 실제 우리는 사회생활을 통하여 그렇게 많이 사용하고 있지 않은가.

이장님의 실수 덕분에 나는 생년월일과 이름이 실제와 다른 가짜로 진짜가 되어 살고 있다. 더러는 불편할 때도 많았지만, 그래도 유명 작명가가 지은 이름 못지않게 '인수'라는 이름을 자랑스럽게 여기며 살고 있다. 곁길 넘보지 않고 정도를 찾아 살면서 행여 이름이 욕되거나 더럽혀지지 않도록 삶을 갈고, 닦고, 기름 치며 살리라. 내 삶이 밑 거름이 되어 반짝이는 이름이 되도록……. (2014.3.27.)

여러 십계명

계명誡命의 뜻은 어떤 사회나 집단에 속한 사람들이 꼭 지키도록 요구된 규정이라고 한다. 기독교에서 중요시하는 계명은 단연 십계명(Ten Commandment)이다. 십계명은 하나님이 이스라엘 백성에게 주신 열 가지 말씀이다. 하나님은 시나이산으로 예언자 모세를 불러 두 개의 돌판에 십계명을 새겨 주셨다. 열 가지 계명이라서 십계명인데 하나의 단어처럼 사용되고 있다. 너무나 유명한 말씀이고 지당한 말씀이라서 십계명을 모르는 사람이 없을 정도다. 나는 젊은 시절 영화 십계명을 어찌나 감명 깊게 보았는지 최근에 다시 한번 음미하면서 본 적이 있다. 보아도 또 보고 싶어진다.

사람이 집단이나 사회에 소속되어 살기 마련이다. 그때마다 해당 소속의 준수 사항이 한 둘이겠는가. 여러 가지가 있을 수 있다. 그런데 하필 저마다 열 가지씩을 뽑아서 십계명이라 이름 붙여 정리하고 만든다.

생각하면 누가 만들어내는지 아이디어가 번뜩이고 의미가 있어 새겨 볼 만하다.

인터넷망을 통하여 회자하는 여러 십계명을 정리해보면 다음과 같다.

먼저, 프란치스코 교황의 십계명을 보면,

① 자신의 인생을 살고 타인의 인생도 존중하라. ② 타인의 말에 귀 기울여라. ③ 마음의 평온을 유지하라. ④ 소비주의에 빠지지 말라. ⑤ 주말은 가족을 위해 보내라. ⑥ 타인을 험담하지 말라. ⑦ 타인을 개종하려 들지 말라. ⑧ 전쟁을 지양하고 평화를 추구하라. ⑨ 젊은이들을 위한 자리를 마련하라. ⑩ 환경보전에 힘써라. 등이다. 종파를 떠나 자연과 인류의 삶 전체를 아우르는 성직자다운 현대적 감각의 울림 있는 메시지라 생각된다.

다음으로 가장 많이 떠도는 '부부 십계명'이 있다.

부부 십계명에는 ① 두 사람이 동시에 화내지 마세요. ② 집에 불이 났을 때 이외에는 고함을 지르지 마세요. ③ 눈이 있어도 흠을 보지 말며 입이 있어도 실수를 말하지 마세요. ④ 아내나 남편을 다른 사람과 비교하지 마세요. ⑤ 아픈 곳을 긁지 마세요. ⑥ 분을 품고 침상에 들지 마세요. ⑦ 처음 사랑을 잊지 마세요. ⑧ 결코, 단념하지 마세요. ⑨ 숨기지 마세요. ⑩ 서로의 잘못을 감싸주고 사랑으로 부족함을 채워 주도록 노력하세요. 등이 담겨 있다. 이와 관련하여 우리나라는 1995년부터 매년 5월 21일을 부부의 날로 정하고 있다. 부부의 날은 부부 관계의 소중함을 일깨우고 화목한 가정을 일궈 가자는 취지로 제정된 법정 기념일이다. 부부는 솔직하고 서로 믿되 완전히 믿어야 한다. 믿음이 없으면 부부 생활은 불가능하다고 생각한다.

다음은 '남편 십계명'이다.

① 결혼 전과 신혼 초에 보였던 관심과 사랑을 변치 말라. ② 결혼기념일과 아내의 생일을 잊지 말라. ③ 평소 아내의 옷차림과 외모에 관심을 가지라. ④ 아내가 만든 음식에 말이나 행동으로 감사를 표시하라. ⑤ 모든 일을 아내와 의논하고 결정하는 습관을 기르라. ⑥ 아내에게 상처를 주는 농담이나 행동을 삼가라. ⑦ 가정의 불화가 있을 때 아내에게 한 걸음을 양보하라. ⑧ 가정의 경제는 아내에게 일임하여 아내가 보람을 갖게 하라. ⑨ 아내의 개성과 취미를 존중하고 키워주도록 하라. ⑩ 하루에 두 번 이상 아내의 장점을 발견하여 즉시 일러줌으로써 아내에게 기쁨을 주는 습관을 기르라. 등이 수록됐다.

다음은 '아내 십계명'이다.

① 자신과 가정을 아름답게 꾸밀 줄 아는 재치와 근면성을 기르라. ② 음식 준비에 신경을 쓰고 남편의 식성에 유의하라. ③ 혼자서만 말하지 말고 남편에게 말할 기회를 주라. ④ 다른 사람들 앞에서 남편의 결점과 지나친 자랑을 하지 말라. ⑤ 남편에게 따질 말이 있을 때 남편의 기분 상태를 참작하라. ⑥ 남편 홀로 휴식이 필요하다는 것을 알라. ⑦ 중요한 가정사를 결정할 때는 남편의 뜻에 따르도록 하라. ⑧ 남편의 수입에 맞추어 살림을 알뜰히 하라. ⑨ 모든 일에 참을성을 가지라. ⑩ 하루에 두 번 이상 남편의 장점을 발견하여 말해 줌으로써 남편이 긍

지를 갖게 하라.

다음은 '좋은 부모 십계명'이다.

① 아이의 말을 중간에 끊지 마세요. ② 따뜻한 눈길로 바라봐 주세요. ③ 여러 사람 앞에서 나무라지 마세요. ④ 때리지 마세요. ⑤ 지키지 못할 약속은 절대 하지 마세요. ⑥ 아이 일을 대신 해주지 마세요. ⑦ 아이에게 하는 사과는 부끄러워 마세요. ⑧ 버릇없이 키우지 마세요. ⑨ 아이가 화낸다고 같이 화내지 마세요. ⑩ 아빠는 아이와 보내는 시간의 질에 더 신경 쓰세요. 등이다. 소아정신과 전문의 오은영 박사라는 사람이 제안하였다고 나와 있다. 사람에 따라 여러 가지 다른 제안을 할 수 있겠으나 소아정신과 전문의가 경험을 바탕으로 정리를 잘했다고 본다. 일찍 수렴하여 실행했었더라면 하는 아쉬움이 남는다.

다음은 '전업주부 십계명'이다.

① 너는 집안일 외에는 생각하지 말라. ② 너는 집안일이 무보수라고 생각하지 말라. ③ 너는 집안일이 하찮은 일이라고 생각하거나 말하는 것을 절대 금하라. ④ 하루 중 한 시간을 주부 일을 내려놓고 오롯이 자신만을 위한 시간을 가져라. ⑤ 네 자녀를 남의 자식처럼 대하라. ⑥ 미워서 소리를 지르더라도 반드시 사과하라. ⑦ 남의 자식과 절대 비교하지 마라. 자식이 크면 더 잘난 부모와 비교당할 수 있다. ⑧ 기다리고, 기다리고, 기다려주라. ⑨ "다 너를 위한 거야."라고 거짓말하지 마라. 나를 위한 거라고 솔직하게 말하는 편이 낫다. ⑩ 집안일과 자식보다 더 소중한 건 남편(아내)임을 명심하라. 등이다. 집안일과 자녀와의

관계, 남편 또는 아내에 관한 계명이라 할 수 있다. 구구절절 합당한 말인 것 같다.

이외에도 아랫동네 등대지기라는 작성자가 게시한 '깔끔한 노인 십계명'이라는 것도 있다. 내용을 보면 이렇다.

① 냄새가 나지 않고 깔끔한 노인. ② 나이를 내세워 남을 불편하게 하지 않는 노인. ③ 늘 웃는 낯으로 칭찬을 잘해 주는 노인. ④ 모든 일에 긍정적이고 지혜를 보태주는 노인. ⑤ 종교를 인정하며, 남에게 사랑을 베푸는 노인. ⑥ 취미 생활을 즐기며 멋과 예술을 사랑하는 노인. ⑦ 운동 시간을 가지고 있는 노인. ⑧ 음식을 가리지 않고 고맙게 먹는 노인. ⑨ 세상 소식에 밝고 컴맹이 아닌 노인. ⑩ 돈에 집착하지 않으며 검소한 노인. 등이다.

모두 누군가 고심하고 사려 깊이 생각하여 고안한 내용이다. 일별하고 간과할 내용은 없는 듯하다. 인생사가 많이 생각하고, 짚어보고 두드리며 행하여야 할 일이라는 게 새삼스럽다. 좀 더 일찍 알고 깨달았으면 하는 아쉬움과 안타까운 마음이다. 다만, 주지의 내용을 정리하는 것은 이 글을 읽는 독자에게 조금이라도 인생살이에 보탬이 되었으면 좋겠다는 생각에서였다. (2022.10.14.)

욕심

'할아버지! 나 상 탔어.' 셋째 딸의 둘째 딸인 지수가 전화로 한 말이다. 올해 초등학교 6학년인 지수는 자랑할 게 있거나 칭찬받을 일이 있으면 전화한다. 지수에게서 전화가 오면 또 무슨 좋은 일이 있구나 하는 생각이 앞선다. 나이 들면 다 그러는 모양이다. 손주한테 전화가 오면 반갑고 받는 순간 나도 동심이 된다. 멀리 뛰기와 100m 달리기에서 1등을 했단다. 도내 초등학교 어린이가 모두 참여하는 경기에서 1등을 했다고 했다. 쉽지 않은 대단한 결과였다. 나도 좋아라, 칭찬을 침이 마르도록 했다. 사실 대견한 일이다.

지수는 이뿐만이 아니다. 다른 육상 종목에서도 심심찮게 입상하는 경우가 종종 있다. 상품으로 받은 운동복이 여러 벌이다. 발레 경연에서도 좋은 성적으로 가끔 수상한다. 지난해에는 전교 어린이 회장을 하겠다고 입후보했다가 당선되었다. 회장을 하겠다고 공약을 내걸고 선거용

표어, 포스터를 직접 만들고 선거 연설 문안을 작성하여 연습에 열을 올리더니 당선의 영예를 안았다. 당선된 뒤에는 공약한 것을 실천하는 것도 열정적이다. 공약의 실천 과정도 일일이 사진으로 촬영하여 수시로 보여주며 검증시킨다. 공부도 두말할 필요가 없다. 가족이 함께 외식이나 외출할 때도 책이 손에서 떨어지지 않는다. 틈만 있으면 눈이 책으로 간다. 수영, 춤 같은 운동이나 율동도 보통 수준이 아니다. 시샘이 많고 욕심이 많다. 가만히 있는 성격이 아니다. 누가 시켜서 그러면 난리 날 일이다. 받은 상장과 트로피가 여럿이다.

흔히 욕심이 모가지까지 찼다고 말을 한다. 지수가 그런 정도는 아니지만, 욕심이 여간 아니다. 매사에 적극적이어서 섭렵하려 하고 이루고자 하는 욕구가 강하여 줄기찬 노력을 한다. 그런 열정이 어디서 나오는지 자랑스럽기도 하고 한편으로는 놀랍기도 하다. 더러는 과한 면이 있는듯하여 속으로 염려도 있다.

나도 욕심이 대단하다고 생각한다. 무턱대고 탐내고 덤비는 성격이다. 안되고 못 하는 일이 어디 있냐고 수하 사람들에게 말한다. 잘하고 못하는 차이는 있을지언정. 무엇이든 욕심껏 하는 성격이다. 한 번은 서른 나이쯤이었다. 잘하지도 못하고 그다지 연습도 없던 차에 서예로 6쪽 병풍을 그린다고 한겨울 셋방 콘크리트 바닥에서 날새기로 작업을 했다. 그런 연유로 다음 날 너무 무리한 탓에 병원에 갔고, 일주일 정도 입원했던 적이 있다. 무모하게 과욕을 부린 결과였다. 금방 잡을 것 같은 생각에 당치않은 욕심이 허망한 꼴이 되고 만다. 설익은 주제에 드러내 보이려는 만용이 부작용만 낳게 된다. 무엇을 시작하고 빠지면 걷잡을 수가 없다. 무모하게 덤비고 몰입하는 성격이다. 적극적이고 열정적이라고 긍정적으로 말할 수도 있겠으나 지나친 면이 있는 게 사실이다. 내 생애에 한 가지, 욕심부리기를 잘했다고 하는 게 있다. 중학교 이래로 공부욕심이랄까 향학열인지 하는 게 아주 강하게 있었다. 그 때문에 징검다리 건너는 식으로 띄엄띄엄 상급 학교로 학업의 끈을 이어갔다. 주경야독 독학이 대부분이었지만 욕심껏 헤쳐나와 최고 학부까지 마칠 수 있었다. 오랜 세월 끈기로 이룩한 성과였다. 자부심을 느끼게 한 욕심의 결과라 생각한다. 무엇을 이루고자 하려면 그것에 미쳐야 한다고 한다. 불광불급(不狂不及)이다. 그렇게 하지 않으면 수준에 달하지 못하는 것도 맞다. 하지만 매사는 중용이 필요하지 않겠는가 생각한다. 아무 일, 아무것에나 욕심을 내는 것은 아니다. 다른 사람이 한다고 나도 할 수 있거나 하겠다고 하는 것도 숙고해야 할 일이다.

오래전, 전라일보의 '사랑 밭 새벽 편지'란에 실린 글이 있다. 그 내용을 발췌하면 이렇다.

자신이 원하는 이상형 남자를 선택하여 살 수 있는 가게가 문을 열었다. 이 가게는 5층으로 되어 있으며 일단 어떤 층의 문을 열고 들어가면 더는 올라가지 못하고 그곳에서 자신의 이상형인 남자를 선택해야 한다. 또한, 이미 거쳐왔던 층으로 되돌아갈 수도 없다. 두 여자가 꿈에 그리던 이상형인 남자를 사려고 1층에 당도하니 안내문이 하나 걸려 있었다. '이곳에는 직업이 있고 아이들을 좋아하는 남자들이 진열되어 있습니다.' 음, 더 올라가 보아야지 하며 2층에 가니 '돈을 잘 벌고 아이들을 좋아하며 잘생긴 남자들이 진열되어 있습니다.' 흠, 아주 좋아. 그래도 위층에 어떤 남자들이 있는지 확인해 보아야겠지? 3층에는 '돈을 잘 벌고 아이들을 좋아하며 아주 잘 생겼고 집안일을 도와주는 남자.' 우와! 하지만 위층에는 더 괜찮을 것 같은데 하며 4층으로 올랐다. 4층에는 '이곳에는 돈을 잘 벌며 아이들을 좋아하고 아주 잘 생겼고 집안일을 잘 도와줄 뿐 아니라 아주 로맨틱한 남자들이 진열되어 있습니다.' 4층이 이 정도라면 위층에서 우리를 기다리고 있는 남자들은 상상조차 안 돼! 아우! 두 주먹에 힘을 줬다. 두 여자는 서둘러서 5층으로 올라갔다. 들어가는 문의 안내문은 다음과 같았다. '5층은 비어 있습니다. 죄송하지만 이제 다시 돌아갈 수 없습니다. 출구는 왼편에 있으니, 계단을 따라 쏜살같이 내려가세요.

지나친 욕심이 부른 낭패와 실망의 좋은 사례라 생각한다. 무슨 일이든지 일이 그릇되기 전에 애당초 잘 시작하고 정도와 속도를 조절해야 한다. 목표를 설정할 때도 일을 추진하는 과정에도 과욕은 금물이다. 터무니없는 욕심을 부렸다가 후회할 일이 되고 돌이킬 수 없는 결과로 화를 당할 수도 있다. 어려운 일이지만 후회할 일은 처음부터 시작하지 말아야 한다.

어떤 사물을 지나치게 탐내거나 성취하여 누리고자 하는 마음이 욕심이다. 의욕도 같은 맥락이라 하겠다. 사람마다 욕심도 가지가지다. 욕심 없는 사람이 어디 있겠는가. 그러나 욕심부릴 일이 있는가 하면 그렇지 않은 일도 있다. 헛된 일, 나쁜 것에 욕심부리다가 일을 그르치고 낭패와 실망을 하고 후회한다. 살면서 매사에 욕심이 없으면 이룰 일도 없다. 사람이 살아가면서 꼭 필요한 게 욕심이다. 문제는 욕심낼 일인가를 분별하고 지나치지 말아야 한다. 지나치면 오히려 화가 되고 독이 되어 나쁜 결과를 초래한다. 더러는 포기하고 내려놓을 줄도 알아야 한다. 무턱대고 욕심을 부리지 말 일이다. 사람의 욕심이 끝이 없다고 했다. 팔만대장경에는 전부를 취하면 전부를 잃는다는 말이 있다고 한다. 또 성경은 욕심이 잉태하면 죄를 낳고 죄가 장성하면 죽음에 이른다고 했다. 새 두 마리를 한데 묶으면 네 개의 날개를 갖지만 날지는 못하지 않겠는가. 쓸데없는 과욕, 불필요한 욕심이 화를 자초하고 불행을 낳는다. 버림으로써 얻는 만족과 행복을 맛볼 수 있어야 한다. 자신의 역량과 가치를 인정하지 않고 타인의 시선을 의식하며 욕심을 부리면 불행한 인생을 산다. 분수도 모르고 자신의 삶을 채우려고 집착할 때 욕심이 생기고 과욕을 부려 불행이 싹튼다. 허황한 욕심, 지나친 욕심이 불행의 근원이 됨을 명심할 일이다. 행복보다 더 좋은 게 있다. 그것은 만족이다. 큰 행복도 만족할 줄 모르면 불행이고 작은 행복이지만 만족하면 큰 행복이 되지 않겠는가. (2023.5.15.)

재미

초임 발령을 받아 공무원이 된 지 얼마 안 된 때였다. 낮에 논밭 두렁 타고 시골 마을 출장과 저녁 늦은 시간까지 복명회復命會를 마치고 나면 퇴근이다. 옭아매진 굴레에서 해방된 기분이다. 1960년대 우리나라 말단 읍면 공무원의 일상은 그랬다. 근무 시간이 따로 없었다. 새벽이건 늦은 밤이건 부르면 출근이고 근무였다. 지금처럼 특근, 초과 근무 수당이 웬 말인가. 무한 봉사, 무한 책임만 있었다. 상명하복이 철칙이고 상사의 명령은 절대적이었다. 녹초가 된 몸으로 미혼인 직원끼리 식사와 막걸리 한잔을 걸치고 나면 당구장으로 향한다. 어느 때는 곧장 먼저 당구장으로 간다. 자장면을 시켜놓고 당구를 치면서 저녁 식사를 한다. 한동안 거의 매일 저녁이면 당구장에서 살다시피 했다. 잠자리에 들려고 누우면 천장에 당구대가 보이고 희고 빨간 공이 굴러다닌다. 젊어 한때 당구에 미쳐 지낼 때의 단면이다.

퇴근 시간은 지났지만 할 일이 남아 있으면 속으로 조바심이 인다. 마음과 생각이 콩밭에 가 있어서다. 서둘러 잔업을 처리하고 늦은 시간에 집으로 오면 저녁 식사 시간이 훨씬 지난다. 식사는 대충 때우고 아내와 볼링장으로 간다. 한참을 기다리다 겨우 순서가 되면 아내와 나는 게임을 한다. 한두 게임이 아니라 자정이 넘어 시계는 1시를 향한다. 계속해서 더 하고 싶지만, 가까스로 마음을 가다듬고 집으로 온다. 씻고 나면 새벽 2시가 다 된다.

아내와 한동안 볼링의 재미에 빠져 지내던 상황이다. 자려고 눈을 감으면 볼링장이 눈에 아른거린다. 어떤 때는 꿈에도 볼링을 한다. 재미있으니까 자꾸 하고 싶고 자연스레 게임에 푹 빠질 수밖에 없었다. 대중 스포츠도 유행인가 보다. 20여 년 전 우리나라에는 볼링이 들불처럼 퍼졌다. 너나 할 것 없이 볼링을 했고 그 때문에 볼링장도 우후죽순처럼 생겨났다. 하지만 지금은 볼링 인구가 격감했고 볼링장도 많이 없어졌다. 물론 나도 볼링 운동을 안 한 지가 십수 년이 되었다.

부유층이나 즐긴다는 골프 운동이 지금은 대중 운동으로 자리매김하고 있다. 비용이 만만치 않기 때문에 공직자에게는 금기시하여 엄격한 통제가 따랐다. 퇴직한 후 선배 동료의 권유에 따라 늦깎이로 골프를 시작했다. 나는 원래 운동 신경이 둔한 편이다. 기껏해야 달리기는 만만한 정도다. 그런데 그렇게 어렵다는 골프가 잘하는 것은 차치하고 자꾸 하고 싶고 재미가 쏠쏠했다. 늦게 배운 도둑이 날 새는 줄 모른다더니 처음 시작했을 때는 중독처럼 몰입했다. 어쩌다 필드로 라운딩을 나가면 운동이 다 끝났어도 또 하고 싶었다. 필드 운동이 끝나면 못내 아쉬워 아내와 나는 곧장 실내 스크린 골프장으로 향한다. 당시 스크린 골프가 많이 보급되지 않아서 예약이 어려웠다. 그런 연유로 전날 예약을 해놓고 무한정 게임을 한다. 밥 먹는 시간이 아까워 골프장에서 배달 식사로 때운다. 끝나고 집에 오면 새벽 1~2시가 보통이다. 단단히 빠지고 미치지 않으면 그렇게 못 한다. 얼마 동안 아내와 나는, 마치 먹고 살 일이나 하는 것처럼 집중하고 열심히 했다. 마음이 내키지 않고 하기 싫으면 그러겠는가. 누가 시키면 그렇게 못한다. 재미가 있고, 하고 싶어서 자발적으로 한 일 아니겠는가.

나는 형제가 일곱이다. 내가 맏이라서 모두 동생이다. 원래 가난을 타고나서 생활이 몹시 어려웠다. 내 나이 서른아홉 되던 해에 졸지에 아버님을 여의고 먹먹한 시절이 있었다. 형제의 우의와 결속을 위해 형제부부를 중심으로 모임을 만들어 지냈다. 매월 한 번씩 만나면 세상사 담소로 자정이 다 되도록 얘기 꽃을 피우곤 했다. 이심전심으로 끈끈한 형제애가 돈독하여 재미있는 시간이곤 했다. 아무리 좋은 모임이라 해도 재미가 없으면 핑계 대고 안 오는 게 사람의 속성이다. 늘 모임을 색다르게 하고 즐겁고 재미있는 소재를 발굴하는 노력이 있어야 한다. 한결같이 재밋거리를 찾는 노력으로 합력한 결과 형제의 모임은 30여 년 동안 존속한 성공사례다.

세 딸을 양육하면서 아내와 나는 일찍이 가족회의를 하며 살았다. 매월 나의 월급날이 가족회의 날이다. 가가家歌라 명명한 '사랑이 샘솟는 우리 집'이란 자작 노래로 시작과 끝을 낸다. 언제나 그날은 자유롭게 토론하며 담소를 나눈다. 자정이 다 되어야 끝난다. 항상 할 얘기가 넘쳐나고 재미있어한다. 식구 모두 그날을 기다리며 지냈다. 그뿐만 아니다. 식사 때면 으레 주고받는 담소로 시간 가는 줄 모른다. 숨기고 감추고 드러내지 못할 게 없는 관계가 우리 집 식구다. 내가 살아오면서 항상 뿌듯하게 생각하고 자랑스럽게 여기는 대목이다. 가족이 자부심과 함께 즐거운 한때를 재미있게 보내는 시간이다.

사람이 살면서 재미가 없다면 어떻게 될까? 삶이 얼마나 단조롭고 팍팍하겠는가. 만약 재미가 없다면 삭막하고 외롭고 쓸쓸하여 살맛까지 없을 것 같다. 재미는 단순히 삶의 조미료 같은 차원을 넘어 꼭 필요한 삶의 요소가 분명하다. 매사 재미가 있어야 가능하다. 일상적으로 하는 일도 재미가 없으면 못 한다. 재미는 즐거움과 행복을 주는 전제 요소다. 재미있을 때 기쁨과 즐거움도 있고 재미있을 때 행복을 느낀다.

재미란 무엇일까? 즐거운 기분, 맛, 느낌 같은 게 아닐까 싶다. 그렇다면 세상 살면서 이런 것들이 없으면 살맛이 나겠는가. 인생살이의 주식主食 못지않게 중요한 삶의 한 부분이리라.

사람이 향유하는 재미는 매우 다양하다. 재미는 놀이문화와 여가 문화에 밀접하다. 몰입하는 재미는 역시 놀이와 여가를 즐기는 데서 만끽할 수 있기 때문이다. 앞에서 내가 경험한 재미도 같은 맥락에서 이해할 수 있다.

우리가 삶 속에서 느끼는 소소한 재미가 참으로 많다. 보기 좋고 맛있는 음식을 먹으며 느끼는 재미야말로 빼놓을 수 없는 즐거움 아니던가.

값비싸고 품질 좋고 멋있는 옷을 샀을 때 느끼는 재미, 사랑하는 사람과 밀어를 속삭이는 재미, 여행을 통해서 맛보는 흐뭇한 재미, 바라던 일이 성취되었을 때 느끼는 쾌감 등….

무수히 많은 재미가 있다. 이 모든 재미가 곧 우리 삶의 일부이자 필수불가결의 요소 아니겠는가. 재미는 부유한 자만의 전유물이 아니다. 모든 사람이 향유하며 누리는 열려 있는 삶의 윤활유고 양념이다. 하지만 절제와 절도가 필요하고 분수와 정도가 요구되는 즐김이다. 매사를 재미만을 위주로 실행한다면 괴로움이고 불행을 초래할 수 있다. 무엇이든 마찬가지겠지만 넘침은 부족함만 못하다.

복잡하고 다양한 현대 생활 속에서 즐겁고 행복함을 느끼게 하는 재미야말로 꼭 필요한 삶의 요소라 생각한다. 세상에 다양한 재미가 있겠지만 뭐니해도 사람과 더불어 나누는 재미가 으뜸이라고 생각한다. 가족과 이웃과 함께 인간미 넘치는, 그리고 풋풋한 사람 냄새 풍기는 재미가 진짜 재미이고 제일 아니겠는가. (2023.4.26.)

정리

집안 리모델링이 계기가 되었다. 주방을 비롯하여 방, 거실, 서재 등을 대대적으로 바꾸는 리모델링을 했다. 새로운 집을 마련할 때도 아니고 살면서 처음으로 짐을 집안에 그대로 두고 하는 일이라서 여러모로 힘들고 마음고생이 컸다.

내친김에 집 안 구석구석을 따 털어내고 버리고 들이는 일이 전반적으로 이루어졌다. 사람 사는 게 뭔지 왜 그리도 할 게 많고 정리할 게 많은지 엄두가 안 났다. 옛날에 어떤 사람이 집을 나가면서 살림 따라오는가 보라고 했다는 말이 실감 난다. 솥단지 걸고 숟가락 두 벌 놓고 시작한 세간이 어쩌면 그렇게도 많은지 모른다. 그만큼 사람 사는 곳엔 필요한 것들이 많다는 것이다. 얼핏 생각하면 단순하고 간단할 것 같은데도 실상은 그렇지가 않다. 심지어 당장은 아니어도 꼭 필요할 것 같아 미리 사다 놓고 쓰지도 않은 물건들이 많다. 대개는 어디에다 두었는지도 모르고 지내다가 크고 작은 정리를 할 때 발견된다. 이런 것들은 시간이 지나 못쓰거나 구식이 되어 쓸모없는 구닥다리가 되기 일쑤다. 그걸 알면서도 치우고 정리할 때뿐이고 또 같은 일을 반복하며 산다.

나는 허리띠와 모자가 비교적 많다. 살 때마다 좋아서 샀고 사놓고는 다 쓸 겨를이 없다. 그렇게 몇 년이 지나면 보관용이 된다. 더 시간이 지나면 버리거나 필요한 다른 사람에게 무상 분양한다. 또 잘못된 습성이 있다. 무엇을 보면 호기심이 발동하여 사는 게 일쑤고 여유분까지 구매하는 충동구매가 많다. 대개는 집사람에게 핀잔을 듣지만 쉽게 고쳐지지 않는다.

아내는 정리에 이골난 사람이다. 쓸고 닦고 정리하는 건 타의 추종을 불허한다. 오죽하면 내가 결벽증이라고까지 한다. 이런 사람과 같이 살면 불편하고 심리적인 부담이 여간 아니다. 허구한 날 비춰보고 들여다보고 불고 닦는다. 몸이 좋지 않은 상태에도 청소하고 정리하는 데 열중한다. 그래야 마음이 안정되고 직성이 풀린다고 한다. 그런 아내도 허점이 있다. 냉장고 정리를 할 때 보면 안다. 욕심껏 이것저것 많이 종류도 다양하게 사다 넣어 놓고 못 먹고 버리는 게 상당하다. 안쪽에 깊이 넣어진 식자재는 유효 기간이 지난 것들이다. 냉장고는 그래도 많지 않다. 문제는 냉동고다. 냉동상태라고 해서 오래되어도 괜찮은 건 아니다. 무엇이 있는지도 모르고 지내다가 정리할 때 발견하고 버려지는 게 있다. 정리가 끝나면 또다시 같은 일이 되풀이된다. 결국 신입고출新入古出의 되풀이다.

소소한 것의 정리도 자주 하지만 리모델링 후의 정리는 완전히 살림을 다시 차리는 것이나 다름없다.

소장하고 있던 수많은 책도 우선 처분 대상이었다. 도서관에 기증할 책, 버려야 할 책, 보관해야 할 책들의 분류도 보통 일이 아니었다. 정리할 때 가져야 할 마음가짐이 있다. 다름 아닌 '눈 딱 감는 일'이다. 특히 버리고자 할 때는 비장하기까지 해야 한다. 어느 것 하나 당시에는 아깝고 소중하지 않은 게 없었다. 하지만 시간이 지나고 넘쳐나는 물질문명의 홍수로 자꾸 뒤처진 것이다. 아주 오래전 그렇게 좋고 수준 높았다고 생각했던 전문 서적도 수십 년이 지나면서 수정 신간에 밀려 폐기 대상으로 분류했다. 또 하나 이유가 있다. 나이가 들어 전문가로의 역할이 지극히 제한적인 현실이 더는 전문 서적을 붙잡고 있어야 할 필요를 반감케 했다. 한 권 한 권 책을 만지작거리면서 분류하고 정리하는 데만 꼬박 이틀 주야가 걸렸다.

지금 사는 집으로 이사 오면서 대충 아무렇게나 쌓아 놓았던 앨범이 스무 두어 권쯤 있었다. 당시는 곧바로 정리하겠다고 마음먹었는데 몇 년이 지나도록 차일피일 미루다 손도 못 댔었다. 이와는 별도로 앨범에 정리하지 않고 맨 사진으로 보관한 사진들이 아마 수천 장은 족히 된다. 머릿속으로만 어떻게 정리해야겠다고 구상만 하고 있었지 그동안 실행은 못 했었다. 그런데 더는 미룰 수가 없게 됐다. 대대적인 리모델링이 이루어진 판에 그대로는 방치할 수 없게 됐다. 둘 곳도 마땅찮고 이참에 정리 못 하면 영 못 할 것 같은 절박함이 있었다.

주위 지인들도 그랬고 아내 역시 같은 뜻이라 앨범과 사진을 과감하게 없애기로 마음먹었다. 나와 아내의 나이도 칠십이 넘은지라 그렇게 하는 게 옳다고 생각했다. 그러나 실행하려니까 여러 가지로 묘한 생각이 들었다. 오래 간직하고 들춰볼 수 없다는 허무함, 우리 내외한테만 소중하지 내 딸들에게는 비중이 떨어진다는 사실, 우리 내외가 남겨 놓는 의미와 가치가 누구에게도 관심이 없을 것이라는 사실을 생각할 때 폐기해야 하는 당위성이 더욱 인정되었다.

늙어서 시간 있을 때면 배 깔고 누워 옛날 일을 생각하며 들춰보자고 아내랑 같이 말한 적도 있다. 그러나 그 상상은 빗나가고 말았다. 그때마다 앨범에 사진을 붙이면서 영원할 것같이 생각하고 정성들여 편집했건만 지금은 의미도 없이 빛이 바래버렸다.

나는 그래도 미련이 남았다. 앨범 속에 있는 사진이건 그냥 보관하고 있는 사진이건 모두 다 보관하자고 마음먹었다. 다만 보관 방법을 달리할 생각을 해냈다. 스마트 폰으로 모든 소장하고 있는 사진을 재촬영하기로 했다. 그래서 WEB HARD나 USB에 저장하기로 했다. 그러나 그 일 또한 만만치가 않았다. 일일이 사진을 촬영하여 사진마다 편집해서 보관하는데 1주일 정도 작업을 했다. 어림잡아 6천여 장은 될듯하다. 사실 엄청난 일을 했다. 대개는 상상도 못 하고 그냥 넘길 일이었지만 억척을 부렸다. 몸이 뒤틀리고 골이 아프고 목이 뻐근한 힘든 일이었다. 뭘 그렇게까지 했냐고 하면 허망할 일이다. 덕분에 간편하게 WEB HARD 하나에 거뜬히 보관하고도 저장 공간이 많이 남았다. 컴퓨터상에서 편하게 밝은 상태로 사진을 쉽게 볼 수 있게 되었다.

누가 시키지도 않았고 딸들이 원하는지도 모르지만 나는 이것을 USB에 다 담아서 나눠주려고 한다. 살다가 혹시나 생각나면 디지털에서나마 찾아보라는 의미에서다.

너무 청승맞은 발상인지도 모른다. 그러나 그렇게라도 하고 싶은 마음이다.

한 장 한 장 사진을 촬영하면서 어느 사진에서는 혼자 웃기도 했고, 어떤 사진에서는 울기도 했다. 또 어떤 사진에서는 몰라보게 변해버린 나와 아내의 모습에 허무와 인생무상을 느꼈다.

단란했던 가족과 함께 찍은 사진에서도 추억이 아른거렸다.

잊고 살았던 시절, 잊힌 사람을 발견하기도 했고 그때는 알았지만, 지금은 전혀 알 수 없는 인물도 있었다. 지나간 세월이 바로 엊그제 같은데 벌써 오래전 일이 되어버린 추억이 아련했다. 다정하게 어깨를 나란히 하고 찍었던 사람이 고인이 된 지 오래인 사람도 있었다. 한때는 있었는데 잠깐 왔다 간 흔적이 기억으로 남은 사람도 있었다.

40대 어머니, 아버지의 모습도 보았다. 애잔하여 울분이 차올라 가슴이 답답한 사진도 있었다. 젊은 시절 초라한 셋방살이지만, 애들은 마냥 좋다고 물장구치며 물놀이하는 사진도 있었다. 만감이 교차하며 지난 세월을 회상하는 귀한 독백의 시간이었다.

정리는 묵은 것을 털어버리고 마음을 정갈하게 하는 효과가 있다. 한동안은 새로운 기분으로 정돈된 환경에서 정서적 안정과 평안을 맛볼 수 있게 해줄 것이다. 그러면서 또 다른 정리의 빌미를 제공하기도 할 것이다. 우리의 일상이 다람쥐 쳇바퀴 도는 거니까.

오랜만에 묵은 때를 씻어낸 기분이고 무슨 큰일을 해낸 홀가분함이 몸에 스민다. (2020.3.21.)

흔적

정월 대보름날이었다. 설이 지난 지 얼마 안 되는 무렵이라 옛날 농촌은 설 명절 뒤끝 기운이 채 가시지 않았다. 아낙네들은 이집 저집 번갈아서 모여 수다와 입담으로 시간을 보내기 일쑤였다. 어린애들 역시 삼삼오오 무리 지어 온갖 놀이로 하루해가 짧았었다.

아마 내가 초등학교 1학년쯤이었을 성싶다. 그날도 어머니는 또래 이웃 어머니들과 우리집에 한데 모여 두서없는 얘기와 웃음으로 재미나는 시간을 보내고 있었다. 나는 여느 때나 마찬가지로 늘 어울리는 친구들과 함께 마당에서 뭉치기와 뜀박질 등 그야말로 신명나게 노는데 몰입해 있었다. 얼마쯤이나 지났을까 정해진 놀이가 끝나고 대부분의 친구들은 돌아갔다. 노는 데 정신 팔려 아픈 줄도 몰랐는데 오른쪽 팔목 안쪽이 아리고 아픈 것을 인지했다. 매만져 쳐다보니 움푹 살점이 떨어져나갔고 하얀 비계가 보였다. 친구 중 한 명이 호주머니에 예리한 칼을

넣고 놀이를 하였는데 뭉치기를 하면서 그 칼에 다친 거였다. 다른 환부 같았으면 피가 낭자했어야 할 텐데 다행히도 가늘게 피가 흐르고 있었다. 순간 놀란 나는 방으로 들어가 어머니께 환부를 보이며 통증을 호소했다. 함께 노시던 아주머니들도 놀라서 어찌할 바를 몰라 했다. 그중 친구 어머니 한 분이 황급히 달려 나와 부엌으로 가시더니 숟가락으로 검은 솥 밑에 그름을 긁어와 내 환부에 몽땅 붓고 석유 방울을 떨어뜨린 다음 헝겊으로 동여매어 주셨다. 맞는 처방이고 치료인지 따질 겨를이 없었고 선택의 여지 또한 없었다. 발 빠르게 대처해야 할 응급 상황이고 응급 처방이었다. 이후로 상당 기간 살이 차오를 때까지 소독과 치료를 했다. 이윽고 환부는 다 나았는데 솥검정은 다 없어지지 않은 채 환부가 아물어버렸다. 지금까지도 흉터에는 붓으로 그은 한 획처럼 검은 흔적이 있다. 평생 지워지지 않는 흔적을 안고 산다. 신경 쓰이고 마음으로 걸리적거려 자꾸 의식이 된다. 흔적을 감추려고 시계를 오른손에 찰 때가 많다. 겨울에는 긴소매 옷을 입으니까 잘 노출되지 않지만, 여름철 짧은 소매 옷차림 때는 여간 마음이 쓰이지 않는다. 순간의 무지하고 선부른 선택이 평생 멍에가 되는 흔적으로 남았다. 지금 같으면 성형 수술이라도 했을 성싶다.

얼마 전, 아침에 일어나 환기하려고 옥탑방에 올라갔었다. 방 한 켠 음악 방음 부스 안에 있는 에어컨이 켜져 있었다. 순간 깜짝 놀랐다. 생각해보니 전날 낮에 켜놓고 끄지 않았었다. 거의 하루 내내 켜져 있었던 게 아닌가. 누구한테 말도 못 하고 어찌나 내가 미웠는지 한심했다. 장기 외출 시였다면 어쩔 뻔했겠는가. 하마터면 큰 화재로 이어지거나 사고가 났을지도 모른다. 더구나 한 번이 아니고 전에도 같은 실수가 더러 있었다. 털털하고 주의력 부족한 나의 성정이 얄밉다.

어느 날, 아내와 함께 온종일 외출했다가 집에 돌아왔을 때였다. 현관에 들어서자마자 옷방의 전등불이 켜져 있는 것을 발견했다. 바쁘게 옷을 챙겨입고 나오느라 불 끄는 것을 깜빡했던 거였다. 선풍기도 안 끄고 외출할 때도 있었다. 그럴 때마다 전열기라서 화재로 이어질 수 있는 경우가 아니던가. 어디 그뿐인가. 새 옷을 입거나 신발을 신어도 금방 티가 나고 흔적을 남긴다. 또한, 와이셔츠에 넥타이 매고 식사를 못 한다. 음식을 흘리거나 국물을 흘려 얼룩지기가 일쑤다. 심지어 음식물을 흘리지 않기 위하여 밥 먹는 요령도 연습(?)한다. 조심성이 없어서인지 차분하지 못한 탓인지, 세심하지 않아서인지 아무튼 그렇다. 딴에는 조심한다고 하는데 꼭 흔적이 남는다. 나가나 들어가나 앉으나 서나 일거수일투족이 흔적을 남기기 일쑤다. 나이 들면서는 아내에게 핀잔 듣기 일쑤라 식습관 고치기나 주의력 향상에 더욱 신경 쓰며 지낸다.

나는 이와는 반대로 어떤 일을 처리하는 데는 나 자신이 미울 정도로 꼼꼼하고 촘촘하기 이를 데 없다. 독서도 장르를 불문하고 정독한다. 천천히 생각하고 음미하며 읽는 버릇이 있다. 남들이 그렇게 재빠르게 읽는 만화책도 나는 그렇지 않다. 글도 읽고 그림도 보느라고 시간이 걸린다. 어떤 공작(工作)이나 일을 하더라도 치밀하다. 스스로 완벽하고 만족할 때까지 검토하고 짚으며 일을 처리한다. 계획을 세우거나 실행할 때도 천천히 꾸준히 한다. 무슨 일이든 허투루 하는 일이 없다. 하지만 소소한 일상에서는 어디를 가든 무엇을 하든 티를 내고 흔적 남기기가 일쑤다. 그런 내 행적과 모습이 싫지만 잘 고쳐지지 않는다.

어떤 일이나 행동의 뒤에 남은 자취나 자국이 좁은 의미의 흔적이다. 일상에서의 소소한 성정이나 습관에 기인한 행적이다.

그런 일상의 좋지 못한 흔적이 있는가 하면 남기고자 하는 좋으면서 필요한 흔적도 있다. 남겨진 흔적을 통하여 행복과 보람을 느끼기도 한다. 일부러 좋은 흔적을 남기려고 근신하고 애쓰는 경우도 얼마든지 있다. 살면서 특별한 사안이나 경우에 아름다운 흔적을 남기려 노력하는 사람이 많다.

어찌 보면 사람의 일생은 흔적이다. 한 사람이 살아온 자취는 그 사람이 걸어온 족적足跡이며 흔적이다. 흔히 호랑이는 죽어서 가죽을 남기고 사람은 죽어서 이름을 남긴다는 말이 있다. 사람이 죽은 뒤에 이름을 남기려면 자기의 삶을 추상같이 살아야 함은 물론 동시대를 산 주변 사람들에게 기억되고 회자膾炙하는 삶을 살아야 할 것이다. 누구나 일생을 사는 동안 좋은 흔적을 남기며 살려고 한다. 하지만 살면서 살아가는 수단과 방법은 아름답고 정당하고 보람되지 못할 때가 있다. 그만큼 세상이 녹록하지 않다는 말이다. 인생길이 험하고 굴곡지며 순탄하지 않기 때문이다. 모진 세파와 악전고투하며 보이지 않는 미래를 개척하며 평생을 헤쳐나온 흔적이 곱고 아름답기란 쉽지 않다. 그러나 질곡의 역경이 없는 평지를 걷듯 순한 인생길을 살아온 흔적은 가치와 아름다움이 없다. 모진 비바람과 한겨울 삭풍에 시달리면서 불굴의 삶을 살아 마침내 성공담을 일구어냈을 때 흔적은 아름답고 빛날 것이다.

덧없이 속절없이 흘러가 버린 지난날. 지금까지 내가 살아온 흔적은 어떤 모습이고 어떤 색깔일까? 나이 70중반쯤에 살짝 마음에 조심과 두려움이 있다. 나를 가장 잘 아는 사람은 나다. 누구에게 나를 묻기 전에 나에게 나를 물어야겠다. 어떤 철학자가 말했다. 후회될 일은 하지 말라고. 이 말을 평생 뇌리에 두고 산다고 살았다. 그러나 미래를 사는 동안 지금의 일이 반드시 후회되는 일이 아니라고 확신하며 단정하고 살기란 쉽지 않았다. 나름대로 항상 최선을 다한다고 살았지만, 역부족인 게 더 많았던 것 같다.

일부는 일그러지고 어두운 색깔의 흔적도 있지만 크게 후회하지는 않는다. 내 분수대로 내 역량껏 쉼 없이 최선을 다하는 삶이었기 때문이다. 고관대작, 고대광실이 아니었어도 소소한 내 삶이 좋았다. 언제나 무엇인가를 찾고 이루며 살았다. 성취의 기쁨과 보람도 많았다. 멈추고 방관하며 안일하게 살지 않았다.

앞으로의 남은 삶도 충실하게 열심히 살며 좋은 흔적을 남겼으면 한다. (2023.4.4.)

흠결

주문한 물건이 택배로 도착했다. 필요해서 주문한 것이라 서둘러 열어 봤다. 음료수를 담는 유리병 두 개였다. 그중 한 개가 금이 간 것처럼 흠이 있었다. 예쁘고 모양도 좋은데 옥의 티였다. 아쉽지만 절차를 밟아 바로 반송했다. 대체품이 오기까지 여러 날이 걸렸다. 기분도 안 좋았지만, 왠지 자꾸 흠이 있던 그 유리병이 눈에 아른거렸다. 누군가의 부주의로 흠 있는 병으로 낙인찍혔고 어쩌면 폐기 처분 될지도 모른다고 생각하니 아깝고 안타까운 생각이 들었다. 유리병이 지닌 흠은 병 자신의 잘못이 없지만, 흠 있는 것으로 분류되었다. 이처럼 대개 물건의 흠결은 당해 물건 외의 원인으로 발생된다. 이유야 어떠하든 흠결은 제값을 못 받는다. 공산품이나 농산물을 보자. 흠 있는 물건은 하위 등급으로 따로 분류하여 형편없는 대우와 가치로 평가한다. 이처럼 흠결은 지울 수 없는 오점으로 남는다. 그뿐만 아니라 흠결 때문에 생명을 다하기도 한다. 하찮은 흠 때문에 존폐의 갈림길에 처한다. 그만큼 소홀할 수 없는 게 흠결이다. 사람의 경우 흠결은 당사자에 기인한다. 세상 사람 누구나 흠 없는 사람이 없다. 완벽의 기준도 끝도 없지만, 완벽한 사람은 단연코 없을 거다. 잘못하고 실패와 실수를 거듭하면서 사는 게 인생이다. 살아본 후, 새롭게 다시 살 수 없기 때문이다. 소위 인생은 연습이 없다. 따라서 어쩌면 매일 다가오는 일상이 매 순간 실전이기 때문에 두렵고 더듬거릴 일이다. 자칫하면 흠 있는 삶을 살 수 있으니까.

나는 지닌 성정 때문에 평생 지울 수 없는 흠결이 있다. 상대의 눈높이를 잘 헤아리지 못하는 흠이다. 세 딸을 기르면서 어릴 적부터 그들의 나이와 위치를 고려하는 배려가 부족했다. 그즈음에 그들의 사고와 성향을 이해하고 파악하려는 데에 소홀했다. 그런 나머지 때로는 윽박지르고 호통도 친 때가 있다. 그런 나의 흠결로 인하여 딸들에게 더러는 상처로, 더러는 미운 아빠로 기억될 대목이 있을 것 같다. 나한테 흠결이 그뿐이겠는가. 크고 작은 상처와 흠결투성이일 것이다. 나이 70 넘게 살았으니 얼마나 흠으로 얼룩졌겠는가. 지금은 후회해도 소용없는 일이 되었다. 작은 흠결일지라도 양심에 지워지지 않는 오점으로 남는다. 책잡히고 흠 잡힐 일은 절대로 하지 말아야 한다. 명예도 있고 지위가 높은 사람일수록 옥에 티를 만들면 안 된다. 겉 다르고 속 다른 표리부동한 사람이 되어서는 안 된다. 자기 인생 역정은 남은 몰라도 자기는 안다. 항상 양심에 호소하며 바른 잣대를 들이대며 살 일이다.

누군가 정치란 권모술수라고 했지만, 요즘 정치판의 모양새를 보면 참으로 가관이다. 모두 자기가 최고고 잘 알고 잘났다고 한다. 시쳇말로 내로남불이다. 그것도 너무나 자신만만하고 당당하다. 어쩌면 그렇게 티 없이 맑고 깨끗한 정화수 같은지 모르겠다. 자기의 주관적 판단이 정답이고 자기의 주장이 정설이다. 자기의 생각만 맞고 다른 사람의 생각은 틀린 것으로 밀어붙인다. 시대와 상황에 따라 다른 주장과 목소리를 내면서도 큰소리친다. 손바닥 뒤집으면 탄로 날 일도 아니라고 잡아뗀다. 유리한 쪽 그리고 자기편에게만 빌붙어 기생한다. 이런 모습을 보면서 안쓰럽고 측은한 생각까지 든다. 불을 보듯 뻔한 사안을 놓고도 억지를 부리고 막무가내다. 속이 훤히 들여다보이는데도 딴소리하고 엉뚱하게 딴전을 피운다. 똑같은 사안을 두고도 엇그제 한 말 다르고 오늘 한 말이 다르다. 임기응변으로 그 자리, 그 순간만 모면하고 보자는 식으로 일관한다. 올챙이 적은 망각하고 약자에게 사정없이 대하고 강자에게 심약한 모습으로 아부한다. 자타가 뻔히 아는 치부조차 눈 감고 아웅 하려 하고 어쭙잖은 일로 생색내기만 한다. 심지어 드러난 흠결도 숨기고 감추려 들고 말도 안 되는 변명으로 포장하려 한다. 자신의 잘못이나 흠결을 인정하고 사과하는 모습은 여간 보기 드물다. 내용이 부족하고 흠이 있는 줄을 알면서도 왜곡하고 포장해서 자기의 뜻을 굽히지 않으려고만 한다. 유리알처럼 맑고 깨끗하고 투명한 사람만 모인 데가 정치집단인듯하다.

성서에 나오는 간음한 여인을 모세의 율법에 따라 돌로 쳐죽일 자가 과연 있겠는가. "너희 중에 죄 없는 자가 먼저 돌로 쳐라."고 예수가 말했을 때 나이 든 사람부터 하나둘씩 현장을 떠나 마침내 간음한 여인만 남지 않았던가. 지금의 정치인들이 예수 당시 서기관들과 바리새인들과 다르지 않다. 양심에 비추어 죄와 흠결이 없는 자는 한 사람도 없는 반증의 사례다. 평생 양지의 봄볕만 쬐고 살 것으로 착각하고 있다. 여가 야 되고 음지가 양지 되며 갑이 을 되고 을이 갑 되는 게 인생이고 세상 순리임을 알아야 한다. 오르막이 있으면 반드시 내리막이 있다. 도대체 겸손, 겸양지덕은 찾아볼 수 없는 게 최근 정치 현장인 듯하다. 정치 얘기라면 신물이 난다는 사람도 상당수다. 정치의 필요가 국민 삶과 직결되었음에도 당리당략과 독선으로 일관하는 모습을 보면서 개탄을 금할 수 없다.

속담에 "똥 묻은 개가 겨 묻은 개를 나무란다."라는 말이 있다. 남 탓하고 남을 질책하기 전에 자기를 먼저 성찰하고 돌아보는 아량이 있어야 한다. 아량은 인격과도 무관하지 않지만 배려하는 마음이 있어야 한다. 배려는 관계를 중요시하고 상대의 입장을 헤아리는 마음이 있어야 한다. 내가 부족하고 어리석어서가 아니고 알지만, 모르는 척 양보하는 마음이 있어야 한다. 져주는 사람이 진정 이긴 것임을 모르는가. 나는 이미 가진 기회지만, 상대도 끼어들 수 있는 자리를 만드는 배려가 있어야 한다.

'남의 눈의 티끌, 내 눈에 들보'라는 말이 있다. 내 눈에는 크나큰 들보가 들어 있는데 남의 눈의 작은 티끌을 문제 삼는 어리석음을 비유한 말이다. 빈 깡통이 소리가 크게 나는 것처럼 속이 꽉 차고 고양의 인격과 덕망 있는 사람은 경솔하게 건방 떨지 않는다. 결코, 자기를 드러내 보이려고 하지 않는다. 알량한 지식과 성과를 과대 포장하고 침소봉대하여 부풀리고 내보이려고 하지 않기를 바란다.

로마 시스티나 성당의 〈천지창조〉를 그린 유명한 미켈란젤로는 그 작품 이후로 자기 그림에 낙관을 남기지 않았다 한다. 그 이유는 하나님은 아름다운 대자연을 창조하고도 이름을 남기지 않았다는 것을 깨달았기 때문이다고 한다.

자기의 흠결을 모르고 잘난 체만 하지 말고 상대도 배려하는 정치인이 보고 싶다. 사랑과 이해가 넘치는 상생의 정치로 국리민복을 꾀하는 선진 정치로 나아가는 모습도 보고 싶다. (2020.10.25.)

제5부

인연과 관계

그렇게 홀연히 가시다니

– 고故 김학 교수 1주기에 부쳐

세월이 번개다. 세월의 속도가 나이에 비례한다더니만 틀린 말이 아닌 것 같다. 산다는 게 뭔지 날마다 눈 벌어지면 동분서주다. 김학 교수님의 별세 소식을 접 한지가 엊그제 같은데 벌써 1주기란다. 2021년 1월 28일 오후 김 교수님의 사모님으로부터 비보의 전화를 받고 순간 소스라치게 놀라 큰소리로 외장을 쳤다. 운전 중이었던 나는 하마터면 차선을 이탈하여 사고를 낼 뻔했다. 갑작스러운 비보에 너무 놀라 나도 모르게 소리를 질렀던 거다. 사인死因을 듣고 더욱 펄쩍 뛰었다. 뭐 그런 경우가 있냐고 반문하며 사실을 부인하려고 했다. 그야말로 맑은 하늘에 날벼락 같았다. 본인은 물론 가족, 지인 누구도 예상치 못한 죽음 앞에 망연자실할 수밖에 없었다. 통화를 마치고 머리가 멍해져 도저히 더는 운전을 할 수 없어 길가에 차를 세우고 마음을 가라앉혀야 했다. 믿기지 않은 사실에 한동안 허둥대는 생활이었다. 날마다 보내주시는 각종 소식과 자료 등이 담긴 메일이 당장 멈춰버렸다. '나는 행복합니다.'를 연발하는 전화의 벨소리도 더는 들을 수 없게 되었다. 질리게 듣던 불광불급不狂不及이란 말도, 삶 전체가 수필의 소재다는 말도 지금은 들을 수가 없다. 많은 문하생이 수필 첨삭 지도도 받을 수 없게 되었다. 국내 수필 계의 중요한 소식과 문인의 동정도 쉽게 알 수 있던 맥도 끊겼다. 수필 때문에 살았고 삶의 중심에 수필을 안고 사신 분이다.

쉼 없이 뿌린 수많은 씨앗이며, 익어가는 열매며, 수확을 기다리는 잘 영근 열매들이 얼마나 많은데 모두 외면하고 그렇게 홀연히 가셨습니까? 수많은 문하생이 갈 바를 몰라 허둥대며 방향키를 찾아 헤맬 것을 번연히 알면서 어찌 그렇게 홀연히 가신 겁니까? 생각할수록 애달프고 허전한 마음입니다.

인생 살다가 죽음이 꿈같다는 말처럼 교수님의 별세가 정말 꿈같았다. 애통하고 허망했다. 하루 사이에 저승 사람이 되어 모습조차 볼 수 없다는 게 너무 아쉬웠다. 이게 인생살이인가보다. 어느 날 홀연히 떠나는 게 인생인가보다. 새삼스러울 것도 없이 우리는 그런 줄 알지만, 모른 체하며 산다.

충격 속에 유명을 달리하신 교수님. 지치지도 않는지 세월은 덧없이 흘러 어느덧 교수님 가신지가 1년이 되었다. 그래도 산 사람은 사는지 한 해를 맞으며 아픈 마음을 쓸어안고 애잔한 감정을 짓누르고 있다. 한 번도 경험해보지 못한 저승길을 얼마나 헤매며 힘들게 가셨을지 짠한 마음이 가슴을 후빈다. 교수님 가실 때 이승의 계절이 겨울이었는데 혹시 눈길에 춥지나 않았는지 어찌할 수 없는 걱정만 했다. 하지만 지금쯤은 저승 어느 양지바른 곳에 자리 잡아 안주하시어 뒤따를 우리를 굽어 살피며 기도와 간구懇求로 소일하시리라 믿는다.

김학 교수님과 나와의 인연은 아주 오래전부터이다. 내가 고등학교 재학시절로 거슬러 올라간다. 아마 2학년 때일 거라 짐작한다. 재학 당시 나는 YMCA, JRC, BOY SCOUT 등의 클럽에 가입하여 활동하였다. 어느 날인가 학교 YMCA 대표로 KBS 전주 방송국에서 개최한 토론 프로그램에 참석한 일이 있었다. 그때 프로 담당 PD가 김학 교수님이었다. 후에 연이 되어 만나게 될 것을 예견했던지 그날 이후로 교수님의 존함을 기억하고 지냈다. 그렇게 교수님과의 첫 만남이 있었다. 그로부터 근 40년의 세월이 흘러 내가 수필 신인상을 받는 자리에서 두 번째 만남이 이루어졌다. 당시 나는 전북도청의 과장으로 재직했었다. 시상식과 문학 강연, 문학 기행 등의 행사가 1박 2일 동안 이어졌다. 체류 기간 내내 교수님과 나는 많은 얘기를 나누었다. 알고 보니 그동안 만나지만 않았다 뿐이지 교수님은 공교롭게도 나의 동정을 많이 알고 있었다. 깜짝 놀랐다. 공직에 있으면서 가끔 매스컴에 보도된 사실과 주경야독으로 박사학위를 취득한 일 등 상당한 나의 정보를 가지고 있었다. 그러면서 여러 강의 기회가 있을 때마다 나를 사례로 강의를 했었다고 했다. 그뿐만 아니라 김 교수님의 사모님에 따르면 평소에 일면식도 없는 나의 얘기를 가끔 했었다고 했다. 그래서 부음訃音도 사모님께서 직접 하셨다고 했다.

정말 한편으로 고마우면서도 놀라웠다. 어떻게 잘 알지도 못하는 나를 관심에 두고 있었는지 이해되지 않았다. 그렇게 김 교수님의 머리에 내가 상당히 자리하고 있었던 거다. 참 특별한 일이고 감사한 일이다. 뒤늦은 회한이 많다.

그 후 나는 전북대 평생교육원에서 수필 수학을 하면서 김 교수님과 더욱 밀접한 관계를 갖고 지냈다. 교수님이 지도 교수로 있는 문학회에 가입하여 동인 활동도 하고 회장을 맡으면서는 동인 모임의 발전 방향을 놓고 함께 머리를 맞대기도 했다.

젊은 시절 이래로 수필과 함께 살았고, 문학 관련 활동도 왕성히 하면서 지역의 문학 지평을 넓히는 것은 물론 후배 양성에도 남달리 노력했던 분이다. 경향 각지 어딜 가든지 전주의 김 교수를 모르는 문인이 별로 없을 정도로 입지가 대단했던 분이다. 지역 문단은 물론 한국 문단의 큰 손실이 아닐 수 없다. 하지만 지금은 모두가 지난 일이 되었고 어찌할 수가 없는 노릇이다. 다 부질없는 일이다. 다만, 오늘을 사는 우리가 가신 님의 족적에 누가 되지 않게 공부하고 열정으로 매진해야 할 것이다.

김 교수님은 '나는 행복합니다'란 글에서 매사를 긍정적으로 보고, 느끼고, 생각하여 행복을 발견했고 행복을 누리며 살았다. 큰 욕심 없이 자신에게 와있는 행복을 찾아 감지하며 즐기며 살았다. 채워도 뭔가 모자란다는 생각이 늘 지배하는 게 인간의 속성인데 그런 긍정의 삶을 산다는 것은 결코 쉬운 일이 아니다. 누구나 행복은 늘 자신 곁에 있다는 것을 다시 한번 일깨워 준 삶이었다고 생각한다.

고 김학 교수님!

이젠 무슨 말을 해도 무슨 생각을 해도 산 사람의 한낱 넋두리에 불과합니다. 공허한 메아리입니다. 오직 한 가지 바라는 것은 하늘나라 그곳에서도 '나는 행복합니다'라는 말을 구가하면서 이승에서처럼 수필에 빠져 영원히 지지 않는 불길로 사시기 바랍니다. (2021.11.29.)

만남과 이별

한 4년 전쯤 일이다. 전라남도 지역으로 우리 부부를 포함해서 지인 네 부부가 골프 여행을 가기로 했었다. 골프장을 선정하고 일정까지 정하여 협의를 마치고 시행만 앞두고 있었다. 그런데 떠나기 2주 전쯤엔가 예정된 일행 중 모 인사께서 자기 부부는 불참하겠다고 여행을 주선하는 분께 연락이 왔다고 했다. 이유를 묻지 말라는 당부와 함께 일방적인 선언이었다고 했다. 상식적으로 이해되지 않는 일이었다. 그로 인하여 골프 여행은 무산되고 말았다. 그 뒤로 나는 두어 차례 그분께 전화했으나 연결되지 않았다. 다른 두 부부도 연락이 없다고 했다. 지금도 그 이유가 무엇인지 궁금하지만 알 수가 없다.

사실 여행이 예정되었던 우리는 수년 전에 해외 골프 여행을 다녀온 관계였다. 그때 정식으로 만나 친교를 맺었다. 가던 날이 장날이라고 여행지에 도착한 날부터 돌아오는 날까지 일주일 내내 비가 내렸다. 여행

목적이 골프였기 때문에 우중임에도 하루를 빼지 않고 골프를 했었다. 아마 보기 드문 기록적인 여행이었을 게다. 그래서 더욱 기억이 남고 잊히지 않는 여행이 되었다. 그로부터 우리는 귀국해서도 가끔 부부 동반 골프를 했다. 만난 지 얼마 안 되지만 연령대가 비슷한 처지여서 쉽게 가까워졌고 비교적 격의 없이 지내는 관계로 발전했다. 그런데 갑자기 영문도 모르고 작위적인 이별을 하고 말았다. 벌써 몇 년이 흘렀는데도 오가다 한 번이라도 볼 수 있으련만 만나지 못하고 있다. 만남이 상처만 남았고 기분이 개운치 않아 씁쓸하다. 생이별이 이런 건가 보다. 쉽게 뜨거워지면 쉽게 식는다는 말이 맞는가 보다.

사람의 만남은 태어나면서부터 시작된다. 엄마, 아빠와 형제자매와의 만남, 스치는 만남이지만 의료인이 생애 첫 만남이다. 본인의 의지와 상관없는 필연적인 만남이다. 그로부터 성장하면서 일생을 사는 동안 수많은 만남을 갖는다. 지연, 학연, 직장 연, 사회 연 등 여러 가지 인연으로 본인의 의지와는 상관없는 만남을 갖게 된다. 그 과정에서 아름답고 좋은 만남이 되어 일생의 반려자 혹은 동반자로 발전하기도 한다. 또는 반대로 잘못된 만남이 되어 생애 걸림돌이 되고 악연이 되는 수도 있다. 만남이 원인이 되어 부가로 얻어지는 이익과 복된 일도 허다하다. 좋은 친구 덕분에 인생의 방향이 달라지고 나쁜 친구 때문에 앞길을 망치는 경우가 있다. 어쩌면 만남이 일생의 행불행을 좌우하는지도 모르겠다. 필연과 우연으로 만남이 이루어지지만 그만큼 만남은 운명적이기도 하다. 필연적 만남은 어쩔 수 없다 하겠지만 작위적 만남은 신중해야 한다. 별생각 없이 경솔하게 무분별하게 아무나 만나는 것은 가히 삼가야 할 일이다. 낳고 길러주신 부모와의 만남은 생애 첫 만남이어서 필연적, 운명적 만남이다. 부부는 억겁의 인연이 있어야 만난다고 한다. 가히 기적적이고 절묘한 만남이다. 만남 중에 부모, 부부와의 만남같이 환상적이며 소중한 만남은 없다고 본다. 이런 만남은 인위적 만남이라기보다 하늘이 맺어준 만남이다. 생애 가장 기쁘고 행복한 만남이다. 따라서 죽을 때까지 만남이 존속되어야 하고 끈끈한 정으로 관계를 잘 유지해야 한다.

살면서 이런저런 인연으로 만난 사람이 너무 많다. 그때 그 시절에 나와 함께 지내던 사람들, 당시에는 다정하게 오래도록 같이 살 것 같았던 사람들의 만남이다. 그러나 지금 와 돌이켜 보면 멀어지고 잊힌 사람들이 많다. 삶의 주기에 등장했던 일시적 만남이 많았다.

사람도 별별스러운 사람이 있지 않던가. 스치듯 만나서 지내다 보면 평생을 가도 좋은 인상을 주고 친근감을 느끼게 하는 사람이 있고, 늘 마주하지만 거리감이 느껴지는 사람이 있다. 만날 때도 좋았지만 헤어지면 허전해서 다시 만나고 싶은 사람이 있다. 마음 내키지 않지만 어쩔 수 없이 만나야 할 사람도 있다. 지나간 만남이 그립고 아쉬운 만남도 있고 기억에서 지우고 싶은 만남도 있다. 어쩌면 만남은 삶이 빚어내는 선물이고 해악일 수도 있다. 만남은 삶의 과정이자 족적(足跡)이다.

회자정리會者定離라고 했다. 일에도 시작이 있으면 끝이 있듯이 불행하게도 모든 만남은 헤어짐이 있다. 만난다는 것은 언젠가는 헤어져야 하는 이별이 수반됨을 내포한다. 헤어짐에도 잠시 헤어지는 작별과 다시 만나지 말자고 작심하고 헤어지는 결별이 있고, 일부러 또는 억지로 헤어지는 생이별이 있으며 죽음으로써 헤어지는 사별이 있다.

만나서 의미 있고 재미있는 만남이 있는가 하면, 곧바로 헤어지는 쓰라린 이별도 있다. 평생을 가도 영원토록 함께 할 것 같고 절대로 헤어지지 않을 것 같았던 부모 형제와의 만남도 종국에는 사별하게 된다. 억겁의 인연으로 행복하게 만나 일생을 반려자로 동반자로 동고동락하던 부부도 결국 헤어지게 된다. 부부는 같은 날 같은 시에 아름답고 행복하게 만났으나 대다수는 죽을 때 같은 날 함께 죽지 않는다. 가장 행복하게 만나 가장 불행하게 헤어지는 게 부부다.

이별은 만남에서 시작된 셈이다. 만남 때문에 헤어져야 하는 쓰린 아픔이 있다. 만남이 없으면 이별도 없다. 만남의 의미를 되새겨 볼 일이다. 만나고 헤어지는 것이 일상이고 삶인가 보다. 만나고 헤어짐에 너무 큰 의미와 기대를 하지 말아야 하는지도 모른다. 기대가 크면 실망도 크다는 말이 있지 않던가. 헤어짐은 기다리지 않아도 언젠가는 다가올 것이다. 그러니 만남만 생각하자. 만남이 곧 삶의 과정이고 한 부분이라고 생각하자. 다만 순간에 충실하듯 작고 소중한 만남에 충실하고 정성을 다해야 하지 않을까 싶다. 사람과 일과 사상과의 모든 만남은 때가 있다. 때가 되지 않으면 만나고 싶어도 만날 수가 없고 때가 되면 만나기 싫어도 만나야 하는 만남이 있다. 순리대로 만나면 되는 것이지 이별이 두려워 만남을 회피할 필요는 없다.

학창시절 만났던 친구들, 일터에서 만났던 사람들, 사회생활을 통하여 만났던 사람들을 곰곰이 생각해본다. 모두 그 당시에는 엄청나게 다정해서 평생을 두고 함께할 것처럼 한동안 다정한 관계를 유지하며 지냈다. 하지만 지금은 삶 따라 세월 따라 자연스레 멀어져갔고 잊힌 사람들이 많다. 어디서 무엇을 하며 사는지 심지어 생사도 모르는 게 허다하다. 저절로 자신도 모르게 이별한 셈이다. 문득 생각나 떠오르는 사람이 있고 꿈에라도 보고 싶은 사람이 있다. 지나간 만남이 그리워 아쉽고 애석한 때도 있다. 그러나 다시 만날 수도 없으며 덧없고 부질없는 일이다. 흘러간 세월만 탓할 수밖에. (2023.8.11.)

안타까운 일

"K 지사님은 뇌졸중이라더니 치매라고 하데요." 부부끼리 자주 만나는 은퇴한 또래 동료의 말이다. "아니라던데 뇌출혈로 쓰러져 재활 치료 중이라고 하던데." 내가 맞받아 한 말이다. 최근에 K 지사 측근으로 알려진 지인에게 들은 적이 있어서다. 아마도 과도한 스트레스가 원인이지 않았나 하는 생각이 든다고 했다.

K 지사의 근황에 대한 소식은 전에도 몇 번 들었다. 파크 골프장에서 만났는데 건강이 너무 안 좋아 보이더라고, ○○○ 병원에 입원했다가 서울로 전원하여 치료 중이라는 말도 들었다. 어떤 게 사실인지는 모르지만, 건강이 좋지 않은 것만은 분명해 보인다.

승승장구 그렇게 잘나가던 그가 그러한 지경에 이르렀다는 게 실감 나지 않는다. 뇌졸중은 스트레스가 원인이라던데 그럴만한 일이 있을까이다. 하기야 이따금 들리는 풍문에 따르면 결혼, 장례식장 같은 데서 재직 시 휘하揮下였던 사람들에게 구술 봉변(?)을 당했다는 말도 들었다. 말을 전하는 사람마다 거보라는 듯한 뉘앙스였다. 감히 그런 일이 있으리라고는 정서상 상상하기 어려운 일이다. 그러나 사실이라면 참기 힘든 심기일 거다. 크나큰 충격이고 울분으로 작용했을 것이다. 어디에 대놓고 말도 못 하고 혼자 속으로 삭여야 하는 모욕, 모멸감은 견디기 힘든 스트레스일 거다. 더군다나 그의 성정性情상, 퇴임 후에는 주변에 가까이 지내는 사람도 많지 않았을 성싶다. 따라서 소위 말하는 고독, 외로움 같은 것으로 남몰래 힘들었을 수도 있다. 선거 당시 소위가족처럼 지내던 캠프 사람들도 하나둘씩 멀어지거나 떠나니 갈수록 우울한 일상이었을 지도 모른다. 대략 이런저런 예상되는 사유가 원인이 되어 스트레스가 되고 이에 따라 발병했을지 싶다. 아무튼, 이유 불문하고 안타까운 일이다.

K 지사는 보통 사람은 엄두도 못 내는 기록적인 관록의 소유자다. 관 · 민선을 합하여 군수, 시장, 도지사 등 자치단체장을 아마 20년은 족히 했을 것이다. 그러니까 여느 보통 사람이 입사해서 퇴사 때까지에 버금가는 기간을 장長으로만 근무한 셈이다. 여러모로 유능하고 실력 있는 분임에는 부인 못 할 것이다. 참으로 대단한 인물이 아닐 수 없다. 더군다나 민선 자치 단체장 시절에는 권한이 막강했다. 그런 분이 퇴직한 후에 초라한 자기 모습에 말 못 하는 허탈감 같은 것으로 심기가 매우 불편했을 수 있다. 오랜 기간 권한 있는 자리에서 지내온 터라 권위적인 행습行習이 은연중 몸에 배어 은퇴 후의 평범한 일상이 무료하고 조금은 힘들었을 수도 있다.

K 지사는 내가 퇴임 당시 선출직 도지사였다. 그는 한때 나와 한 팀은 아니지만 같은 사무실에서 근무하기도 했다. 그러다가 내가 공직 말년에 이르러 그는 지사가 되었고 나는 국장으로 휘하 공무원이었다. 만남으로 맺은 인연은 20년도 더 된다.

K 지사의 건강이 좋지 않다는 소식을 접하니 만감이 교차한다. 그와 함께 근무하면서 겪고 보고 들은 일들이 생생하게 떠오른다.

그가 지사로 선출되어 부임할 때 나는 국장으로 승진하여 7개월 정도 되었었다. 지사 취임 한 달쯤 후 단행한 첫인사에서 나는 영문도 모른 채 소위 대기 발령을 받았다. 누구도 내가 왜 그런 인사를 당해야 했는지에 대한 말이 없었다. 선거로 선출된 지사라는 걸 알고 정무적인 액션(?)을 하지 않은 내 잘못인지는 모르나, 직무상으로는 불이익을 받아야 할 이유가 없었다. 그때의 참담한 내 심정은 아무도 모른다.

K 지사는 유별난 점이 있었다. 간부회의 같은 공식 석상에서 말을 함부로 한다. 예를 들면 국장에게 "야! ○○○! 너는 왜 그러냐?"는 식으로 반말로, 야!, 자! 를 보통으로 한다. 자기 마음에 들지 않으면 여지없이 아무 말로나 힐난하게 핀잔과 면박을 준다. 십여 명 이상이 모인 공식 석상인데 아랑곳하지 않는다. 당사자의 인격은 여지없이 무시된다. 치욕적인 수모를 겪는다. 지목된 당사자는 마치 공개 재판이나 받는 모양새다. 일련의 이러한 사례가 공개된 공식 석상에서 감정 섞인 어조로 신상털기, 망신주기식으로 일어난다. 어쩌다 한 번이라도 있어서는 안 되는 행태인데 같은 사례가 자주 있다면 어떻게 이해할 수 있는가. 도대체

이러한 행태를 보기는커녕 들어보기라도 할 법한 일인가. 있을 수 없는 일이며 망발도 이럴 수는 없다. 지휘관이나 리더로서 있어서는 안 될 행태라 여겨졌다. K 지사와 근무하면서 솔직히 따뜻한 인간미를 느끼거나 발견하지 못했다. 항상 거리와 간격만 있고 경직된 수직적 상하 관계였다. 지사의 권력이 마음대로 자행되었으며 하늘을 찔렀고 휘하의 사람은 자존심도 인격도 없는 형국이었다. 그로부터 받은 천대 때문에 자다가도 벌떡 일어난다는 모 국장은 갑자기 사표를 던지고 퇴직까지 했다.

이 외에도 불이익, 부당한 대우, 일관된 면박과 핀잔 · 비하의 대우를 받으며 근무했던 상당수 휘하 공무원은 인간적으로 일방적인 수모를 당했다고 생각할 수 있다. 따라서 그들에게는 외면, 앙금, 반감 같은 감정이 다분히 잠재할 수 있다. 실제로 앞의 구술 봉변 사례의 경우는 물론, 앙갚음(?)을 생각하기도 한 사람도 있다. 부당한 대우를 받아 가슴에 못이 되고 앙금이 된 이들은 어쩌면 지사의 질병을 그의 업보(?)라고 생각할 수도 있다.

권불십년 화무십일홍權不十年 花無十日紅이라고 했다.

아무리 지위가 높고 권력이 있어도 영원히 그 자리에 있을 수 없고, 권력 또한 유한한 것이며, 아름다운 꽃도 십 일을 못 간다고 했다. 재물이 많아도 언제까지 그 재물의 덕을 볼 수는 없는 것이 세상의 이치다. 음지가 있으면 양지가 있고 오르막이 있으면 내리막이 있다.

비록 죄를 지어 고개를 떨구고 있는 피고라 해도 근엄하게 법복을 입고 높은 단상에 있는 판사보다 피고가 더욱 인간적일 수도 있다. 휘하揮下고 부하部下라고 해서 인간의 모든 면이 하위고 인격마저 없는 것은 아니다.

어느덧 세월이 흘러 잘나가던 지사도, 휘하에서 일방적으로 비인간적인 대우를 받던 사람도 모두 은퇴했다. 지역 사회에서 피차 함께 살아가고 있다. 지나온 삶에서 설령 맺힌 게 있다 하여도 많은 세월이 흐른 지금에 이르러 반감反感을 품어서는 안 된다고 생각한다. 나도 세월이 지나고 나이가 들어 서운한 감정은 희석되고 추억이 되었다. 다만 마음 한 구석에 남은 흔적은 지워지지 않음을 숨길 수 없다.

사람은 혼자 살 수 없다. 살면서 많은 사람과 마주치며 산다. 마주치는 누군가와의 관계가 어색하고 서먹해서야 되겠는가. 보면서도 못 본 채 외면하는 관계가 되어서는 안 되지 않겠는가. 비록 주고받는 것은 없더라도 적어도 무해무덕無害無德, 상호존중의 관계, 내지는 수인사修人事 사이가 바람직하지 않겠는가? 인생이 짧다고 하지만 돌고 도는 것만은 맞는가 싶다. 사람 팔자 시간 문제고 모든 게 영원하지 않다.

덕불고 필유린德不孤 必有隣이라는 논어에 나오는 말이 있다. 덕이 있는 사람은 외롭지 않고 반드시 이웃이 있다는 뜻이다. 덕을 쌓는다는 것이 결코 쉬운 일은 아니다. 참으로 어려운 일이지만, 상대를 인격적으로 대하고 살피고 배려하며 사랑하는 마음을 갖는 것 또한 덕행이 아닐까 생각한다. 떠도는 말로 '있을 때 잘해'란 말이 있다. 힘 있고 능력 있고 권한 있을 때 정으로 베풀고 격려하며 다독이는 배려가 덕행이고 덕을 쌓는 게 아닐까 싶다.

말 한마디라도 상대의 입장에 서서 따뜻하고 부드러운 어조로 말한다면, 그게 덕이고 복이 아닐까 싶다. 적선지가積善之家 필유여경必有餘慶이라고 했다. 선을 쌓는 집은 반드시 경사가 있다는 말이다. 선한 끝은 있어도 악한 끝은 없다고 했다. 상급자라고 해서 아무렇게나 말해도 되는 것은 아니다. 인격을 무시하고 막말, 날카로운 말, 가슴을 후벼 파는 말은 삼가야 한다. 악담한다고 권위가 있고 전달이 잘되는 것은 아니다.

인품이 출중하고 덕망이 있는 사람에게는 주변에 따르는 사람들이 많기 마련이다. 윗사람이 실력으로, 덕으로 다스릴 때 아랫사람은 저절로 청종聽從하지 않겠는가.

덕으로 베풀고 배려하고 다스리는 사람은 곁에 사람이 있기 마련이다. 그렇지 않은 사람은 언제나 외톨이고 혼자일 수밖에 없다. 고독처럼 두려운 것은 없다. 말 못 하고 속으로 타들어 가는 마음 상태가 외로움이다. 얼마나 심신이 괴롭겠는가.

자기를 가장 솔직하게 잘 아는 사람은 자신이다. 양심이란 게 있어서 남은 몰라도 자기는 자신을 안다. 살면서 내가 언제 무엇을 어떻게 하며 살았는지 잘 안다.

작년에 고인이 된 중국의 리커창 전 총리가 "사람이 하는 일을 하늘이 본다. 푸른 하늘에도 눈이 있다(人在干 天在看 蒼天有眼)."란 말을 총리 퇴임 직전 열린 송별회에서 인용했다고 한다.

이 말은 '하늘이 보고 있으니, 의인은 정진하고 악인은 악행을 멈추라.'는 뜻의 말인데, 「삼국지연의」에서 제갈량이 한 말이라고 한다. 자신의 행적을 숨기려고 해도 하늘이 알고 땅이 알고 자신이 아는 것이다.

각설하고 지금 K 지사가 건강이 좋지 않아 재활 치료를 하고 있다고 하니, 행여 내면의 말 못 할 스트레스나 심적 고통으로 인하여 발병한 것은 아닌지 염려가 있다. 그러나 모든 것은 시간이 해결한다. 지난 일은 지난 것이다. 모두 잊고 용서하고 용서받는 화해의 정신으로 마음의 평정을 찾길 바란다. 동시대에 같은 인생 말년을 사는 사람으로 솔직한 바람이다. 재활에 최선을 다하여 하루속히 정상인으로 회복되는 빠른 쾌유를 진심으로 바란다. 누군들 마찬가지지만 적지 않은 날들을 함께한 상사가 힘겨운 재활 치료를 받는다는 소식은 결코 유쾌할 수 없다. 마음이 짠하고 안타까운 일이 아닐 수 없다. (2024.1.26.)

영아 매매嬰兒 買賣

나는 세 번째 수필집 '발자국 없이 걸었네'에 '아기 공장'이란 글을 쓴 적이 있다. 글의 내용을 요약하면 이렇다. 나이지리아의 한 병원의 지하실 아기 공장에 소녀들이 끌려와 불법으로 감금되어 타의에 의해 성행위를 강요당하고 임신이 되면 출산까지도 강요당했다.

아기 공장에서는 소녀들이 아기를 출산하면 그 아기들은 상품이 되어 어디론가 팔려나가게 되어 있다고 했다. 태어난 아이는 성별에 따라 2만 5,000~3만 나이라(naira)(17만 3천 원~20만 7천 6백원)를 받고 병원 소유주에게 넘겼다고 한다. 병원 소유주는 다시 아기들을 30만~100만 나이라(207만 6천 4백원~692만 천 5백 원)를 받고 판다. 이렇게 해서 팔린 아이들은 농장이나 공장, 광산 등으로 불법 입양된 뒤 사실상 노예 생활을 하게 된다고 한다. 또 여자아이들은 윤락가로 팔려나가기도 한다고 했다. 이외에 일부 아기는 팔려나가 제물로 바쳐지기도 하고 불임 부부가 아이를 사가는 일도 있다고 했다. 나는 그때도 보도를 보고 이와 같은 글을 쓰면서 너무나 경악했다. 사람의 짓인지, 사람이 사는 세상의 일인지 의아해서 머릿속이 하얬었다. 너무 기가 막혔다. 식인종이 있다는 말은 들었지만 이런 일은 상상도 못 했다. 하기야 일찍이 인류 역사에 버젓이 노예 제도가 있었다. 그것도 한번 노예면 대를 이어 노예로 살아야 하는 피맺히고 비극적인 인류사였다. 똑같은 인간임에도 누구는 부리고 누구는 부림을 당해야 하는 처사가 있었다는 것은 무엇으로도 당위성을 설명할 수가 없다.

며칠 전, 보도를 보고 또 한 번 눈과 귀를 의심했다. 보도에 따르면 태어난 지 6일 된 신생아를 98만 원에 사서 2시간 만에 300만 원에 다시 판 20대 여성이 재판에 넘겨졌다는 거다. 인천지검은 아동 복지 법상 아동매매 혐의로 20대 여성 A 씨를 구속하고 기소했다.

A 씨는 2019년 8월 24일 오전 11시 34분께 인천 카페에서 300만 원을 받고 생후 6일 된 B양(영아)을 50대 여성 C 씨에게 판매한 혐의를 받았다. 조사 결과 A 씨는 같은 해 7월 B양 친모가 인터넷에 올린 '남자친구와 사이에 아이가 생겼는데 키울 능력이 되지 않는다. 좋은 방법이 없느냐'라는 글을 보고 접근한 것으로 알려졌다. 그는 B양 친모에게 "남편이 무정자증이라 아이를 가질 수 없어 아이를 낳으면 데려와서 출생 신고 후 키우고 싶다"라고 거짓말을 했고, 병원비를 대신 부담하겠다고 했다. A 씨는 당일 오전 9시 57분께 B양 친모가 입원한 병원에 찾아가 병원비 98만 원을 내고 B양을 건네받은 다음 되판 것으로 파악됐다. A 씨는 곧바로 입양을 희망하는 C 씨에게 접근해 친모 행세를 했고, 병원비

와 산후조리 비용 명목으로 B양 매매 대금 300만 원을 받았다. C 씨는 B양을 자신의 아이로 등록하는 데 어려움을 겪자 결국 베이비박스에 유기했고, B양은 다른 곳으로 입양돼 현재 무사한 것으로 파악됐다. 검찰은 B양 친모와 C 씨 등도 아동 매매 행위를 했다고 보고 A 씨와 함께 재판에 넘겼다. A 씨는 앞서 다른 아동 매매 혐의로 재판에 넘겨져 지난해 10월 전주지법에서 징역 1년 2개월에 집행유예 2년을 선고받기도 했다. 이상이 보도된 기사의 내용이다. 그런데 이번 사건과 비슷한 사건이 과거에도 있었고 최근에도 있었다고 한다. 인터넷을 검색해보면 대구에서도 영아 4명을 매수했던 사건이 있었다. 이 사건의 기소된 피의자들이 여러 명인 것에 비추어봤을 때 조직적으로 이루어진 것으로 보인다. 조직적 범죄가 가능한 배경에는 온라인 커뮤니티라는 게 있었던 것 같다. 사건의 내용을 보면 불임 부부에게 접근해서 거액을 받고 아이를 팔아 아이가 출생 신고가 될 수 있는 것까지 도와준다고 한다. 또, 미혼모가 될 수 있는 여성에게 접근하여 정자를 주입해서 출산해 아이를 넘겨주면 1,000만 원을 주겠다고 회유하는 행위를 한 거다.

아프리카의 나이지리아 남동부 아비아주에 있는 인신 매매용 아기를 낳는 이른바 아기 공장(Baby Industry), 차마 표현하기도 민망한 말이다. 재료의 가공이나 물품을 제조 또는 생산하는 곳을 공장이라 하는데 물품 아닌 아기를 생산하는 공장이라니 너무 황당하다. 인간 아기가 물품처럼 생산된다는 것이다. 참으로 충격적이고 어처구니가 없다. 어떻게 이럴 수가 있을까? 당시 나이지리아 경찰은 아기 공장을 급습해서 감금되어 있던 소녀 32명을 구출했다고 한다. 이 소녀들은 15세에서 17

세가 대부분이었는데 20세인 여성도 있었다고 한다. 나이지리아 정부가 2009년도에 구출한 인신 매매 피해자는 1,250명이고, 2010년에는 1,047명이다. 나이지리아에서는 사기, 마약 거래와 함께 인신 매매가 빈번하게 발생하는 3대 범죄로 꼽힌다고 한다. 후진국 나이지리아는 사회 여러 분야에서 전반적으로 수준이 낮고 빈곤율이 높다. 또 광활한 국토를 가지고 있어서 한정된 정부의 인력으로는 단속하기가 쉽지 않다고 한다.

아기 공장! 언론에서 붙인 용어인지 모르겠으나 너무 못마땅하다. 하지만, 자행되는 행위는 공장이나 다름없다. 붙잡혀 와 불법으로 강제 감금된 소녀들은 울안에 갇힌 동물이나 다른 바가 없다. 동물이 사육되어 새끼와 알을 낳는 것과 무엇이 다른가. 강제 감금된 소녀들은 아기를 생산하는 동물 같은 기계였고, 그들로부터 태어난 아기들은 그 기계가 생산하는 공장의 제품이었다. 사람이 사람을 공장 제품처럼 생산하여 판매하다니 너무 기가 막히고 해괴한 일이다. 사람이 이렇게 잔인할 수 있을까? 인면수심도 유분수지 이런 발상을 하고 자행한 것이 사람이 할 짓인가. 어떻게 된 세상인지 머리가 뒤죽박죽이다. 동물이 아닌 사람이 사람에 의하여 동물과 같은 대우를 받는다는 것은 도저히 있을 수 없는 일이고 용납될 수 없다. 원치 않는 아이를 낳아 파는 소녀들, 그러한 삶이 그들의 생존 이유인 비극을 어찌해야 좋은가. 그들은 단지 목숨만 붙어있는 것이지 산 사람이 아니다.

인권은 어디 가고 인간의 존엄은 어디에서 찾을 수 있는 것인가. 인간 생명의 존귀와 소중함은 아무리 강조해도 지나치지 않는다. 세상의 모든 아기는 사람의 축복 속에서 태어나야 할 소중한 생명이고 존재다. 그런데 축복 속의 탄생이 아니고 물품처럼 생산되는 아기들이 있다니 이게 무슨 말인가. 어떤 이유로든지 태어난 아기는 분명 사람 일진데 물건처럼 취급하여 돈으로 값을 매겨 거래한다는 것은 절대로 용납되어서는 안 된다.

행여 불임으로 아기를 가질 수 없는 부부라면 합법적인 절차를 거쳐 입양하면 된다. 이 경우도 인륜을 저버린 거래와 같은 불법 부당한 방법은 용인될 수 없다. 더욱이 금전이 오가는 거래라는 것은 천부당만부당한 일이다. 사람이 사람을 반인륜적으로 물품처럼 사고파는 행위는 절대로 정당화될 수 없다. 음성적으로 이루어지는 인간 거래를 온 인류가 나서서 근절하지 않으면 끔찍하고 비극적인 대가를 결국 인간이 치를 것이다.

만물의 영장이라고 자처하는 인간이 짐승 같은 짓을 한다는 게 말이 되는가. 무엇이든 정상이어야 한다. 먼저 인간이 되어야 한다. 스스로 인간이기를 포기하는 만행은 근절되어야 마땅하다. 그래서 실추된 인간의 존엄성과 유린당한 인권의 회복을 위하여 온 인류가 나서야 한다. 동시에 우리 정부를 비롯하여 각국 정부는 물론이고 인권 관련 국제기구와 단체가 선봉이 되어 적극적으로 근절을 위한 대책과 실행에 앞장서야 한다. (2023.8.28.)

왜 세 번이고 3일까?

문득 저녁 식사를 하다가 사람은 왜 꼭 세끼를 먹는가 하는 생각이 들었다. 왜 하필 아침, 점심, 저녁 세끼일까? 한 끼면 안 되고 두 끼면 안 될까? 사람이 태어나면서부터 길들이면 안 될까? 오랜 전통이고 습관일 거라고 치부하다 공연히 궁금해졌다. 생각해보니 이상하게도 숫자 3에 관련된 게 참으로 많았다. 나의 하루 세끼 식습관도 우연한 것이 아닌가 싶다. 중학 시절 생물 선생님과 잘 아는 원로 의사로부터 들은 말이다. 꼭 세끼를 챙겨 먹어야 한다는 것이다. 왜냐면 위에서 위산이 식때에 맞춰서 분비되기 때문이라고 했다. 음식물을 때에 맞춰 섭취하지 않으면 공복 상태에 분비되는 위산으로 인하여 위가 손상을 입게 된다고 했다. 즉, 무엇인가 위산이 일할 수 있는 거리를 제공해야 한다는 것이다. 그로 인해 나는 평생을 세끼 식습관에 집착하다시피 했다. 몸에 맞춰야 하는 타성적 식습관이었는가 싶다.

생각해보면 우리의 일상에는 세 번 혹은 3이라는 숫자가 곳곳에 쓰이고 있다. 그만큼 사람들이 좋아하는 숫자가 3인가 보다. 선호하기 때문에 걸핏하면 세 번 또는 3을 거론하지 않겠는가. 숫자 4를 쓰는 경우는 별로 없다. 특히 우리나라에서는 4는 실용에 거의 쓰지 않는다. 좋아하지 않기 때문이다.

숫자 3과 연관된 사례를 더듬어 보아 사람들이 얼마나 좋아하고 많이 쓰는지를 살펴보자.

우리 역사와 전통 생활문화 속에도 흔하다. 삼국三國, 삼한三韓, 삼남三南, 삼복三伏, 삼배三拜, 삼성三省, 삼색三色, 삼은三隱, 삼일장三日葬, 삼재三災, 삼짇날, 삼천리, 삼천갑자, 삼척동자, 삼(세)박자, 삼(세) 판, 삼신三神할머니, 삼고초려 등등. 그 종류도 끝이 없다. 한글의 창제 원리도 천지인天地人 삼재三才다. 참다운 벗을 칭할 때의 삼우三友, 군자의 즐거움을 말하는 삼락三樂, 유교에서 사람이 꼭 지켜야 할 기본 도리를 삼강三綱, 세 신선들이 산다는 산을 삼신산三神山이라 했다. 정부는 삼권 분립을 기본으로 입법 · 사법 · 행정으로 나누고, 군대는 육군 · 해군 · 공군이라는 삼군으로 구분하고, 옛날 백성들을 귀족, 평민, 천민으로 나뉘었다.

시간 개념도 과거와 현재와 미래의 3가지로 구분하고 있다. 인간관계도 나 · 당신 · 그(들) 등 삼인칭으로 나누고 있지 않은가. 실로 예가 무수하다.

또 불교에서는 불보佛寶, 법보法寶, 승보僧寶를 합쳐 삼보三寶라 하고,

붓다(Buddha)를 숫자 3을 활용한 삼신불三身佛로 구분한다. 삼신불이란 법신불法身佛 · 보신불報身佛 · 화신불化身佛=應身佛이다. 기독교에서는 성부聖父, 성자聖子, 성령聖靈을 삼위일체三位一體로 보았고, 죄를 많이 지은 자가 죽어서 간다는 삼악도三惡道는 지옥도地獄道, 축생도畜生道, 아귀도餓鬼道라고 했다.

숫자 3을 핵심 교설에 도입한 힌두교는 첫째, 수많은 신을 하늘과 공기, 땅이라는 세 영역으로 나누어 분류한다. 태양신, 바람의 신, 불의 신이다. 또한, 힌두교는 복잡한 신들을 하나의 체계로 묶어 통합해내기 위해 삼신론三神論을 만들어냈다.

도교도 숫자 3을 핵심 교의로 삼고 있다. '도덕경'에서 도道는 1을 낳고, 1은 2를 낳고, 2는 3을 낳고, 3은 만물을 낳는다고 말하고 있다. 또 삼관신앙三官信仰, 삼합상통설三合相通說 등이 있다. 도교의 최고신도 삼일신三一神 즉, 천일신天一神 · 지일신地一神 · 태일신太一神으로 나누어 불렀다.

대순진리회의 교리에도 숫자 3과 관련된 부분이 많다. 우주의 공간구조를 천계天界 · 지계地界 · 인계人界의 삼계三界로 나눈다.

이처럼 많은 분야에서 동서고금을 막론하고 숫자 3이라는 개념이 폭넓게 사용되는 사례를 엿볼 수 있다. 그렇다면 분명히 숫자 3이 지닌 신비한 의미가 우리 인간에게 깊숙이 뿌리 내리고 있지 않은가 하는 생각이다.

손영일 문학 평론가에 따르면, 우선 수비학數祕學(numerology)적인 면에서 보면 1은 천수天數, 2는 지수地數, 3은 인수人數로서 3이 인간과 인간 세상을 상징하는 수이기 때문에 3이 많이 사용되는 것은 당연하다고 했다.

또 명리학적으로 보면 3은 안전의 수, 완전의 수, 통합의 수, 행운의 수라고 한다.

수학 이론에서도 3은 평면을 이루는 최초의 수이자 안정의 수이며 안전의 수라고 한다.

3이라는 숫자는 가장 안정적인 숫자라고 한다. 그래서 고대로부터 많은 민족에게 숭상받아 왔다고 한다. 일종의 종교 현상인 샤머니즘 문화권에서는 3을 특히 강하게 숭배하고 있다.

우리 민족의 단군 신화인 '환인, 환웅, 환검'도 이러한 삼신 개념이다. 단군 신화가 기독교 삼위일체의 영향을 받아 써졌다는 주장도 있다.

우리 전통문화의 장송의례葬送儀禮와 산속의례産俗儀禮는 3이라는 숫자와 밀접한 관련이 있다. 장송의례에도 진설, 헌작, 삼배 등 세 번 하는 절차가 많다. 산속의례 역시 그렇다. 옛날에 아기를 낳으면 태를 삼 일째 또는 삼일 이내에 처리하는 것, 무분별한 출입을 통제하기 위하여 대문에 금줄을 세이레(21일) 동안 쳐놓은 것 등이 그 예다.

살면서 평소에 왜 하필 3이고 세 번일까 하는 생각을 더러 한 적이 있다. 이참에 참 많은 사례를 살피면서 우리에게 스며든 습속이 절묘하고 의미심장함을 새삼 느꼈다. 우리에게 3은 1과 2를 아우르면서 평면을 이루며 가장 안정적이고 완전하고 통합하는 행운의 수임을 알게 되었다. 언제부턴가 우리 인간에게 숭상받게 된 숫자 3이 신비롭고 흥미롭기만 하다. (2022.10.18.)

인연과 관계

잘 아는 얘기지만 사람은 혼자는 못사는 게 맞다. 원래 한자 사람 '인(人)'자의 구성이 그렇다. 둘이 서로 받쳐주어야 사람이다. 뜻글자라서인지 딱 맞는 해석이다. 따라서 혼자 독립적으로는 존재할 수 없는 게 사람이다. 필연이던 우연이던 사람은 나면서부터 수많은 관계를 맺게 되고 맺으며 산다. 우선 부모, 형제 등 친인척과의 필연적 관계와 살면서 사회 속에서 많은 사람과의 우연적 관계를 맺게 된다. 그래서 사람을 또한 사회적 동물이라고도 한다. 만남의 인연을 보면 참으로 다양하다. 지연, 학연은 말할 것도 없고 직업상 직장에서의 만남이 있고 직업과 관련된 사람과 만남도 있다. 그뿐만 아니라 취미 생활을 통한 동호회, 여행, 종교 생활, 친구 · 지인의 소개 등 다양한 형태의 만남이 있다. 어떤 형태로 만났던지 모든 만남은 인연이라고 생각한다. 비록 어떤 계기로 우연히 만나 알게 되었지만, 서로 관심을 가지고 만남이 이어지다 보면 인연이 되고 필연적 관계로 발전하게 된다. 처음 만났을 때는 서먹했지만 여러 번 만나면 차츰 관심이 생기고, 만남이 계속되면 마음의 문이 열리고 친밀감이 생기면서 좋은 관계가 형성된다. 누구나 사람과의 인연을 아름답고 정이 넘치는 관계로 유지하며 발전하기를 바란다. 하지만, 이것 또한 신경 써야 하고 관심을 가지고 노력하지 않으면 절대로 저절로 되지 않는다. 나와 상대가 같이 노력하지 않으면 안 된다. 어느 한쪽에서만 노력해서 될 일이 아니다. 형평이 어긋나고 일방만 치우친다면 관계는 지속하지 못한다.

앞서 말했지만, 사람이 살아가면서 인연만큼 중요한 게 없는 듯하다. 사회적 동물이라 사람의 삶이 인연 속에서만 가능하다. 만약 인연이 없다면 당장 누구와 만나서 무슨 일을 할 것이며 무엇을 얻을 수 있겠는가. 사회생활이 불가능하고 더는 삶이 가능하지 않다. 평소 별것 아니라고 여기며 살지만, 인연을 떠나서는 삶의 유지는 물론 존재마저 어려울 듯하다.

물론 맺고 있는 인연의 정도와 관계의 차이는 있겠지만 소원한 관계는 차라리 없었던 인연보다 못할 듯하다. 개운하지 않은 마음이 체증처럼 남아 있을 수 있기 때문이다.

사람은 누구나 좋은 인연으로 만나 좋은 관계로 발전하며 살기를 바란다. 사람이 살면서 누구를 만난다는 게 인연인데, 종교적으로 보면 인연은 결코 우연이 아니다. 그래서 더없이 소중한 것이 인연이다. 만남의 인연이 한 사람의 인생 성패를 가를 수도 있다. 악연의 만남도 있기 때문이다. 어떤 사람을 만나느냐에 따라 그 사람의 삶이 운명처럼 달라질 수 있다. 그러기 때문에 좋은 인연으로 좋은 사람을 만나 좋은 관계를 형성하며 산다는 게 얼마나 중요한 일이던가.

살다가 설령 불가피하게 헤어져야 할 인연이라도 착하고 좋은 관계를 유지하다 헤어져 그리운 사람으로 기억되고 남아 있어야 한다. 흔히 사람을 겉만 보고는 모른다고 한다. 사람은 만나보고 지내봐야 그 사람을 알고, 사랑은 서로 나눠봐야 사랑의 진심과 진실을 알 수 있다. 겪어봐야 아는 게 사람의 마음이고 사랑의 진위다. 외형적으로 허세 떨고 드러내 보이는 것만이 인연의 연결 고리가 아니다. 잠시 소원했고 무심했는데도 내 곁에 머물며 변함없는 사랑과 관심으로 챙겨주는 사람이 진짜 참된 인연의 사람이다. 사랑으로 맺어진 인연의 사람은 비록 떨어져 있지만 그리운 사람이다. 외로움은 누군가 달래줄 수 있지만, 그리움은 좋은 인연으로 만나 아름다운 관계를 만든 그 사람이 아니면 대신 채울 수가 없다. 따라서 우연한 계기로 만난 좋은 인연도 이기적인 생각, 신중하지 못한 처신, 무관심 등으로 불미스러운 관계로 발전하기 쉽다. 이 경우는 살면서 두고두고 마치 가시가 목에 걸린 것처럼 꺼림칙한 일이다.

사람의 마음이 보통 사람은 다 나와 같겠지, 라고 편한 생각을 하는데 꼭 그러지 않는 경우가 더러 있다. 한 길 물속은 알아도 열 길 사람 속은 모른다고 했다. 또한, 사람의 마음도 한결같지는 않다. 상황에 따라, 시대에 따라 변하기도 해서 어려운 게 인간관계인 것 같다. 처음 만나 지낼수록 오리무중 속마음을 도무지 알 수 없는 사람도 있다. 또 만날수록 조심스럽고 편하지 않은 사람도 있다. 상대의 사정과 형편은 고려하지 않고 자기만 항상 우선이고 제일인 사람도 많다. 남의 아픔은 내 감기만 못하다고 인식하는 사람이 허다하다. 그러니 항상 자기 위주로 생각하고 치부해버린다. 상대가 언제나 자기를 다 이해하고 같이해줄 거라고 생각하고 행동한다. 내가 대접받으려면 먼저 상대를 대접해야 한다는 것을 모른다. 사람은 원래 자기를 좋아하는 사람을 좋아하는 속성이 있다. 나를 본체만체하는데 내가 상대를 챙기고 좋아할 리가 있겠는가. 역지사지라는 말처럼 내 처지를 상대의 처지로 생각해 보는 것이 중요하다. 나의 행실은 차치하고 한없이 상대로부터 배려와 위로를 받고자 함은 과한 일이고 예의도 아니다. 좋은 인간관계를 형성하는데 가장 기본적인 속성을 모르는 일이다. 그 사람이 지닌 성품과 인성 자체가 그릇된 사람도 더러 있다. 아무튼, 사람은 형형색색이고 가지가지다.

이 세상을 살다 보면 끊임없이 만나고 헤어지는 과정을 겪는다. 학창시절, 군軍시절, 직장 생활하던 시절 등을 통하여 수많은 만남과 헤어짐을 경험하며 산다. 만남은 소중하고 인연은 아름다워야 한다. 만남이 있으면 언젠가는 헤어짐도 있기 마련이다. 많은 사람과 헤어졌지만 오래도록 기억되는 사람이 있는가 하면 잊혔거나 잊혀 가는 사람이 있다. 누구나 처음 만났을 때는 오래 기억되는 사람으로 남겨지길 바랄 것이다. 그러나 자연스럽게 잊힌 사람도 있고, 시간이 흐를수록 서로에게 상처를 주고 아픔을 주며 잊히는 사람도 있다. 소중한 만남과 아름다운 인연을 경시한 결과로 안타까운 일이다.

흔히 만나는 것보다 헤어지는 게 어렵다고들 하지만 사실은 그렇지 않다. 만나는 것은 우연이나 필연인 것 같으나 사실은 알게 모르게 인연이 있어서 만난 것이다. 그 인연을 살려 만난다는 게 얼마나 어려운 일인가. 부부의 인연을 두고 억겁의 인연이라고 하지 않던가. 반면에 헤어짐은 충분히 작위적 행위다. 사실 잊히기는 쉽지만 오래 기억되는 일은 억지로 안 되는 일이다. 기억해야 한다고 해서 기억될 일이 아니다.

그래서 중요한 것이 그 인연을 소중히 여기고 처음 만났을 때처럼 초심을 잃지 않고 견지하며 조심하고 배려하고 존중함이 마땅하다. 만남이 오래되다 보면 마음이 느슨해지고 상대를 배려하지 못하는 무례가 따르기가 일쑤다. 너, 나 할 것 없이 신경 써야 할 일이다. 흔히 허물과 무례를 착각하는 사람이 많다. 어떤 경우든지 무조건 상대가 나를 이해해 주리라고 생각하는 사람도 있다.

내가 잊기로 한 사람, 나도 그 사람의 기억에서 지금 잊히고 있을 것이다. 안타깝고 애틋한 일이다. 애당초 만나지 않음보다 못하다. 상처 입고 회한이 있기 전에 서로를 보듬는 포용이 절실했다. 저울의 평형이 이미 기울어져 있음을 인지하지 못한 우를 범한 결과다. 관계를 회복하여 잊으려 했던 사람을 잊지 않고 오래 기억되는 사람으로 만들어 볼 일이다. (2022.10.9.)

제20대 대통령 선거

2022년 3월 9일 제20대 대통령 선거 투표가 있었다. 두 차례의 사전 투표가 있었고, 이날은 본 투표가 있었다.

그동안 선거 운동 기간 내내 여야가 온갖 수단과 방법, 근거 유 · 무를 따질 겨를도 없이 상대방 네거티브에 열을 올렸다. 완전히 흑백 논리가 만연했고 아니면 말고 식의 상대방 흠집 내기에 정신이 없었다. 정국이 혼미할 정도로 난타전이 벌어졌었다. 정책과 국가 발전의 비전은 뒷전이고 특히 후보 가족의 신상 털기가 극에 달했다.

정해진 투표 시간이 종료되고 곧바로 전국적으로 개표가 진행되었다.

나는 아내와 함께 최종 개표가 완료되는 시간까지 숨죽이며 꼬박 밤을 새웠다. 투표 다음 날인 3월 10일 새벽 4시 30분이 지나서야 결과를 보고 침소에 들었다. 우리 생애 70이 중반 되도록 밤새워 개표 결과를 지켜본 적이 없었다. 아내와 나는 이심전심으로 약속도 안 했는데 그렇게 몰입했다. 그만큼 결과가 간절했고 거는 기대와 관심이 매우 컸기 때문이다. 국민으로서 마땅한 일이겠지만, 우리는 간절해야 했던 이유와 속내가 절박하리만큼 남달랐다. 지금까지 살면서 이번처럼 선거가 이렇게 절실했던 때가 없다고 아내와 나는 입을 모았다.

최종 투표가 끝나고 지상파 방송 3사 등에서 내놓은 예측 결과가 0.6% 정도 차이로 당락이 갈린다고 했다. 예측 결과로 보아 오랜 시간이 걸려 개표가 진행되리라고는 예상했으나 생각보다 많은 시간이 흐른 뒤에야 최종 결과를 확인할 수 있었다. 1%도 차이가 나지 않는다는 예측 때문에 최종 결과가 나올 때까지 당락의 후보를 알 수 없었다. 예전처럼 '당선 유력'이나 '당선 확정' 같은 예측 보도를 할 수 없는 경우가 되었다.

투표내용을 보면 총유권자 수가 44,197,692명이고 이중 투표한 사람은 33,760,311명이며 투표율은 77.1%였다.

당선 경합을 벌인 후보의 득표는 윤석열 후보가 16,394,815표를(48.56%), 이재명 후보가 16,147,738표를(47.83%) 얻었다. 두 후보의 표차는 247,077표(0.73%)였다. 윤석열 후보가 제20대 대한민국 대통령에 당선된 것이다.

이를 두고 언론에서는 초박빙 차이 미세한 차이, 근소한 차이 등으로 표현했다. 어떻게 표현하든 맞는 말이다. 그러나 표현을 어떻게 하든 결과는 정반대이고 엄청나게 큰 차이다. 한 후보는 대통령으로 당선되고 한 후보는 낙선했다. 결국, 백지장 차이라도 결과는 당락으로 판가름났다. 개표 결과를 보면 야당이 정권을 교체해서 집권하게 되었고 여당은 실권해서 야당으로 내려앉게 된 셈이다. 득표율로 보면 양당 모두 거의 절반씩 득표했다. 전체 유권자가 거의 반반씩 나뉘어 양당 후보를 지지한 셈이다. 달리 해석하면 국론과 민심이 거의 반반씩 나누어졌다고 보아야 한다. 결과만 보면 참으로 걱정과 아쉬움이 많다. 시급히 민심을 추슬러 국론을 하나로 모으고 통합해야 하는 국민적 과제가 남는다.

이번 선거에서 주목할 만한 일은 윤석열 당선인이다.

1960년생인 윤 당선인은 9수 만에 1991년 제33회 사법 시험에 합격하며 법조인의 길을 걸었다. 사법 연수원을 23기로 수료한 그는 1994년 대구지검에서 검사 생활로 공직을 시작했다. 2002년에는 검찰을 떠나 변호사로 법무법인 태평양에서 근무했다고 한다. 그러다 2003년에 다시 검찰로 돌아와 광주지검 검사로 근무했다. 이후 대검찰청 중앙수사부 검찰 연구관, 대구지검 특수부장, 대검 중수2과장 · 중수1과장을 거치며 검찰 내 특수통 검사로 입지를 다지기도 했다. 2012년엔 서울중앙지검의 당시 특수수사부서 최선임 부장인 특수1부장을 맡기도 했다.

2013년 박근혜 정부 시절 이른바 '국가 정보원 선거 개입 사건' 수사팀장으로 기용되어 본사건 수사를 계속했다. 당시 서울중앙지검장에게 보고나 결재 없이 국정원 직원들을 체포하고 압수 수색하는 등의 영장을 집행했다는 이유로 정직 1개월의 징계를 받기도 했다. 잘 나가던 그의 검사 명성에 제동이 걸린 셈이다.

윤 당선인은 그해 서울중앙지검 국회 국정 감사에 출석해 당시 ○○○ 법무부 장관과 ○○○지검장 등의 수사 외압이 있었다고 말하면서 "저는 사람에게 충성하지 않는다"고 말했다. 멋지고 소신 있는 이 발언으로 일약 전국적으로 알려진 검사가 되었다. 하지만 이듬해인 2014년 1월에 대구고검으로, 2016년 1월엔 대전고검으로 밀려나며 사실상 좌천의 고배를 마시기도 했다.

이후 온 나라를 뒤흔든 이른바 '박근혜 정부 국정농단 사건'이 발생하여 ○○○특별 검사팀에 합류해 다시 현안 수사를 맡았다. 그의 전력을 인정받아 특수통 검사로 복귀하게 된 거다. 이어 이른바 촛불 혁명으로 2017년 문재인 정부가 들어선 뒤에 전격적으로 서울중앙지검장으로 발탁되는 영예를 안았다.

윤 당선인을 서울중앙지검장으로 중용한 문재인 정부는 이른바 '적폐청산'을 내세운 특수 수사의 공을 인정하여 2019년에는 검찰의 수장인 검찰 총장으로 기용하는 파격적인 발탁을 했다. 무려 사법 연수원 다섯 기수를 건너뛴 초고속 승진 인사였다고 한다.

하지만 총장 취임 직후 조국 당시 법무부 장관 후보자 일가와 관련된 수사를 지휘하면서 여권과 갈등이 시작됐다. 불과 한 달 만에 윤 당선인과 현 여권과의 관계가 극도로 멀어졌다. 살아있는 권력도 공정하게 수사한다는 윤 당선인의 의지와 조국 장관을 옹호하려는 여권이 정면 충돌하는 사태로 발전했다. 정점을 모르고 치닫는 검찰 총장과 조국 장관을 둘러싼 여권과의 갈등으로 한동안 온 나라가 연일 들썩이다가 마침내 윤 당선인은 우여곡절 끝에 2021년 3월 4일 전격적으로 사의를 표명하고 검찰 청사를 나서며 26년간의 검사 생활을 마쳤다.

검찰 총장 퇴임 후 정치 행보 가능성을 내비치던 윤 당선인은 급기야 2021년 6월 대선 출마를 선언했다. 찬 · 반의 비판도 있었지만, 그해 7월 〈국민의 힘〉에 입당하면서 정치인의 길을 본격화했다.

이후 당내 경선에서 대선 후보로 선출됐고, 마침내 2022년 3월 9일 치러진 제20대 대통령 선거에서 역대 최다 득표로 당선됐다. 문재인 정부에서 신임을 받고 초고속으로 승진했던 검사가 야당 대선 후보를 거쳐 차기 대통령이 됐다. 아무도 예측하지 못한 어쩌면 의아한 일이다. 검찰 총장인 공무원을 떠난 지 불과 1년 만에 대통령으로 당선된 거다. 정치 신인이고 공무원 신분에서 정치인으로 변신한 지 최단 기간에 국가의 수장이 된 것이다. 본인도 꿈같다고 생각할 듯하다. 국제적으로도 유례를 찾기 힘들 것 같다. 헌법의 가치, 공정과 정의를 부르짖으며 나선 국정 운영의 경험이 없는 그를 대통령으로 선출한 국민의 마음이 오죽했으면 그랬을까 하는 생각이다. 훗날 당시 시국의 정황이 어떠했는지는 짐작할만한 일이다.

이제 남은 건 윤 당선인의 말대로 국민 통합을 최우선으로 오직 국민만 바라보고 모든 국정을 사심 없이 수행하여 상식과 공정, 정의가 숨쉬는 나라를 만들어나가기를 바랄 뿐이다. (2022.3.15.)

조수행노潮水行櫓

사람이 태어남은 하늘의 뜻이지 자기의 뜻과는 무관하다. 또한, 어떤 환경에서 양육되는 것도 본인의 의지와는 관계가 없다. 운명적으로 본인에게 주어진 굴레와 같은 것이라 할 수 있다. 그런데 한 사람의 일생의 시작은 이 같은 사실에서부터 극명하게 갈리고 평생 삶에 지대한 영향을 미치게 된다. 본인으로서는 어떻게 할 수 없는 운명적이고 수동적 현실이다.

사람이 일생을 살아가는 것은 마치 하얀 백지에 그림을 그리는 것과 같다. 어떤 그림을 어떤 색깔을 써서 그릴 것인가는 순전히 그 사람의 몫이다. 그림의 시작이 어떻게 되었던 누구나 아름답고 보기 좋은 그림을 그리려는 욕망은 같다. 성장하여 철들면서는 본인의 의지와 선택에 따라 인생이 개척되고 실현된다. 어떤 사람이 되겠다는 것도 무엇을 어떻게 하면서 살아야겠다는 것도 본인의 자유의사이며 결정이다.

근거 있고 맞는 말인지 모르나 누구나 일생에 세 번의 기회가 주어진다고 한다. 따라서 그 기회를 잘 포착하는 사람은 성공하고 그렇지 못한 사람은 실패한 삶을 산다는 것이다. 자기에게 다가온 기회를 알면 잡지 못할 사람이 어디 있겠는가. 막연한 말인 듯하지만 언제 어떻게 기회가 다가올지 모르니 늘 살피고 잡으려 신경 쓰고 노력하라는 말로 이해하고 싶다.

기회도 사람에 따라 또는 그가 어떤 행로를 선택하느냐에 따라 각기 다르다. 내가 가고자 하는 길, 무엇이 되고자 하는 목표가 선택이다. 자기의 분수에 맞는 선택만이 성공할 수 있고 후회 없는 인생을 살 것이다. 지피지기가 백전백승이고 과유불급이다. 역량과 도를 넘는 선택은 필패다. 남이 하고 모두가 선망한다는 이유로 막연히 그 길을 걷겠다는 것은 무모하고 불행을 자초하는 결과가 될 것이다.

인생의 성패는 선택과 기회뿐만 아니라, 가장 중요한 도전에 달려있다고 생각한다. 아무리 좋고 분수에 맞는 선택을 하여 절호의 기회를 포착했다 하더라도 도전하지 않으면 이루지 못한다. 사과나무, 감나무 밑에 가만히 앉아 있으면 그 열매가 저절로 떨어져 입으로 들어오겠는가. 내가 올라가 따야만 먹을 수 있다. 이렇듯 실현하고 노력하지 않으면 아무것도 얻지 못한다.

그러고 보면 선택과 기회의 포착, 실행을 위한 도전, 어느 것 하나 소홀히 할 수도 없고 만만한 게 없다. 인생살이가 쉽지 않다는 방증이리라.

어릴 때 이래로 공부도 때가 있으니 학교 다닐 때 열심히 공부하라는 말을 부모님은 물론이고 주변 많은 분으로부터 귀가 따가울 정도로 들어왔다. 절대적으로 맞는 말이지만 그때는 그렇게 심각하게 귀에 들어오지 않았다. 늘 듣는 말이려니 하고 벌로 들었다. 살면서 그 말의 의미가 무엇인지 차츰 이해되고 가슴에 새겨졌다. 비단 공부뿐만 아니라 세상살이 모든 분야에 적용되는 처세술과 경구풍警句風이 있는 채근담 같은 것이었다.

때, 글쎄? 의미상으로는 어떤 순간을 말하는데, 적시適時라고 말하는 게 옳을 것 같다. 세상에서 일어나는 모든 일에는 다 때가 있다. 그것도 저마다 다 맞는 때가 있다. 자연 현상이나 사람이 살아가는 과정이나 모두 적당한 때가 있다. 무슨 일이든지 적당한 때가 아니고 이르거나 늦은 때를 선택하게 되면 낭패다. 따라서 적기, 적시의 때를 맞추는 것은 매우 중요하다. 이를 잘못 선택하거나 실기하면 이변이 일어나고 일을 그르치기 십상이다. 더러는 재앙이 일어날 수 있고 실패와 낙오가 될 수도 있다.

사계절이 뚜렷했던 우리나라 기후를 보자. 옛날에는 계절의 구분이 명확했지만, 오늘날은 어떤가. 삼한사온三寒四溫 전형적인 겨울 날씨는 기대할 수 없게 됐다. 눈이 와야 할 겨울에 눈이 안 오거나 적게 내리고 겨울비가 오는가 하면 이상 난동이 이어지고 있다. 때가 아닌데도 봄꽃이 피었다가 강추위에 못 이겨 이내 시드는 기이한 현상이 빚어지고 있다. 따뜻한 봄 날씨는커녕 아지랑이 구경한 지가 오래이고, 착각을 일으킨 날씨로 봄꽃들이 순서 없이 한꺼번에 피고 지고 있다. 그런가 하면 한여름에 난데없이 우박이 쏟아져 농작물의 피해가 속출하고 있다. 때가 어긋나고 적당한 때를 잃은 탓에 자연 현상은 이변이 일어나고 많은 생태계의 교란이 일고 있다.

작물도 씨를 뿌리고 심을 때가 있다. 아무 때나 뿌리고 심는다고 싹이 나고 자라나지 않는다. 가꾸고 거두고 가공해야 할 때가 있다. 급하다고 아무 때나 마음대로 할 수 없는 게 세상사다. 사람도 태어날 때가 있고, 살아가는 때가 있고 병들어 죽을 때가 있다. 살다 보면 별별 일이 많지만 다 때가 있다. 기뻐 웃을 때가 있는가 하면 슬퍼 울 때가 있고, 미워할 때도 있고 사랑할 때도 있다. 앉을 때가 있고 설 때가 있는가 하면 누울 때가 있다. 더울 때도 있고 추울 때도 있다. 접대할 때도 있고 대접받아야 할 때도 있다. 가난하여 힘들 때가 있으면 풍요롭고 넉넉할 때도 있다. 좋을 때가 있으면 나쁠 때도 있다. 남이 나를 도울 때도 있고 내가 남을 도울 때가 있다. 참고 말하지 않아야 할 때가 있고 꼭 말해야 할 때가 있다. 일해야 할 때가 있고 쉬고 잠을 자야 할 때가 있다. 세 끼 식사도 때가 있다. 결혼도 적령기라 해서 때를 정하고 있다. 세상사가 양면성이 있기 마련이다. 시기를 잘못 선택해서 불행해지고 실패하고 낙오하는 경우가 얼마든지 있다. 적절한 때가 얼마나 중요한가를 실감한다.

삼라만상, 세상사, 인간사 어느 것 하나 때가 없는 게 없다. 그만큼 우리가 살면서 때를 맞추고 잡는 것은 필수불가결한 일이다. 다만, 우리가 살면서 어떻게 하면 기회를, 적절한 때를 잘 포착하고 도전하며 실행하느냐다. 누구에게나 때는 주어지지만 실기하여 힘들고 어려움을 겪는다. 늘 주시하고 기웃거리고 살펴야만 적당한 때를 찾을 수 있고 잡을 수 있다. 저절로 요행으로 때를 잡으려다 인생 망치는 경우가 얼마든지 있다. 세상사는 공짜가 없고 노력한 만큼이고 사필귀정이다. 대가 없이 얻어진 것, 우연히 이루어진 것은 오래가지 못하고 값이 없다. 설령 그것이 열매 맺었다고 해도 떳떳하지 못한 것을 자신은 알고 있다.

조수행노潮水行櫓, '물 들어올 때 노를 저어라.'라는 말이다. 배는 기본적으로 물 위에 뜨는 것이고 물 위에 배가 떠 있을 때 노를 저어야 함은 당연하다. 물 들어올 때를 기다렸다가 노를 저어야지 모래나 갯벌에 있는 배를 힘들게 노 젓는다고 해서 배가 나갈 수 있겠는가. 적기, 적시에 맞춰 실행하라는 뜻이다. 매사가 급하다고 서두르거나 순서와 절차를 무시하여 행하면 안 된다는 교훈이다. 때를 무시하고 때를 거스르는 일은 실패와 좌절의 시기를 필연적으로 가져오리라. (2023.4.23.)

한강 소고漢江 小考

살다 보면 한순간에 상황이 달라지는 게 많다. 엊그제만 해도 멀쩡하게 걷고 활동했는데 움직이기가 너무 불편하다. 전신 마취를 하고 수술을 했기 때문이다. 전신을 마취하고 수술하기는 이번이 처음이다. 수술해야만 한다는 의사의 소견에 따랐다. 부자유스럽지만 바로 걷는 운동을 하라는 지시에 따라 병실을 나와 밖을 보았다. 가까이서 보이는 한강이 한눈에 들어왔다. 수심 때문인지 물이 검푸르다. 물끄러미 바라보노라니 오만 생각이 다 떠올랐다. 뉴스에서는 모 씨가 한강에 빠져 숨진 것을 놓고 숨진 자의 실족사인지, 아니면 친구가 숨지게 했는지 진위를 놓고 야단이다.

한강은 우리나라 심장이다.

백과사전에 따르면 본류의 길이는 514㎞로 우리나라에서 압록강·

두만강 · 낙동강 다음의 네 번째이고, 유역 면적은 2만 6,219㎢로 압록강 · 두만강 다음이다.

한강은 크게 북한강과 남한강으로 나뉜 큰 물줄기가 합류하여 이룬다.

강원도 금강산 부근에서 발원한 북한강은 남쪽으로 흐르면서 금강천金剛川 · 수입천水入川 · 화천천華川川과 합류하고, 춘천에서 소양강昭陽江과 합류한다.

합류된 다음 다시 남서로 흘러 가평천加平川 · 홍천강洪川江 · 조종천朝宗川과 합친 다음, 경기도 양평군 양서면 양수리에서 남한강과 합류한다.

강원도 태백시 창죽동 대덕산大德山 검룡소儉龍沼에서 발원한 남한강도 역시 남쪽으로 흐르면서 평창강平昌江 · 주천강酒川江을 합하고 단양을 지나면서 북서로 흘러 달천達川 · 섬강蟾江 · 청미천淸渼川 · 흑천黑川과 합친 뒤 양수리에서 북한강과 합류한다.

양수리에서 북한강과 남한강이 합류된 한강은 계속 북서 방향으로 흐르면서 왕숙천王宿川 · 중랑천中浪川 · 안양천安養川 등의 지천과 합류하여 김포평야를 지난 뒤 서해로 흐른다.

한강의 변천사는 어느 강보다 숱한 이력을 안고 있다. 우선 이름도 대수帶水, 아리수阿利水, 한수寒水 등으로 되어 있다. 한강의 명칭에 '漢'이라는 글자를 쓴 것은 크다는 의미를 나타낸다고 한다. 한강漢江은 남한에서 가장 많은 수량을 갖는 강이다. 유량을 기준으로 남한에서 가장 규모가 큰 강이다.

한반도 중앙부의 평야 지대를 흐르는 한강 하류 지역은 고대부터 문화 발달의 터전이었으며, 조선이 한성漢城에 도읍을 정한 이래 한강은 교통수단으로써의 중요성이 커져 마치 국토의 대동맥으로, 인체의 핏줄과 같은 구실을 해왔다. 그러나 시대의 변천과 더불어 한강의 기능도 크게 변화해 오늘날에는 내륙 수로의 기능은 사라지고 수도권의 수자원水資源으로서의 중요성이 매우 커져 수도권 주민의 젖줄과도 같은 역할을 한다. 그뿐만 아니라 근래에는 관광 · 체육, 휴식 공간으로도 널리 이용되고 있다.

주로 여름철에 연간 강수량의 60% 이상이 집중되어 수해가 발생하기도 하고 봄철 가뭄이 오래 계속될 때는 생활용수의 공급마저 어려워진다. 유역 면적이 비교적 좁아 유황이 불안정하다. 한강 유역은 세계적인 대 하천들에 비하면 좁은 편이다.

한강에서 제일 큰 변화는 역시 교량의 가설이다. 한강에 최초로 건설된 다리는 한강 철교이다. 경인선의 부설을 위한 이 철교는 1900년에 완공되었다. 지금은 서울을 중심으로 한 교량만 29개의 다리가 놓여 있다. 그뿐만 아니라 앞으로 통일을 대비한 필요 등으로 1~2개의 추가 교량 가설을 계획하고 있다고 들었다. 실로 놀라운 변화이고 발전이다. 반면에 한국 전쟁 때는 철교의 폭파도 있었고, 부실과 유지 관리의 허점이 낳은 뼈아픈 성수 대교의 붕괴사고도 있었다.

검푸른 색을 띠고 잔물결을 반짝이며 강물이 흐른다. 물끄러미 바라보고 있노라니 강물이 숱한 사연을 말하려는 듯하다. 자연적, 물리적 변천과 함께 한강만 아는 많은 사연이 있을 거다.

한강 하면 떠오르는 생각은 우선 수많은 사람이 죽었다는 사실이다. 한강에는 온갖 이유로 몸을 던져 죽음을 맞이한 사람도 부지기수다. 수많은 절규와 한이 시대와 역사와 함께 묻힌 곳이기도 하다. 끊이지 않는 자살과 익사 사고는 한강의 아픔이고 피멍이다. 어쩔 수 없이 안고 품어야 하는 한강의 숙명인지도 모른다.

왜 죽어야 하는지 이유도 모른 채 전혀 예측하지 않았던 죽음이 얼마나 많았겠는가. 밤새 안녕이라더니 한순간에 가족과 생이별을 해야 했던 안타까운 죽음은 또 얼마나 많았는가. 원대한 삶의 꿈과 희망을 펼쳐 보지도 못하고 어처구니없는 황당한 죽음을 맞은 사람도 많다. 그런가 하면 삶에 지쳐 맺힌 한을 하소연할 수 없어서 생을 포기한 사람도 있다. 악의적인 범행으로 희생된 사람도 상당한 수다. 이 모든 죽음을 한강은 받아 지니고 삭혀야 했다. 어떠한 보상과 대가로도 대신할 수 없는 말 없는 죽음이 마음을 무겁게 한다. 가슴을 시리게 한다. 갑자기 온몸에 전율이 부르르 인다.

그러나 언제 그랬냐는 듯 한강은 말이 없고 오늘도 물은 흐른다. 하지만 흐르는 물은 옛 물이 아니어서 강이 안고 있는 사연을 모른다.

이와 반면에 오늘날 한강은 휴식 공간이 되어 삶에 지친 서울 시민의 요람이기도 하다. 휴일은 물론 밤낮없이 많은 시민의 힐링 장소가 되고 있다. 아이러니하지만 사실이다. 사람이 그렇게 산다. 나는 가끔 초상집에 가서 음식을 섭취하면서 사람의 엇갈린 두 모습을 발견한다. 누구는 죽어 먹는 것이 끊어졌는데, 산 사람은 살아야 한다고 끼니를 챙기는 모습에서 또 다른 아이러니를 발견한다. 모든 일이 양면성을 지니는지도 모르겠다. 무엇이 답인지 모를 때가 있다.

나는 막연하게 한강에 바라는 욕심이 있다. 센강, 라인강, 다뉴브강처럼 유명한 관광 명소로의 개발을 했으면 하는 바람이다. 내가 본 앞에 열거한 강들도 별것 아니고 한강 또한 여건이 이들 강보다 나쁘지 않을 성싶다. 많은 아쉬움이 있다. 언젠가 나는 덴마크의 동화에 나오는 인어공주가 관광 명소가 되어 수많은 외국인이 몰리는 것을 보고 실소를 금치 못했다. 같은 맥락으로 한강도 스토리텔링을 비롯해 이른바 관광 거리를 잘만 개발하면 성공하지 않을까 생각한다. (2021.7.1.)

회장 역임을 회고하며

– 행촌수필문학회 20주년에 부처

문학회 발족 20년이라면 성년의 나이다. 많은 변화와 발전을 거듭한 끝에 오늘에 이르렀다고 본다. 원래 고 김학 교수님의 주도 아래 문하생들 위주로 발족한 것으로 안다. 열악하고 어려운 형편임에도 초창기 멤버들의 열정으로 태동 되었을 것이다. 지금의 행촌은 회원 수도 130명에 이른다. 회원의 등단한 문단 경로도 다양해졌다. 여러 경로를 통하여 문단에 나온 수필가들이 한데 모여 화합하는 장으로 발전하였다. 그동안 힘쓰고 애쓰신 여러분의 결과고 덕분이다. 자축하며 축하의 박수를 보낸다.

나는 사실상 2010년쯤에 행촌인이 되었다. 〈수필과비평사〉에서 2005년에 등단하여 김학 교수님의 문하생이 아니었다. 다른 경로로 등단한 작가는 당시 회칙상으로는 입회하기가 차별되었던 것으로 안다. 하지만, 나는 권유와 타천에 따라 떠밀리듯 입회했었다.

사십 평생을 공직 생활만 하다가 은퇴한 지 2년여 만이었다. 문학 동인의 성격이나 물정을 전혀 모르는 터라 그저 얼떨떨했었다. 다만, 문학의 질적 수준 향상과 발전을 위하고 자기 계발에 진력할 수 있는 모임으로만 생각하는 순수가 내게 있었다.

그로부터 2년여쯤 어느 날, 행촌의 원로 몇 분과 김학 교수님의 끈질긴 요구에 나는 백기를 들었다. 나의 역량이나 형편에 도저히 할 수 없다고 해도 이름만 걸면 뒤에서 다 챙기고 감당하겠다는 말씀에 손을 들었었다. 마침내 회장의 직분을 맡기로 한 것이다.

나는 하는 수 없이 많이 부족했지만 제7대 행촌의 회장을 맡아 2012년부터~2013년까지 직분을 수행했다.

회장을 맡은 이상 무기력, 무능력하게 일해서는 안 된다는 사명감과 소명의식으로 가득했다. 새롭게 더 변화하고 발전할 수 있는 일이 무엇인지 찾으며 고심했다. 문호를 개방하여 회원을 배가하고 걸림돌이 되는 요인은 없는지 분석하고 살피기를 게을리하지 않았다. 내실과 역량을 갖추기 위한 능력 향상에 몰두했다.

이를 위해서 재임 기간 나름대로 열정을 갖고 일했다고 생각한다.

기억에 남는 몇 가지 일을 회고해 보면

첫째, 회원 유치와 확장을 위한다면서도 회칙상에는 전북대학교 평생교육원 출신 위주로 되어있었다. 회칙을 개정하여 특정 경로 등단이나 소속으로 국한하지 않고 입회의 문호를 넓혔다. 회원 확충과 미래의 행촌 발전을 위하여 필요한 조치라고 생각했다. 지금 생각하면 다행한 일이 아닌가 싶다. 이 일에도 순수를 지향하는 일부 창간 회원들의 저항도 있었다.

둘째, 문학상 후원금 유치의 건이다. 회의 재정은 재정이랄 것도 없이 회원의 회비가 거의 전부였다. 특히 열악한 재정 사정으로 시상금의 지급도 궁색하였다. 지금도 여전히 같은 형편임을 숨길 수가 없다.

따라서 안정적인 후원처를 찾는 일은 무엇보다도 중요하고도 시급한 일이었다. 많은 날을 고민하고 다방면으로 알아보다가 마침내 당시 모 건설업체와 손을 잡기에 이르렀다. 결연의 당위성을 설명하며 어렵게 후원의 약속을 받아냈었다. 이 과정에서 후원금은 매년 3백만 원씩으로 하고 문학상의 명칭을 업체명과 행촌을 조합한 형태로 하는 조건으로 합의하였다.

물밑 접촉으로 후원이 성사되자 나는 곧바로 김학 교수님을 찾아 결과를 보고했다. 김학 교수님은 정말 어려운 일을 해냈다고 크게 반기셨다. 곧바로 우리는 나, 업체 대표, 김학 교수님의 연서로 후원 합의서를 작성 서명하였고, 후에 행촌 전체 회의로 공개된 후원 행사를 한 바 있다. 그때는 큰일을 해낸 것처럼 흐뭇했었다. 그런데 후원 업체의 경영난, 수주受注난에 봉착하여 더는 후원할 수 없다는 일방적 통보에 따라 안타깝게도 2년 동안만 지속되고 말았다. 지금 생각해도 아쉽기 그지없고 허망한 일이 아닐 수 없다. 애써 유치한 보람도 없이 내 체면 또한 말이 아니었다.

셋째, 문학상 수상자 결정의 건이다.

수상자는 복수로 선정하여 심사 위원회에 추천하고 심사 위원회에서 결정하게 되어있었다. 그런데 수상자를 결정하는 심사 위원회의 구성에서 당시 문학상 운영 규칙에는 지도 교수가 포함되지 않았다. 다소 의아해했지만, 수상자 선정에 공정과 엄정을 기하려고 그랬거니 하고 지도교수에게 알리지 않고 수상자 선정 절차를 이행하였다. 그리고 선정 후 결과를 신속하게 맨 처음 지도 교수에게 보고했다. 그런데 아니올시다였다. 그게 뭐냐고 역정을 내시며 핀잔만 하였다. 지금까지 그래 본 일이 없다는 거였다. 어처구니없다는 반응이었다. 선정 과정에 지도 교수가 관여하지 않았다는 게 말이 되냐고 하셨다. 나는 회칙상 지도 교수가 수상자 선정 과정 어디에도 참여할 수 있는 규정이 없다고 반문하며 이해를 구했지만 피차 서먹함은 개운치가 않았다. 그때까지만 해도 명문 규정에 구애 없이 관행상 지도 교수가 참여하여 수상자 선정을 진행해오다 빚어진 결과일 것이다. 내 임기 후에 그런 후유증(?)을 해소하기 위하여 즉각 지도 교수를 포함한다는 내용으로 문학상 운영 규칙을 개정하여 지켜오고 있다. 안타까운 일이지만 지도 교수께서 고인이 되셨으니 또 운영 규칙을 개정하여야 하지 않겠는가 싶다.

수상자 선정 심사 과정도 공정하고 투명하게 하고자 항목별로 점수를 매겨 심사 위원장에게 제출하게 하였다. 심사 위원장은 심사 위원별 심사 결과를 취합하여 고 득점자 순으로 수상자를 최종 선정하고 결과만 회장에게 통보하도록 하였다. 물론 회장도 수상자 선정 심사 과정에 전혀 관여하지 않았다. 관련 규정을 준수하고 공정하고 객관적인 절차를 통하여 수상자를 선정하려고 했다. 이 과정에서 일부 심사 위원은 누구를 염두에 두고 있냐고 나의 의중을 묻기도 했다. 심사 위원장은 문학상 수상자 심사를 여러 번 해봤지만 이러한 심사는 처음이라고 했다. 애꾸만 사는 마을에 두 눈 멀쩡한 사람이 들어가면 그 사람을 병신으로 본다는 말이 있다. 지나치게 경직되고 원리 원칙만 찾았다는 비판과 융통성이 없는 일 처리라고 생각할지 몰라도 이해관계가 있는 일일수록 공정과 원칙이 정도正道라고 믿는다.

문학회는 진정 글을 쓰는 작가의 모임이다. 모임의 질적 수준은 회원의 자질이기도 하다. 문학회의 본질을 벗어난 모임이어서는 안 된다. 좋은 글을 쓰기 위하여 서로 교감하고 공감하는 활동을 주로 하여야 한다. 수준 높은 글을 쓰는 작가가 되기 위한 상호 노력이 동인회가 추구해야 할 바가 아니겠는가. 제발 적당히 일탈하는 문학회가 되어서는 안 될 일이다. 우리가 그렇다는 것은 아니다. 상당한 문학회의 경우를 본 기우에서 언급하는 것이다.

성년의 나이가 된 행촌이 어느 문학회보다 규모나 내용 면에서도 자부할만한 문학회로 더 발전하고 거듭나기를 간절히 바란다. 성년은 자립과 동시에 책임과 의무가 따른다. 내실 있고 중량감 있는 내로라하는 행촌으로 장족의 발전을 바란다. (2022.9.2.)

석인수 수필집

살며 생각하며

인쇄 2024년 4월 24일
발행 2024년 4월 30일

지은이 석인수
발행인 서정환
펴낸곳 수필과비평사
주소 서울특별시 종로구 삼일대로 30길 21, 종로오피스텔 809호
전화 (02) 747-5874, (063) 275-4000, (063) 251-3885
팩스 (063) 274-3131
이메일 essay321@hanmail.net sina321@hanmail.net
출판등록 제300-2013-133호
인쇄 · 제본 신아문예사

ISBN 979-11-5933-506-8 03810

값 15,000원

Printed in KOREA